# 基于核心素养的语文教学实践

孙立华　著

线装书局

图书在版编目（CIP）数据

基于核心素养的语文教学实践 / 孙立华著. -- 北京：
线装书局，2022.1
ISBN 978-7-5120-4855-3

Ⅰ.①基… Ⅱ.①孙… Ⅲ.①语文教学－教学研究
Ⅳ.①H19

中国版本图书馆 CIP 数据核字(2022)第 013269 号

**基于核心素养的语文教学实践**
JIYU HEXIN SUYANG DE YUWEN JIAOXUE SHIJIAN

著　　者：孙立华
责任编辑：李春艳
出版发行：线装书局
　　　　　地　　址：北京市丰台区方庄日月天地大厦 B 座 17 层（100078）
　　　　　电　　话：010-58077126（发行部）010-58076938（总编室）
　　　　　网　　址：www.zgxzsj.com
经　　销：新华书店
印　　制：北京军迪印刷有限责任公司
开　　本：787mm×1092mm　1/16
印　　张：20
字　　数：280 千字
版　　次：2022 年 1 月第 1 版第 1 次印刷

线装书局官方微信

定　　价：69.80 元

# 序：倾注爱心　锻造精彩

从事教育工作以来，孙立华老师一直追寻教育的真谛。30 余年且行且思，践行"用爱心和智慧演绎精彩的教育人生"教育格言。在平凡的教育生活中倾注爱心和智慧，用对教育事业的挚爱之情丰实了她平凡但不平庸的教育生活。

早在 2002 年，她就开始主持课题研究，从"十五"区级重点课题《作文分层次教学实验》，"十一五"的市级青年教师专项课题《小学语文综合性学习研究》，"十二五"的区级重点课题《小学语文综合性学习策略研究》，"十三五"的省级家庭教育专项课题《学校推进学习型家庭创建策略研究》，一直到"十四五"课题《新媒体环境下小学家校共育策略研究》的积极申报。这期间主持、参与课题研究 10 余项均已结题。她还在日常教育教学工作中大力倡导微课题研究，以微观研究为主流、应用研究为核心、行动研究为重点。大处着眼，小处入手，聚焦教育教学实际问题的化解，研究成效显著。她引领教师边实践边研究，倡导教师用科研的眼光看待教育教学的每一个细节。通过各级各类课题实验研究的开展，使一大批教师成长为骨干教师，这批骨干教师在学校各项工作中发挥着中流砥柱的作用。

为拓展语文学习空间，落实"大语文"教学观念，营造学习型家庭氛围，近年来，她致力于省级课题《学校推进学习型家庭创建策略研究》，通过开展家校共读、家教微课、家教简报，多元评价等形式，营造了良好的家庭教育文化氛围，提升了家校协同育人的实效性，同时为语文学习营造了良好的人文环境。她引导家校共建"文苑读书汇"微信读书群，师生、家长们在群里读书打卡、文字交流、语音分享。"汇"读书、"汇"案例、"汇"故事，培养了家校共读的良好习惯。家校共育工作的深耕细作，疗愈了外来务工子弟学校家庭教育的"贫"与"病"，家校发挥各自优势，相互补位，形成了强大的教育合力，促进了学生的健康成长。

最难能可贵的是她工作 30 余年，不管行政管理工作多忙，她都没有脱离教学一线，和老师们一起行走在课程改革的路上，着眼于学生学习兴趣激发，培养学生的综合素养。和语文组的老师们先后尝试海读实验、经典吟诵、主题阅读、群文阅读，致力于语文综合性学习、作文分层次教学、发展性阅读、自主课堂等课题研究。倡导各种教学流派，总有一项研究在路上，鼓励教师个性化教学，形成自己独特的教学风格，同时又主张不管怎样的教学改革，必须紧紧围绕"学有兴趣、学有习惯、学有思维、学有动力、学有所得"五有好学堂的标准，万变不离其宗——聚焦学生的发展。各种风格的教学研究和实践，丰富了语文教学体系，提高了语文课堂教学效益，让大家看到了学生发展的更多可能性！

教育需要唤醒学生生命内力的觉醒。在 30 余年的语文教学中，她积极倡导"幸福好学堂，学生自主站中央"的教学理念，引导教师发挥自身优势，因地制宜，因材施教，打造自己的课堂亮点。在语文教学中有效实施自主课堂，尝试师生角色互换，让出三尺讲台给学生。鼓励学生开设"小学生大讲堂"活动，让学生根据自己的兴趣爱好，选择自己喜欢的领域去阅读探究，开设以自己名字命名的讲堂，让每个学生都发挥特长，张扬个性。

她在课堂教学中以学生为中心，重视学生的"元认知"，给学生创造机会让其经历和体验，敢于放手，把学生推向讲台，让学生出彩，实现了从"优秀演员"到"聪明导演"的角色转变。教师发挥的主导作用在于当学生"跑偏"时予以"扶正"；当学生遗漏时，适时"拾漏"。花更多的时间和精力调动学生自主探究的兴趣，鼓励学生挑战"不敢讲"的恐惧和担忧，引导学生向"不勇敢的我"说"再见"！

正如《静悄悄的革命》中小林老师所说："现在在教室里，让学生位于前台，自己退居其后，也不再觉得痛苦了。"学生在课堂上孜孜不倦地探究、质疑、思辨，时时露出舒展、幸福的笑容。在种种表象改变背后，孩子的气质、精神面貌才是最核心的改变，她所倡导的自主课堂带给孩子的是生命的绽放！

年逾 50 的她，到了常人"颐养天年"的年纪，但她不因为年龄的增长，停止专业成长的步伐。为了提高自己的综合素养，使自己更像一名专业的语文教师，她与时俱进，跟上现代教育发展的步伐，利用一切可利用的时间博览群书。充分利用碎片化的时间，甚至边做饭边听"荔枝微课""网易公开课"等各种课程。即便是稍微有点儿"闲暇"也会发展自己的业余爱好：养花、画画、写诗、诵文，编辑自媒体"花路思语"微信公众号，编发"花儿朵朵"抖音作品。因不断读书学习，时有灵感迸发，经常带给大家惊喜之作，带给大家诸多的"小确幸"！

在当今全力推进课程改革的素质教育进程中，许多崭新的教育思想在闪烁，多元的教育模式在碰撞。在风起云涌的教育改革大潮中，为了学生的发展，为了教师的发展，为了学校的发展，孙立华老师勇立潮头，倾注爱心，积极作为，锻造了教育教学生活的精彩！

孙秀芹

2021 年 9 月 30 日

# 目　录

第一章　关于核心素养的理性思考

# 第一节 基于核心素养的语文教学理念

《中国学生发展核心素养》的颁布，从国家层面明确了我们的教育应该培养什么样的人。在培养学生核心素养的过程中，语文学科必须做出自己的学科贡献。语文新课程标准强调："语文课程应致力于学生语文素养的形成与发展。语文素养是学生学好其他课程的基础，也是学生全面发展和终身发展的基础。"语文新课程标准修订的重大改变是将核心主题从"三维目标"逐步转向"核心素养"。语文核心素养的培养是一个复杂的、长期的过程，但是语文核心素养一旦形成便会慢慢积淀，伴随一生，并发挥其独特的育人功能，促进人的全面发展，使其适应社会发展的需要。因此，针对语文核心素养及其培养策略的研究，具有非常重要的现实意义。

## 一、语文核心素养的概念和特征

### （一）语文核心素养的概念

"素养"，是指一个人的素质与修养，即个体在终身发展、终身学习中，对知识、能力、态度或价值观等方面的融合，是在个体遗传基因的物质基础上，受后天教育、培养而获得的。"核心"则是关键而不可或缺的。因此，语文核心素养，指的是学生在接受语文教育过程中，形成的促进个人全面发展、终身发展的，能适应未来社会的最基本的语言文字知识、道德品质，以及运用语言文字能力等，是一种普遍的素养。

什么是小学语文的核心素养？部编本语文教材主编温儒敏教授这么说"语文核心素养"的四个方面。

**1. 语言建构与运用**

这是语文学科独有的，具有本质意义的内容。"课标"要求学生在学习语言文字运用的过程中，建构语言运用机制，增进语文学养，努力学会正确、熟练、有效地运用祖国语言文字。

**2. 思维发展与提升**

强调学生通过学习语言的运用，能够获得几种思维能力的发展，包括直觉思维、形象思维、逻辑思维、辩证思维和创造思维，另外，还有思维品质的提升，包括思维的深刻性、敏捷性、灵活性、批判性和独创性。

**3. 审美鉴赏与创造**

语文"新课标"要求通过审美体验、评价等活动形成正确的审美意识、健康向上的审美情趣与鉴赏品位，并在此过程中逐步掌握表现美、创造美的方法。

**4. 文化传承与理解**

课标要求学生在语文学习中，继承和弘扬中华优秀传统文化、革命文化、社会主义先进文化，理解与借鉴不同民族和地区的文化，拓展文化视野，增强文化自觉，提升中国特色社会主义文化自信，热爱祖国语言文字，热爱中华文化，防止文化上的民族虚无主义。理解和尊重文化多样性，关注当代文化，学习对文化现象的剖析，积极参与先进文化的传播。

语文素养是一种以语文能力为核心的综合素养。学生的语文素养至少包括语文能力、语言积累、语文知识、学习方法、学习习惯、认知能力、人文素养等。

**（二）语文核心素养的特征**

语文核心素养的内涵是十分丰富的，它能使人通过语文课程的学习，去适应时代的需要，有能力解决生活中的各种复杂问题并去适应不同的不可预测的情境，语文核心素养具有基础性、动态性和终身性的特征。

### 1. 基础性

工具性与人文性的统一，是语文课程的基本特点。无论什么课程，学生只有能看懂文字，理解题目的意思，才有可能去完成它。语文是最基础最稳定、最传统、最民族的学科，用语文是一种技能，形成语文能力又是一个漫长的过程，需要学生通过不断学习、反复实践、长期积累，逐渐形成习惯。

### 2. 动态性

语文核心素养不是与生俱来的，它是在日常生活和语文课程的学习过程中慢慢培养积累起来的。论语云："学而时习之""温故而知新"。语文核心素养只有在一定教育阶段的前提下，才能达到一个又一个教育阶段的飞跃，只有阶梯式的学习，才能不断丰富、拓宽知识，才会让学生的学识、阅历、能力、价值观等不断丰满。

### 3. 终身性

一个人从牙牙学语开始到遣词造句，到文采飞扬，一生中无时无刻不在接受着语文的教育。语文核心素养则是一个人在持续积淀语文基础知识和能力的基础上形成的一种稳定、持续、长久的能力和习惯，而将其不断运用于生活中各个方面的最根本的素养。语文教育是一种人文教育，要让学生用自己的思想去选择自己的生活方式，选择自己的职业，选择属于自己的人生道路，而语文教育核心素养则在这个过程中发挥其独特的作用。

## 二、语文核心素养培养策略

### （一）转变观念

教师作为语文课堂教学的实施者，为了强化学生核心素养的培育，需要转变传统的教学观念。传统教学观念是教师教、学生学，教师在教学中不仅是教学过程的控制者、教学活动的组织者、教学内容的制定者和学生学习成绩的评判者，而且在教学管理上有绝对的权威。在教学方式上教师习惯于按照自己的思路设计教学并千方百计地把学生的一些有创新性的见地用自己的思路"格式化"，导致学生的学习生活处于被动应付、机械训练、简单重复、死记硬背的状态。强化学生语文核心素养的培育，就要打破传统语文教学的学科壁垒，将语文教学融于生活、融于自然、融于社会，使学生在生活中选择性地获取知识、解决问题。这需要我们语文教育者有效地把握新课程的基本理念。

### 1. 全面提高学生的语文素养

九年义务教育阶段的语文课程，必须面向全体学生，使学生获得基本的语文素养。语文课程应激发和培育学生热爱祖国语文的思想感情，引导学生丰富语言积累、培养语感、发展思维，初步掌握学习语文的基本方法，养成良好的学习习惯，使他们具有适应实际需要的识字写字能力、阅读能力、写作能力、口语交际能力，正确地理解和运用祖国语言文字。同时，语文课程还应通过优秀文化的熏陶感染，提高学生的思想道德修养和审美情趣，使他们逐步形成良好的个性和健全的人格，促进德、智、体、美诸方面的和谐发展。

### 2. 正确把握语文教育的特点

语文课程丰富的人文内涵对学生精神领域的影响是深广的，学生对语文材料的感受和理解又往往是多元的。因此，应该重视语文的熏陶感染作用，注意教学内容的价值取向，同时也应尊重学生在学习过程中的独特体验。

语文是实践性很强的课程，应着重培养学生的语文实践能力，而培养这种能力的主要途径也应是语文实践。语文又是母语教育课程，学习资源和实践机会无处不在、无时不有。因而，应该让学生更多地直接接触语文材料，在大量的语文实践中体会、掌握运用语文的规律，而不宜刻意追求语文知识的系统和完整。

语文课程还应考虑汉语言文字的特点对识字写字、阅读、写作、口语交际和学生思维发展等方面的影响，在教学中尤其要重视培养良好的语感和整体把握内容的能力。

### 3. 积极倡导自主、合作、探究的学习方式

学生是学习和发展的主体。语文课程必须根据学生身心发展和语文学习的特点，关注学生的个体差异和不同的学习需求，爱护学生的好奇心、求知欲，充分激发学生的主动意识和进取精神，倡导自主、合作、探究的学习方式。教学内容的确定，教学方法的选择，评价方式的设计，都应有助于这种学习方式的形成。

语文综合性学习，有利于学生在感兴趣的自主活动中全面提高语文素养，是培养学生主动探究、团结合作、勇于创新精神的重要途径，应该积极提倡。

### 4. 努力建设开放而有活力的语文课程

语文课程应继承语文教育的优秀传统，要面向现代化、面向世界、面向未来。应拓宽语文学习和运用的领域，并注重跨学科的学习和现代科技手段的运用，使学生在不同内容和方法的相互交叉、渗透和整合中开阔视野，提高学习效率，初步获得现代社会所需要的语文素养。

语文课程应该是开放而富有创新活力的。应当密切关注学生的发展和社会现实生活的变化，尽可能满足不同地区、不同学校、不同学生的需求，确立适应时代需要的课程目标，开发与之相适应的课程资源，形成相对稳定而又灵活的实施机制，不断地自我调节、更新、发展。

#### （二）重视阅读

语文课程中蕴含着深厚的中国文化，为了培养学生的核心素养，需要学生重视阅读。

其一，课内阅读。教科书中的课文都是编者精心挑选、文质兼美的文章，教师需要引导学生进行潜心阅读。

其二，课外阅读。学生只有具备独立阅读的能力，学会运用多种阅读方法，才会有较为丰富的语言积累，良好的情感体验以及感受和理解能力。在语文教学中倡导学生阅读日常的报纸杂志，能初步鉴赏文学作品，博闻强识，丰富自己的精神世界。

其三，经典阅读。既要引导学生借助工具书阅读浅易文言文，也要引导学生阅读古今中外名著佳作，更要重视国学经典的阅读学习，如《大学》《孟子》《中庸》《论语》等，在感受体验传统经典文字之美的同时，培育民族自豪感。

其四，兴趣培养。重视培养学生的阅读兴趣，帮助学生养成良好的阅读习惯，好的习惯就是素养。语文学科的学习更要重视学生广泛阅读习惯的培养，为学生的终身学习和发展奠定基础。

### （三）基于学情

学情是学生学习的晴雨表，学情与学生的成长息息相关，与教师的教学丝丝相连。只有深入研究学情，密切关注学情，才能有针对性地展开教学，才能真正达到以学定教、顺学而导的理想境界，才能真正提高课堂教学的实效。

陶行知先生曾经说"教的法子要根据学的法子"。教师必须树立以学生为主体的思想，必须关注学情。"学情"是指来自学习者自身的影响其学习效果的一切因素的总和。它包括学生的知识经验、心理特点、成长规律、行为方式、思维方法、生活习惯、兴趣爱好、困难疑惑、情感渴盼、心路历程等诸多方面。把握学情对教学具有重要意义。

首先，学情是教师选择和优化教学手段的依据。我们教育的对象是学生，是一个个充满了生机与活力的人。学生在接受教育前，绝非一张什么也没留下的白纸，哪怕是一年级的小学生，也已经有了六七年的生活经验，对周围的世界形成了基本的粗浅认识。这既是教科书编写的依据，又是我们开展教育实践的依据，所以，教育者首先要了解我们的工作对象——学生。对自己的教育对象都不了解的教育，必定是盲目的教育、失败的教育。这里所说的"了解"，不是一般意义上的了解，不是只停留在表面上对学生外貌长相、衣着打扮、学习成绩的了解，而是对学情的深入洞悉。只有建立在此基础上的教育，才是目的明确的教育，才有可能迈向成功的教育。

其次，学情是一种宝贵的课程资源。学生在学习过程中学习知识、接收信息，同时也在生产新的知识，创建新的信息，这些新的知识和信息就是一种生成性课程资源。教师必须善于捕捉课堂上那稍纵即逝、不断生成的有效教学资源。学情还是一种基础性资源，其他的资源最终必须同学情相结合或相化合才能发挥效益。依据学情进行教育，我们的教学就抓住了导的方向、导的重点，就会获得事半功倍的效果。

最后，学情是新课程改革关注的中心。学生是教学活动的主体，学生学得怎么样才是课程关注的中心。学生有无进步或发展是教学有没有效益的唯一指标。只有深入地研究学情，准确地了解学情，才会使我们的教学方向更正确、方法更灵活、效果更理想，才会使学生获得最大程度上的发展。如果教师在教学过程中只拘泥于展示课前预制的教案，全然不顾学生生命活动的情感、体验、需要、兴趣，不顾"学情"的可变性、复杂性，那么即使教师讲得滔滔不绝、头头是道，也只是教师机械地照本宣科、孤芳自赏，自然无法生成亮点闪烁、异彩纷呈的课堂。教师心中"有书无人""有案无人""有抽象的群体无具体的人"，这种对生命的忽略和漠视是课堂教学最大的悲哀。因此，教师要做到课前预测学情，课中关注学情，课后反思学情。

语文教学过程中，教师应该依据学情为学生提供多渠道、多层次的学习机会，让学生在语文学习中不断提升其组织策划、互助合作、分析交流、人际交往等多方面的能力，突出学生在语文学习中的主体地位，培养其创新精神和实践能力，全面提高学生的语文核心素养。

### （四）创设情境

通过创设合理的问题情境，如虚实情境、观念情境、社会情境以及生活情境等，能够让学生在创设的问题情境中讨论、思考以及阅读等，发散学生的思维，对问题情境进行深入、全面的探究，不仅能够有效地提高学生对知识的理解和掌握，还能够显著地提高学生的创新思维能力。例如，教学《赠汪伦》一诗，诗中哪些地方能够看出汪伦对李白的真挚友谊？这种浅显的问题，学生们不用思考就能够回答上来，即"桃花潭水深千尺，不及汪伦送无情"。然后进一步追问"为什么汪伦早不送，晚不送，偏偏这个时候送？"这种真实的情景和问题，能够引导学生深入思考，对两人的友情展开丰富的想象。

### （五）合作探究

《国务院关于教育改革与发展的决定》中专门提及合作学习，指出：鼓励合作学习，促进学生间的相互交流、共同发展，促进教学相长。"合作探究"主张根据学生的基本心理需要创设民主的教学气氛，让学生通过小组讨论交流和老师的指导、点拨等相关活动的交互作用，产生面对面的促进作用，从而达到自主学习、自由探索、合作解疑、共同提高的效果。

## 三、教师角色定位是培育学生核心素养的基础

"自主、合作与探究"学习方式的倡导，对教师提出了更高的要求。教师必然要更新教育教学观念，提升学科专业水平和教书育人技能。然而，实际教学工作中，因新课程改革的步子走得太快，教师培训滞后，一时涌现了诸多课堂教学新模式，特别是小组学习的兴起，更是翻转了传统课堂教学方式，让很多教师在角色定位上失守。要么固守教师本位，变成教育教学的主宰；要么仅是新浪潮迎合者，实则迷失自我；要么在变与不变中东张西望、不知所措，究其根源在于新形势下教师缺乏对自己角色定位的真正领悟与坚守。

学生是成长的人，是学习的人。教育就是教会学生做人，教会学生做事。在学生学习和生活的过程中，教师的职责就是引导与培育学生生命成长与发展的核心素养。这样，我们才能利用学科教学活动载体，以学科核心素养为中心，有温情地、创造性地促进学生健康活泼的发展，而不会陷入唯分数论的学科本位观，仅成为学科专业知识的说教师。所以，教师是学生成长与发展的引领者、陪伴者。

## 四、领悟学科核心素养内涵是实施有效培育策略的关键

语文课程是一门学习语言文字运用的综合性、实践性课程。语文学科核心素养包括语言建构与运用、思维发展与提升、审美鉴赏与创造、文化传承与理解四个部分。其中，语言建构与运用是语文核心素养的重要组成部分，也是语文素养整体结构的基础；语言的发展与思维的发展相互依存，相辅相成；语文活动是人形成审美体验，发展审美能力的重要途径；语言文字是文化的载体，又是文化的重要组成部分。故而学习语言文字的过程，也是文化获得的过程。

理解了语文学科核心素养的内涵，我们就能抓住培育学生语文核心素养的策略主要是活化文本与创新语文学习活动。

## 五、培育学生语文核心素养的教学策略

部编本语文教材以人文主题和语文要素两条线索作为单元框架特点，根据这一特点我们可以对现行教材进行文本的活化利用，采用多种学习方式来实施学生语文核心素养的培育。

### （一）活用教材文本，变式训练学生掌握语文要素

人文类文本教学，应该变讲为论、以论促研、以写固学，夯实文本解读能力。对此类文本的处理以学生精读细究为主，教师引导为辅，以自主合作、讨论研究为学习方式，用习作感悟来巩固学习成果，从而对学生实施文本的阅读习惯、语言品析和主旨探究能力训练。在阅读文本的同时，要发掘习作知识，引导学生掌握习作基本知识。活用文本，进行情境体验与习作，训练学生想象力、创新力。学生习作最困难的是没有多少真实的体验，没有多少真实有效的素材。我们大可以发掘教材文本，利用教材文本来训练学生的习作能力，分类型随文学习，一课一得，让学生掌握习作基本知识。这样的训练既能培养想象力，也能开发创新潜力。用好文本特别之处，坚守语文教师本色，精读精讲、感染启迪学生对语言文字的感悟

能力。精讲不仅是教学的绝招，也是语文教师的功底与魅力，它能感染学生对教师的敬佩与信服，从而热爱语文学习。朗读是语文教学的法宝，更是培养学生语文学习兴趣，训练学生记忆力、提升学生语言表达力、感悟力的有效途径。如诗词中、现代文中的精妙处、优美处，学生喜爱处、体会深刻处等，教师就要精讲、讲透。特别是关乎文章主题思想的重点段落，学生不易理解和把握，教师就要借助讲自己的理解与感悟，去感染熏陶、诱发启迪学生。这既是教师语文专业素养的体现，更是给学生语文学习的榜样与熏陶，能激发学生对语言文字的学习兴趣，更能加深学生对语文的情感，对语言文字的热爱。

**（二）多元创生语文学习活动，提升学生语文学习力**

生活是语文，语文也是生活。所以语文学习离不开生活，离不开语文活动，将学生的语文置身于生活中能更好地激发其语文学习的动力与能力。

采取多种方式的读说训练，训练学生语言表达能力与感悟能力。如新闻播报，每天请一位同学到讲台上为大家讲说或宣读一条新闻，日积月累，就能让学生的口头表达能力得到有效的训练。也可以开展新闻采访与班级小报等综合性实践活动，训练学生观察力与表达力。学生根据学校开展的主题活动或自己对学校、班级生活中感兴趣的事来作为新闻报道或小报的主题。鼓励学生通过在社区、校内、班级收集大量素材，精心策划制作成相册、视频等成果，或在美术教师的帮助下绘制成册，供全班交流学习，或组织年级、校级作品展评活动。

在语文教学活动中还可以联合综合实践等学科老师一起组织郊游、集市采风、农耕参观、周边环境问题调查、大学城游赏等活动，每次活动后让学生自由习作，将学生作品编辑成册，送给学生留存其珍贵的成长足迹。

实践证明：通过组织开展丰富多彩的活动激发学生学习兴趣，积累写作素材，可以有效地增强学生的语文学习力。

### 六、语文与多学科综合协作，提升语文学习品质

仅以教材文本语言、形式、内容、手法、情感上的训练，不足以使学生形成艺术审美情趣、审美情感和审美能力。需要联合其他学科老师协作，采用小课题研究与校本课程开发等形式来培养学生的审美情趣、科学研究与创新能力。比如，与传统文化教师合作开展古代诗人生平逸事小课题研究，让学生广泛了解文学人物，提升语文学习兴趣，如《三国演义》作品中的人物与历史人物的对比研究等；与音乐教师协作开展民族音乐欣赏活动，先让音乐教师引导学生欣赏民族音乐代表作，再让学生写出对所学音乐的赏析小文章；与美术教师合作开展建筑类、人物类、风景画的欣赏课；与科学老师合作让学生学会从科学角度来理解教材中涉及的科技类、建筑类、艺术类说明文知识，培养学生的科学与研究精神，从而推动学生的创新精神。

培育学生的核心素养不仅要求教师依托教材文本，创新教学策略，开创多元学习活动，还要以教师的语文情怀去影响学生生发对语文的热爱。

# 第二节　基于核心素养的小学低年级语文教学

小学低年级语文教学是各个学科学习的基础，起着学科与学科之间的纽带作用。部编低年级语文教科书由"识字""课文""语文园地""口语交际"以及"快乐读书吧"五个主要板块组成。正确把握教材编排的特点，才能有效落实语文核心素养的基本要求。

### 一、语文教学的基本目的

#### （一）培养识字写字能力

识字写字能力的培养是语文核心素养的起点。识字的渠道主要是通过

集中识字、课文以及语文园地中的文章。

部编教材中的集中识字教材有《姓氏歌》《人之初》《古对今》等，这些识字教材不仅为学生提供了很好的语言环境，也为学生能够感受和了解中华传统文化提供了契机。同时，教材中时常有插图，可以让学生看图识字。不仅如此，教材中的词语和短语也体现了中国传统蒙学读物的编排特点，使学生读起来朗朗上口。例如，《春夏秋冬》就是以扇形图画呈现，语言典雅，富有文化内涵，教师教学时，提倡图文对照，让学生反复朗读，以此帮助学生理解词义，识字记形，感受中华汉语言文化之美。

### （二）培养阅读理解能力

"语言理解能力"和"语言运用能力"是语文核心素养的基础能力。部编教材致力于培养低年级学生的基础能力，为学生今后语文素养的形成奠定基础。低年级教材每个单元都有自己的人文主题，形成一条贯穿全套教材的、显性的线索，凸显的是"语文素养"。教材根据低年级学生的特点，根据语文知识和能力目标整体组织教材，使教师易于把握，有的放矢地开展教学。低年级教学培养阅读理解能力主要是通过引导学生"带着问题边读边画，找出课文中的明显信息""找出课文中的信息，根据信息做简单判断"。为了达到这一目标，前期需要教师正确指导，适当渗透，后期进行重点训练，循序渐进。

## 二、低年级语文教学的基本要求

### （一）联系课堂内外，收获知识积累

一个人的语文素养关键在于个人对语文积淀的厚实程度。当语文积淀达到一定程度时，就会在人身上形成一种富有个性的文化底蕴，而积淀最有效的途径就是广泛阅读和背诵识记。在重视广泛阅读的同时，还要重视背诵识记。古代的教育家十分重视朗读和记笔记，把它作为学习语文的重要方法，要求学生在记忆力最旺盛的时期多读多背，熟读成诵。我们可以看到部编小学语文课本从第一单元就让学生充分利用儿歌、韵语诵读等多

种形式，提升学生的诵读能力。

识字教学中，在多种趣味朗读《姓氏歌》后，可以让学生圈出课文中出现的姓氏，找出班上有这些姓氏的同学，也可以让学生在课后询问父母百家姓，以此增长学生的文字积累，还可以给学生讲解一些关于姓氏的趣味小故事，如姓氏中笔画最少的姓是"一"，引起学生关于姓氏的兴趣，了解更多的中国姓氏。

### （二）学会分享，提高表达能力

在教学中，既要重视学生的感知体验，也要重视学生的口头表达和与同学的合作意识。课堂上，要求学生用口语描绘文本的内容，学会与身边的同学分享是非常重要的。教师在教学过程中，要让学生与同伴交流，对同学的表现加以评价，能够倾听别人的意见，这都是对学生思维进行训练的方式。

"快乐读书吧"这个栏目是部编教材的又一创新之举，目的在于呼唤学生开展读书活动，起到课外阅读导向的作用。一年级内容指向激发学生阅读故事和儿歌的兴趣，产生阅读故事和儿歌的欲望，乐于和同伴分享自己的阅读感悟。

## 三、小学语文低段阅读教学策略

阅读教学是语文教学的重中之重，不仅关系到学生语文成绩与综合能力的提升，在小学低段，更关乎于帮助学生养成良好的阅读习惯。紧紧围绕自主发展、文化基础、社会参与这三个层面开展小学语文阅读教学，引导学生让阅读成为生命的需要，是语文教育工作者的使命，只有将核心素养渗透在阅读教学的方方面面，才能真正实现"得法于课内，受益于课外"，促进学生的全面发展。

### （一）调动学生的积极性，化被动为主动

小学低段，正是开启阅读新世界大门的黄金时期，不宜用具体的阅读量这样功利化的目标去要求他们，而要想方设法地激发学生的阅读兴趣，

不再使学生将阅读视为一项任务，积极主动地投入阅读中去。这一阶段的学生年龄小，同时可塑性强，正是养成习惯的大好时期，我们将其塑造成什么样子，今后就是什么样子，而阅读习惯若能伴随学生的一生，学生更将受益无穷。为了激发学生的阅读兴趣，我们应从学情出发，充分满足学生的心理和情感需求，开展形式多样的读书活动，赋予阅读以更多的吸引力。当然，无论采取何种方法，其目的只有一个，都是为了充分凸显学生在阅读中的主体性。

例如，为了鼓励学生坚持读书不中断，开展"读书打卡活动"，布置学生每天坚持阅读半小时，并将读书小视频发送至 QQ 群、微信群、老师助手、小打卡等网络小程序或 APP 中，比一比谁坚持得时间最久。小学低段的孩子虽然年纪小，却同样具有争强好胜的心理，教师要善于创设比、学、赶、超的竞争氛围，让学生在激烈的比拼中，你不让我、我不让你，潜移默化中良好读书习惯就会养成。

### （二）从教材出发，开展群文阅读

教材中的课文和课外阅读从不是互相孤立的，而是彼此间互相联系、互相渗透的。既要深入研读教材，尽可能地明确编者意图，如某几篇文章编写在同一单元的目的，这几篇文章有什么共同点，又要有目的、有计划地为学生挑选有关的篇目进行阅读，或是同一位作家的其他作品，或是同一类主题的经典篇目，以点带面，从课内发散，开展群文阅读。只有这样，才能不断地扩大学生的阅读面，夯实文化基础，积淀学科素养。

例如，学完《小池》这首诗后，让学生通过查阅书籍、借助网络等方式收集与"荷花"有关的古诗进行整理，借鉴央视《中国诗词大会》中的一个环节，组织"飞花令"游戏。可以联合家长一起参加，让"口出莲花"的诗句回荡在教室里。通过游戏的形式，让这一主题的诗句在孩子们的脑海里打下了深深的烙印，相信他们会乐在其中。低年龄段孩子的记忆力相当惊人，相信他们，他们的能力超乎我们的想象。

### （三）将阅读教学延伸到生活中

阅读教学不仅仅局限在语文课堂上，更要延伸到生活中。这不单是新课程改革和核心素养提出的新理念，更落实了我们语文教学的教学目标——用优美母语去塑造人性，在阅读中感知人性的美好，帮助学生树立健康而良好的世界观、人生观和价值观，也只有这样，才能让学生更加深入地认识到读书的意义，认识到那些文字并不是只存在于书本上的冷冰冰的方块字，而全部都是作者在特定的环境之下的有感而发，都是有温度的存在。因此，教师要学会充分调动多方力量，拧成一股绳，共同配合，引导学生社会参与。

例如，将阅读延伸到家庭中，倡导家长陪孩子共读一本书。家庭氛围会对孩子的成长起到潜移默化的作用，一个具有浓厚书香气息的家庭培养出来的孩子一定不会差。家长既然要求孩子多读书、读好书，自己就要以身作则，充分发挥榜样的力量，抽出时间、静下心来，陪孩子共读一本书。享受这难能可贵的亲子时光的同时，又能够针对书的内容等进行分享与交流，增进家长和孩子之间的感情。当然，这一教学策略需要家长的大力支持，自然免不了教师要做一番工作，帮助家长转变思想观念，提高自身认识。可以通过亲子诵读比赛、家庭剧本演出等形式调动家长读书学习的积极性，让家长参与到读书学习活动中来。

总之，在小学语文低段阅读教学中要贯彻落实和体现核心素养，将核心素养与教学策略二者有机结合起来，不骄不躁，不慌不忙，不以阅读数量为具象目标，脚踏实地地帮助学生养成良好的阅读习惯。除了上文提到的几种教学策略，还有更多更有效的方法等待我们去挖掘和摸索。只有这样，才能为学生今后的学习与生活奠定坚实的基础。人生没有白读的书，每一本都算数！

# 第三节 基于核心素养的小学中年级语文教学

基于核心素养的语文教学是体现语文课程教学价值的必经之路，语文课程致力于学生语文素养的形成与发展，必须要面向全体学生，使学生获得基本的语文素养。核心素养强调的不是知识和技能，而是获取知识的能力。所以，核心素养教育模式取代知识传授体系，这将是素质教育发展历程中的一个重要节点，意义深远。基于核心素养的中年级语文教学更需要语文教师认真研究学生的实际需要、能力水平和认知倾向，基于学情设计教学，优化教学过程，有效地达成教学目标。

## 一、依托课本，明确教学目标

新课程提倡开发与利用教学资源。其实，最重要的教学资源是语文课本。提高课堂教学有效性的根本途径在于教师必须先钻研、理解、挖掘文本，要在文本中走几个来回，明确教学目标、确定教学重点、挖掘训练要素，并选取符合教材与学生实际的教学方法。如果教师自身对文本没有吃透，不了解编写意图，没有抓住单元训练重点，教学目标不明，教学重点不详，便很难做到以文本为凭借，帮助学生提高语文素养。

语言文字运用是语文核心素养的重要目标，指导和培养学生理解和运用语言文字的能力是语文教学的主要任务。例如，《"精彩极了"和"糟糕透了"》一课，从目标上，不是抓住语言、神态、动作的句子来体会父母之爱——这是简单的人文性目标，而是学习并尝试运用语言、神态、动作描写的句子来体会父母的爱，目标取向是语言文字的运用，指向的是学生的表达与运用，而不是指向人文性的阅读教学。在学完母亲夸我作的诗"精彩极了"之后，让学生回顾自己的爸爸妈妈在什么情况下也夸过自己，模仿作者抓住爸爸或妈妈的神态、语言、动作等细节描写，描写出爸妈对自己的爱。

## 二、关注识字与写字能力

小学是识字教学的主要阶段。低年级的识字教学目的在于正确书写、正确理解字义，而中年级的识字教学则是进一步实现汉字的正确运用。爱因斯坦说过："兴趣是最好的老师。"提高小学中年级语文课堂识字教学效率，首先要激发学生对识字写字的兴趣。在此学段激发学生识字写字兴趣时，不能只让学生识记字形、字音（识记字形、字音只是满足学生的认知需要），应当在书写中体会汉字的美感，满足学生审美的需要，与低年级识字教学有阶梯式的发展目标。

精读课文，结合语言环境，理解字义。当学生把课文读通顺以后，要让学生了解课文内容，读懂每句话的意思，这时，要引导学生结合语言环境或生活实践理解生字新词。中年级识字教学是在低年级的基础上进一步开展的，识字写字不是教学的重点，但是重要的教学内容，所以，还要进行扎实的识字写字教学。课堂上，不仅要关注读音、字形，理解字义，还要注重听写的训练。

## 三、注重朗读为主的阅读教学

在阅读教学中，调动起学生的学习积极性，只是代表学生愿意去学，这是远远不够的。教师要采用各种行之有效的办法来帮助学生更好地走进文本，通过多种形式的反复诵读来培养学生养成良好的语感能力。语文教材中选用的文章，都是几代大家积累流传下来，经过专家们认真筛选甄别的，在遣词造句等方面堪称范本佳作。因此，在语文教学活动中，除了课本上要求背诵的篇目或片段外，要求学生对课文中其他一些精彩的片段多读以至成诵。这样不仅能够增加学生的语言积累，还可以增强学生对语言的直接感知能力。如在教学《触摸春天》时，因为这篇课文内涵比较深刻，小学生没有实际的生活体验，不容易理解课文内涵，文中许多句子比较长且难以读通顺，因此教学时可以反复让学生诵读，甚至要求学生在熟读的基础上能把盲女孩安静双手拢住蝴蝶和放飞蝴蝶的片段背诵出来。通过反复朗读，让学生慢慢地走进安静的内心世界，对安静细腻而丰富的感情有更深刻的理解和认识。这样不但能培养学生的朗读能力和语感能力，而且在朗读的过程中也能加深学生对人物形象的认识和理解。

## 四、注重语言的积累和运用

关于语言积累，中年级教材课后练习采用了灵活安排和指定任务相结合的方式。有的要求比较宽泛，如"把感受最深的部分背下来，抄写喜欢的词句""背诵自己喜欢的部分"，给学生较大的自主权；有的要求比较明确，如"找出文中描写外貌和动作的句子，抄下来，再体会体会""抄写描写环境的句子"。

积累在于运用。引导学生积累语言，应与运用结合起来。教师可以根据本班学生的实际，教学生归类整理语言材料，高效、有序地做读书笔记。可以根据某方面的共同特征，把词句归类，在课文里学过的词句旁补充类似词句。可以把课文中的好词好句分成"写人""叙事""绘景""状物"等几大类，再分别抄写下来；可以归类整理本单元或前几个单元复习过的词语，如"狂风怒号""碧空如洗""波涛起伏"可以归为一类，"左冲右撞""行色匆匆""溜之大吉"可以归为一类；还可以补充课内外学习中积累过的词语，如从课文中摘抄了"左冲右撞"一词，可以补充描写走路状态的词语"犹犹豫豫""摇摇晃晃""大步流星"等。这样归类整理语言材料，可以帮助学生采撷同类内容丰富语言系统，有助于提取运用。另外，还要注意帮学生在阅读和习作之间搭桥。课文中的某个词语用得好、某些语句写得好，可以随机设计相关练习，如用词语写几句话，交流课文中的语句好在哪里，还可以用在什么样的语言环境中；还可以让学生在习作时，尝试借用相关语句或学习其写法。

培养学生的语文核心素养，重在提高学生运用语言文字的能力，激发兴趣，培养习惯。字词句的理解与运用要联系学生生活经验，打开学生的思路；加强语言的积累，逐步将文本语言内化为学生的语言；注重语言学习的开放性，在生活中、大自然中学语文、用语文，不断拓展学以致用的领域。

# 第四节　小学高年级学生语文核心素养的培养策略

从小学阶段开始，加强核心素养的培育，有利于学生的长远发展，但目前在小学高年级语文教学中，语文核心素养培育依然暴露出一些问题，不利于语文教学工作的有序开展和学生的综合发展。

## 一、重要性分析

对于小学高年级学生而言，掌握了一定的语文基础知识，但是总体来看心智发育尚不成熟，人生经历较少，学习习惯、理解能力等还存在一定的偏差。所以加强小学高年级学生核心素养培养，激发学习潜能，不断提升自主学习能力，尤为重要。

## 二、问题分析

目前在小学高年级语文教学核心素养培养方面存在的问题主要有：

### （一）没有深刻认识到核心素养培养的重要意义

长期以来受应试教育的影响，教师在开展教学时过于关注基础知识教学，对学生素质方面的培养和综合能力训练的重视程度不够，个别教师依然单纯注重分数的提高，忽视语文素养的提高，机械化教学导致学生难以深刻理解和把握语文学习的内涵和知识的应用，不利于学生语文素养的持续提升。

### （二）教学方法单一，学生兴趣不够

语文教学过程中，过于拘泥于教材，主要依靠教师讲述为主，学生对课外内容关注不够，阅读面狭窄，教学方法过于局限，难以激发学生的学习兴趣和自主学习的热情，加上学校、家长等对学生成绩的过于关注，从而导致教学陷入了一些误区，影响了对学生核心素养的培养进度和成效。

## 三、小学高年级学生语文核心素养的培养策略

为了进一步提升小学高年级语文教学成效，促进学生核心素养持续提升，为将来生活、学习等打下坚实的基础，建议从以下几个方面进行探索。

### （一）感知汉字，提升鉴赏水平

要加强语文基础知识教学，帮助学生打好基础，其中重要的一项是不断提高学生的识字能力和识字效率，教师可以在文字教学中引导学生多写、多练，同时穿插传统文化教育相关的内容，让学生感知汉字的魅力，提升鉴赏水平，更好地把握汉字的具体应用内涵和要领，不断进行创新应用。

### （二）丰富情感，积累阅读经验

一方面，要注意从学生的兴趣入手，只有学生产生浓厚的学习兴趣以后，才能主动去学习，针对不同学生的具体情况为他们制订更加合理的学习计划。注重学习习惯的养成训练，通过循序渐进的方式让学生逐渐爱上阅读，融入情感教育内容，从而激发学习潜能，提高自主学习和探究水平，丰富情感体验。另一方面，要注重通过阅读的方式来拓宽视野，除了在课堂上与学生一起研究语文教材，深入理解和学习语文教材丰富的资源以外，还要将课堂拓展到课外，为学生提供更多的经典阅读书目，通过电子终端平台等加强阅读交流分享和互动，真正将课堂、阅读权还给学生，让他们更加深入地理解和把握阅读的意义与语文学习的重要性，从而不断加以应用和创新，通过积累丰富的阅读经验，注重交流分享，提升学生综合素养。

### （三）灵活教法，创新教学形式

核心素养下，针对小学高年级语文教学，需要充分根据学生实际、新

课标要求等，探索更加有趣、生动的教学方法，融入情感教育，创新开展多元化教学，才能更好地提升学习成效，促进学生全面发展。

### (四) 引导质疑，提升思维品质

语文新课标要求学生：对课文的内容和表达有自己的心得，能提出自己的看法和疑问，并能运用合作的方式，共同探讨疑难问题。由此可见，质疑对于学生的学习至关重要。学会质疑是创新的开端，学会质疑是启智的关键。语文课堂上，教师应创设环境，激发学生提问的愿望，利用文本资源引导学生质疑。

### (五) 品味语言，传承经典文化

重视赏读品味。赏读就是赏语言、赏人情、学表达、明事理，这种朗读方式比较适合语言和意境十分优美的散文和诗歌。

利用课外资源，让学生多积累美的语言。通过主题阅读、背诵古诗、国学经典，鉴赏优美文段，给学生播下传统文化的种子。引导学生诵经典诗词，背名篇名句。孔子曰："不读诗，无以言。"诗教，可以让人温柔敦厚，让人文质彬彬。因此，教师可以要求学生每天在课余时间自由背诵一首诗歌。课前请一名学生带领全班同学一起诵读，久而久之，孩子们会积累大量的经典诗文。课堂阅读和课外经典诗文的积累教学活动，不仅能增加学生在传统经典文化方面的积累，还能培养学生对中国传统文化的热爱之情。在"润物细无声"中帮助孩子们解决积累优秀词句少，书写、语言表达能力差等问题，实实在在地培养孩子们良好的学识修养、人格修养，同时也让传统文化得到传承。

### (六) 读写结合，启发创作灵感

对所读过的书籍进行读后感的写作，能够促使小学生写作水平的提高。首先，学生在课余时间进行课外读物的阅读后，为学生布置写高质量读后感学习任务，然后在学生自己修改、与同伴互相修改之后，在班级开展读后感交流，这样的交流能够在很大程度上启发学生的写作灵感，提高学生的写作水平。其次，通过多媒体网络资源的加入，唤醒小学生创作灵感以及创作激情。在每一次学生习作之后，教师可以选择一些比较优秀的习作进行精心批改，一字一句地对学生的文章进行润色，然后鼓励学生向学校校报、微信公众号等处投稿。此外，教师也可以将一些学生的优秀作品上传到家长交流群，让家长进行交流的同时也提高了学生写作的动力和自信心。小学生都十分注重这样的展示自我才能的机会，在他们看来，这是一种荣誉。采取这样的措施能够让小学生对创作产生兴趣，更乐于主动探索创作的要领，学生也会在丰富的知识储备中，逐渐提高自己的语文素养。

# 第五节　基于核心素养的语文深度教学

在课程改革中，只有保证学生更好地参与教学，保证深度教学的有效推进，才能更好地为语文学科教育发展提供明确的方向。

## 一、基于核心素养的语文深度教学内涵

深度教学就是通过教师对所学知识，进行深度挖掘，找出所蕴含的价值，继而引导学生探寻背后的思想情感以及学习方法。深度教学不是一味地追求教学内容的难度系数，而是将之前过于注重知识内容的教育转化成挖掘知识的能力，这种理念就是深度教学理念，此种教学方式是一种为理解服务、为思想服务以及为意义服务的教学方式。具体而言，有以下几点。第一，语文的运用处于核心素养的首要地位。语言建构有着双向性，学生进行语文知识的学习时，一方面会融合新旧知识，构建出自己所理解的新意义，也就是我们所说的同化学习；另一方面新旧知识产生矛盾，学生就会根据自己的理解进行重新整合，顺应新的语言环境，也就是我们所说的顺应学习。语文教学中，语言情境的创设是学生学习语言的有效手段。这种情境创设虽然复杂，但是却十分真实，学生会不断地将自己所接触的新

知识进行整合。语言学习的深度得以提升，也就提升了学生运用语言的能力，因此语文学习是顺应深度学习特征的。

第二，语文核心素养要求具有一定的思维能力。思维能力的提升一定要借助深度教学才能更好地发挥效果。思维是一种对事物认知的高级反应，语文深度学习可以锻炼学生的抽象思维、发散思维等，通过语文教学活动提升学生的思维能力。

第三，核心素养要求一定的审美能力，这和深度教学不谋而合。深度教学中，学生不再是学习的被动接受者，而是一个有着审美体验以及审美评判能力的评论者。只有对某一项事物有了自己的体验之后，才有一定的发言权，语文中美感无处不有，鉴赏美文是提升审美素养的一个关键。

第四，语文是一门语言，有着一定的文化属性。当前语文教学的培养，其中一项重要的目的就是增强我国国民的文化自信，并尊重文化的多样性，将我国传统的文化自觉加以传承。因此要做到这些，就要进行深度学习，挖掘语文背后蕴含的文化知识，不断开阔学生的视野，提升学生的文化修养，这样学生的文化底子才能厚重，传承才能源远流长。

## 二、语文深度教学方式

### (一) 语文教材要进行深度剖析

教材是教学的基础，是传播教育内容的媒介，因此教师对于教材有何种理解，直接关系到学生对课堂的理解，是影响学生理解程度的重要因素。因此作为语文教师应当提升自我素养，对教材加以深度剖析，不能仅仅是解读教材的表象符号，同时还要对语文文本背后的意义以及文字逻辑进行分析，思考语言文字符号之间蕴含的思想以及方法，这对于学生的核心素养形成意义重大。因此，教师对于文本知识首先要有所理解，然后再在深层次上进行剖析，从不同的维度，包括艺术表现、文化审美以及思想主旨上，都可以围绕教材进行深度剖析。

### (二)教学情境要进行科学策划

情境教学方式就是要通过一定的情境，在情境之中进行知识要点的学习，语文深度教学在这一情境之中进行交流以及讨论，进行相关知识的构建。语文教学中，要依据具体的教学内容，创设具有情感思维等教学情境，更好地激发学生内心的欲望，这样才能让学生主动参与深度学习。

### (三)评价反馈要真实科学

实施语文深度教学，一定要设定科学合理的反馈评价机制，才能对深度教学的实施效果有所了解，根据相应的反馈进行教学方案的调整。教师通过反馈，才能更加激起学生的学习欲望，对学生的自主学习加以有效的引导。摒弃传统的评价方式，按照新课标核心素养的要求，制定更为科学更为先进的教学评价。同时，还要进行多元性的评价主体反馈，对于学生在深度学习中，一些创新思想、学习态度、理解能力、整合能力都要进行评价，基于这些评价获得学生的动态学习情况，通过及时的反馈更好地调整学习方式，才能更为精准、更为有效地构建知识框架体系。

## 三、语文深度教学评价

小学生语文核心素养需要评价学生学习能力、语文积累、语文知识、学习方法、学习态度、学习习惯、认识能力以及人文素养等方面的综合表现。包括:字词句篇的积累、语感、思维品质、语文学习方法和习惯、识字写字、阅读、写作和口语交际的能力、文化品位、审美情趣、知识视野、情感态度、思维品质、品德修养、思想观念等内容。

语文教学评价的内容涵盖万千，不仅包括文学、哲学、历史，更包括地理、自然科学、艺术等各种门类的知识。

以词语教学评价为例:

### (一)评价的设计基础

明确小学语文各个阶段应该关注哪些词语的教学，按照教学计划，对需要教学的词语明确列出必学必会时间表，不仅仅是完成教学计划，更是以提高学生语文素质为目的，增强对词语的理解甚至是人文素质的提高。

第一，从词语所在的句子所处的位置来理解词语。例如，"甚至"是连词，有更进一步的意思，就突出的事例加以强调，所以，一般不出现在句子的首位，而是在更进一步突出事例时，出现在句中或句尾。

第二，从词语表达的感情色彩来理解词义。词语的感情色彩是指词语在反映客观事实时所传达出的态度和感情，包括褒义词、贬义词和中性词。

第三，从修辞的角度分析理解词义。有时作者在表达某种意思时常常不是直接用某个具有鲜明意义的词语来表达，而是借助于某种修辞手段。由于修辞手段的运用，这些词语就往往有着丰富的隐含义。比如比喻，即表示两种不同程度的事物，彼此之间有相似点，用一事物来比方另一事物的修辞方法。

**（二）评价的目标分析**

**1. 制定评价目标是语文核心素养培养的关键点**

知识与能力、过程与方法、情感态度价值观目标，教学重点和难点的确定都可以更好地培养语文核心素养。

**2. 评价教学方法的使用**

自主、合作、探究方法的运用，可以使语文学习事半功倍。

**3. 评价阅读是语文核心素养培养的关注点**

读是理解的过程，对文本阅读得越多，想得越深，自然感悟就越丰富。阅读是吸收，作文则是内化的运用，只有在阅读中"厚积"，才能在作文中"薄发"。

阅读是语文学习的核心部分。高效的阅读，高质量的阅读都会让学生的语文素养大大提高，语文能力也会大有长进。拓展阅读资源是一种提高阅读能力的有效途径，因此拓展阅读资源的选择和运用就尤为重要。合理、恰当地选择和运用阅读资源会提高学生的交流能力、习作能力。因此只有选择正确的阅读资源并且有效利用多媒体和影像资源，才能培养出爱好广泛、写作能力较强、创新能力杰出的优秀学生。

**4. 评价语感是语文核心素养的创新点**

语感是人（主体）对语言文字或语文现象（客体）的敏锐感知和迅速领悟能力。语感，是比较直接、迅速地感悟语言文字的能力，是语文水平的重要组成部分。它是对语言文字分析、理解、体会、吸收全过程的高度浓缩。如果小学生拥有了一定的语感能力，在实际阅读等学习中，就能产生丰富的学习直感和丰富的学习兴趣。语文能力是语文教学的终极目的；语感是语文能力结构的核心要素；培养语感是全面提高学生语文素养的核心，它是语文素养形成和发展的基础。

**5. 评价作业设计是语文核心素养培养的拓展点**

作业的设计，立足于培养学生的语文实践能力，设置分层作业，激发学生的作业兴趣，设计多元化作业，发挥作业的拓展功效，提高学生语文的综合运用能力。

# 第六节　促进学生深度学习的策略

深度学习强调对知识本质的理解和对学习内容的批判性利用，追求有效的学习迁移和真实问题的解决。语文课堂教学必须走上"深度学习"之路才能更好地致力于培育学生的语文核心素养。教学中，要注重对教学内容的结构化呈现，加强对具体语言文字的品味揣摩，强调在实践应用中实现自主建构和知识的有效迁移；要积极倡导思辨探究，充分延展学生的思维过程，并在广阔的生活领域中走向深度运用。

语文教学要着力于学生核心素养的培育，就必须改善教学生态，转变学习方式，构建一个能够促进学生"深度学习"的语文课堂。

## 一、深度学习的基本特征

何谓深度学习？"深度学习是对学习状态的质性描述，涉及学习的投入程度、思维层次和认知体验等诸多层面，强调对知识本质的理解和对学习内容的批判性利用，追求有效的学习迁移和真实问题的解决，属于以高阶思维为主要认知活动的高投入性学习。"

深度学习具有这样几个基本特征：其一，深度学习是主动建构的学习。学生在深度学习中以一种积极主动的学习状态，按照学习的规律进行主动探究、主动实践、主动体验，实现知识的自我建构。其二，深度学习是充满思辨的学习。深度学习的过程始终伴随着高质量的思维参与，如分析、概括、归纳、演绎、推理、判断、评价和创造等，学生在高阶思维的参与下实现对知识的深度理解，实现自我发现并获得思维能力的不断发展和提升。其三，深度学习是学力增长的学习。深度学习不仅关注当下学生知识的获取，更关注学生学习能力的增长，在深度学习中，学生通过多种学习方式参与学习，获得理智能力发展和深层次的情感体验，在主动建构知识的基础上掌握解决问题的策略。其四，深度学习是迁移转化的学习。深度学习注重与生活的勾连，注重生活资源的开发，拓展学习的途径，强调在新的情境中应用知识解决实际问题、综合性问题，从而将知识转化为素养。其五，深度学习是敢于批判的学习。在深度学习中，学生以独立思考为核心，对学习文本表达出自己独特的、创造性的见解，不唯书、不唯师，能就文本进行质疑，提出开放性、创见性的问题和想法，并自主地探究。

## 二、促进学生深度学习的策略

### （一）优化结构板块

"知识的结构化，就是把所学的知识要素按其相互作用、相互联系的方式和秩序组合起来。"研究表明：人的学习、记忆和思维正是通过人的大脑这样一个并行分布、多层结构、广泛联系的神经网络系统来进行的。

认知心理学认为：只有组织有序的知识才能在一定的刺激下被激活，在需要应用时被成功地提取。知识的结构化呈现不同于过去知识线性的单一化呈现，更利于学生对知识的理解与把握、迁移与应用。

### 1. 横向走宽

薛法根老师在教学《小露珠》一文时，引导学生思考由小露珠想到了课文中的哪些词语，学生想到了"钻石、闪亮、水晶、透明、圆润、珍珠"等，然后薛老师在多媒体上集中呈现"闪亮的小露珠，透明的小露珠，圆润的小露珠，像钻石那么闪亮的小露珠，像水晶那么透明的小露珠，像珍珠那么圆润的小露珠"，引导学生整体朗读识记。这样的教学，以"小露珠"为核心，将课文中的很多词语整合起来，形成一个信息相似模块，便于学生将其储存在语言的信息库里，也更能增强学生对文中小露珠形象的感受。这就是横向走宽。

### 2. 类比联结

知识的结构化呈现还有一个重要的表现，就是从内容、意义或者形式上进行一定的类比联结，建立起事物或者知识之间的某种联系，便于学生在相似思维或者相异思维中发现规律，丰富图式，促进知识的深度建构。例如教学《埃及的金字塔》时，教师可以先让学生辨析一下"据说是先砌好地面的一层"中"据说"一词能不能去掉？为什么？引导学生体会说明性文章用词的严密，然后让学生在课文中再找找有没有这样的词语。学生通过"据说、相当于、差不多、有人估计"这一组词语的类比联结，认识到说明性文体在语言表达上严谨科学的特点。

### 3. 系统整合

系统整合就是将这个系统中的多个要素整合在一起，使它们从不同的方面立体、丰满起来，从而形成对一个事物的立体认识。例如，小学低年级的词串教学，教师将词语围绕一个主题编成合辙押韵的词串整体出现，可以把词语从意义上联系起来，引导学生将词语置于同一个情境中进行识记、朗读、运用，从而形成一个有机的结构。这样可以扩展学生识记的组块容量，更利于学生对字词的接纳与建构。所以，词串教学特别是要处理好部分与整体之间的关系，要将词语置于整体场景之中，进行有意义的联结，这样才能发挥结构的整体作用，使之成为一个更大的信息板块被有效地储存起来。再如，教师在教学中引导学生画思维导图，可以促进学生将枯燥的、零碎的信息变成一张有意义的"网"，将课文的知识要点或者语言要素按照一定的关系以一种结构化的方式来呈现，可以促进学生整体化的建构和对知识的深度理解。

**4. 组块教学**

薛法根老师提出了"组块教学"的概念，语文组块教学是基于组块原理，将零碎的教学内容整合、设计成有序的实践板块。例如，他教学《猴子种果树》一课时，设计了以下三个板块。

（1）听故事，知"结构"。先让学生认真倾听教师讲第一个故事，听后让学生说出"谁来劝？怎么劝？猴子怎么想？怎么做？"，从而让学生掌握语段的基本内容和基本结构，在此基础上指导学生练习朗读。

（2）讲故事，用"结构"。让学生根据这样的表达结构，置换"鸟名、叫声、树名、农谚"，练习讲述后两个故事。

（3）续故事，化"结构"。在讲述故事之后，教师扮演"猴妈妈"的角色，让学生都扮演"小猴子"，师生合作，续演故事。这样的语文教学，突破线性教学思路，采取板块式的教学结构，找到了文本结构上的相似联系，系统整合教学活动，由原来的教课文真正转向学语言，培养了学生的语用能力。

**（二）注重品味鉴赏**

没有品味鉴赏，就嚼不出语言文字的真滋味，语文学习就不会走向深入。语文学习中，学生审美能力的培养离不开对具体语言文字的品味揣摩，而这种审美主要就是指对语言文字的审美。

**1. 品鉴言语特色**

阅读教学要引导学生在具有特色的语言处驻足停留，充分地触摸这些语言文字，走进语言文字的丛林，破解语言文字的密码，把握语言文字所言之意的强弱、轻重、高低等，感受其独特的"文质情采"。薛法根老师在教学《匆匆》一课时，抓住课文"善用叠词"这一特色展开：教学"头涔涔、泪潸潸"时，让学生在比较替换中感受叠词的音韵之美、节奏之美；教学"轻轻""悄悄"时，让学生在朗读与想象中感受叠词的意蕴之美；教学"白白"时，同样让学生通过比较替换感受到叠词在表情达意上的作用，彰显了其情感之美。薛老师将汉语言文字的音韵美、意蕴美、情感美淋漓尽致地表现了出来，让学生领悟了汉语言独特的文化魅力。

### 2. 品鉴字词效果

文本遣词造句的精妙传神是作者言语智慧的重要体现，这里面蕴含了作者的表达意图。站在阅读者的角度体会其表达的作用和效果，这是对文本如何传播信息的言语智慧的领悟。比如，有教师在教学《姥姥的剪纸》中"一把普普通通的剪刀，一张普普通通的彩纸"一句时，引导学生辨析两个"普普通通的"能否去掉，以体会这两个词语充分表现了姥姥的心灵手巧，技艺高超；教学"密云多雨的盛夏，姥姥怕我溜到河里游泳出危险，便用剪纸把我拴在屋檐下"一句时，让学生体会"拴"的意思和表达效果，既表现了姥姥剪纸技艺的高超，又使文章的语言具有画面感，还表现了"我"和姥姥浓浓的亲情。语文教学离不开对字词的品鉴，只有品鉴才能防止教学的浮光掠影，防止教学的肤浅支离。

### 3. 品鉴谋篇智慧

谋篇布局是大智慧，是系统思维和整体思维的集中体现。研究文本表达时首先要关注的问题便是如何谋篇布局。阅读教学中，教师可以以课文为载体，引导学生领悟作者如何谋篇、如何布局，以更好地体悟作者的表达意图和言语智慧，促进学习走向深度。比如，教学《桥》一课，教师可引导学生讨论作者为什么到最后才交代老汉和小伙子的关系，以体会作者在情节处理上的高妙。

### 4. 品鉴表达方法

表达方法是作者表达的艺术手段，恰当的表达方法可以增强文本的表现力和艺术感染力，是作者言语智慧的集中体现。深入品鉴课文表达方法，可以帮助学生积累必要的语用经验。

### （三）强调实践应用

学生的言语能力如何建构，"知识"如何转化为"素养"？关键在于"迁移"，化"识"为"用"。语文深度学习是一种自我建构的学习，是一种实践应用的学习。

### 1. 建构阅读策略

部分学生不会阅读或阅读不够深入，其根本原因有二：一是缺乏一定的知识背景和生活经验，和作者无法在同一个话语空间里"对话"；二是缺乏一定的阅读方法和经验。因此，要想提高学生的阅读能力，教师既要唤起和补充学生的生活经验，又要帮助学生积累必要的阅读经验。知识反映的是事物的本质，但不是事物本身，学习时自然也要从对知识的学习回到对事物本身的学习，这才是学习的本质所在。教学完这篇课文，教师要让学生，养成"举一反三"的能力，让学生运用所学的方法在更为广阔的语文背景下进行自我学习，提高语文能力。

### 2. 应用表达方法

叶圣陶先生说过：语文教材无非是个例子，凭这个例子要使学生能够举一反三，练成阅读和写作的熟练技巧。学习的根本在于有效"迁移"，学生的发展在很大程度上是通过学习迁移而实现的。因此，教学中适度地迁移课文中典型的表达方法，有利于促进学生对这些表达方法的领悟和运用。

### 3. 内化文本结构

语文教材的内在逻辑美主要体现在谋篇布局的智慧上，文本结构蕴含着独特的理趣之美。语文教学要尊重教材的内在规律性，体现出其应有的逻辑美感。同时教师要充分发挥文本结构的"例子"功能，促使学生通过在不同情境中加以应用，实现相互迁移和内化。

### 4. 重组言语材料

言语材料重组是对文本信息进行一定的概括、整合、删减、调整、仿用等，以提炼出需要的信息，在一定的情境中再加以运用表达。言语材料重组既有助于对学生言语概括能力、整合能力的培养，同时也可以更好地促进学生对文本语言的内化、建构和运用。为了激发学生的兴趣，可以设计一些富有趣味的实践活动，如角色模拟活动，当小老师、小作家、小故事家、小记者、小演员、小军事家、小科学家、小讲解员等，让学生在盎然蓬勃的兴趣中学习课文，发展言语能力。特级教师于永正在教学人教版五年级上册《新型玻璃》一课时，让学生以"新型玻璃自述"为题进行写作，一方面有利于帮助学生深入掌握课文内容，另一方面有利于学生对文本语言进行重组利用，内化积累，活化运用。

### 5. 模仿言语形式

不同的言语形式有不同的表情达意的效果。对于表述者而言，一定的言语意义和语用意图总是要通过一定的言语形式传递给他人的。教材中有许多词句工整、优美的句式或段式，这是发展学生语言的极好载体，教师在教学时加以适当迁移，有利于学生领悟和把握言语实践的本质和规律。

### 6. 拓展创编表达

"创编表达"是在理解文本的基础上，对文本的一种拓展延伸，更多体现的是对已有文本的一种创编或进一步的探究。这种拓展延伸既有表达参与，又融入了对文本的理解与感悟，特别是能够很好地培养学生创意读写的能力。比如，教学《狐狸和乌鸦》一课时，教师可以引导学生想想：一周以后，乌鸦又得到了一块肉，这时狐狸又来到了树下……接下来会发生什么样的故事呢？请学生为其续编一个故事。低年级的学生缺乏总结性的概括能力，但是一个个续编的故事，其实就在告诉我们"怎么办"。在这许许多多的"怎么办"中蕴藏的就是寓言的智慧，学生也在故事续编中深化了理解，培养了思维。

### （四）倡导思辨探究

深度学习的过程始终伴随着高质量的思维参与，学生在高阶思维的参与下实现对知识的深度理解，实现自我发现并获得思维能力的不断发展和提升。

#### 1. 想象

想象是思维的延展。而且，汉语言组合的方式是"意象组合"，留有许多的空白和不确定之处，这就为阅读者留下了许多创造的空间。《记金华的双龙洞》一课中说："其次是些石钟乳和石笋，这是什么，那是什么，大都依据形状想象成神仙、动物以及宫室、器具，名目有四十多种。这些石钟乳和石笋，形状变化多端，再加上颜色各异，即使不比作什么，也很值得观赏。"但究竟石钟乳和石笋能被想象成什么器具、什么宫室、什么神仙和动物，文中没写出来，教师可以让学生张开想象的翅膀，尽情地发挥。丰富的想象，有助于学生"思接千载""视通万里"，进入一个绚丽多彩的艺术空间，领略到无限风光，获得语言和思维的双丰收。

#### 2. 批判

"深度学习的革命性作用是推翻权威的藩篱，以自我发现、自我对话和自我觉醒的姿态进行有情感、有价值和有意义的学习。"语文学习要培养学生的批判精神，既可以是对内容的批判，也可以是对言语形式的批判，为学生独立人格和创新精神培养创设有利的土壤。有位教师在执教《嫦娥奔月》一课时，抓住课文中的插图，引导学生思辨质疑：你觉得课文中的这幅插图画得好吗？为什么？请你给编辑写一封信，谈谈你对这幅插图的看法以及建议。确实，这幅插图所表现的嫦娥奔月时那向往的神情与课文内容是不符的。教师抓住这一点引导学生批判阅读，促进了学生对课文的深度理解，同时培养了学生的独立思维、批判思维的能力。

#### 3. 多元

语文课堂中的深度学习要强化学生在阅读过程中的独立、自信的意识，不从众、不趋同、不人云亦云。为使学生乐于表达与众不同的看法，乐于表达对课文的不同理解，乐于与同伴分享新的发现，教师需启发他们对文本进行自主性分析与建构。《渔歌子》一词中的"不须归"，有学生理解为"不需要回家"，因为"斜风细雨"说明雨不大，风也不大，渔翁又戴着"青箬笠"，披着"绿蓑衣"，所以"不需要回家"；有学生理解为"不愿意回家"，渔翁太喜欢眼前的景色了，所以他宁愿挨点"斜风细雨"，也不愿意回家；有学生理解为"舍不得回家"，因为眼前景美、鱼肥，他还想多看几眼，多钓几条呢；还有的学生理解为"忘记了回家"，因为眼前的景色太美了，老渔翁垂钓的兴致太高了，已经忘记了风雨，忘记了回家，忘记了一切，达到了一种如痴如醉的境界。教学中，教师应尊重学生在阅读中的独特感受和见解，关键是要弄清学生理解背后的原因，让学生享受思维奔放的畅快，从而读出自我、读出个性、读出新意。

### 4. 探询

探询使教学过程得以延展，更是学生思维延展的重要手段。教师在教学过程中，引导学生对某一问题作层层深入、抽丝剥茧式的探问，能让学生充分追溯并展现自己的思维过程，从而使学生自己、同伴、教师都能做出有效的评价；同时可以帮助学生扭转思维的方向，充分展开高层次的思维过程，有条理地思考、有根据地思考、批判性地思考、反省性地思考。例如特级教师孙双金老师在执教《泊船瓜洲》一课时，先引导学生说说这首诗的"诗眼"是什么，很多学生回答是"绿"。此时教师并没有马上肯定或否定学生，而是引导学生再读诗歌，站在表达情感的角度再思考，并层层深入地追问，从而让这首诗真正的诗眼"还"鲜明地呈现在学生的眼前。课堂中探井式地挖掘、探询，能让学生的思维得到充分延展，得到更好的锻炼。

### （五）走向深度运用

什么是"深度运用"？深度运用就是能充分地、综合地、灵活自如地，甚至富有个性地将自己的所学运用于工作、学习、生活等领域。真正的运用应不仅仅体现在课堂上，更应该体现在广阔的生活领域、工作领域中，而且生活中的运用也往往不只是单项地运用某一种技能或表达方式来解决某一问题。生活中的现实问题往往是具有综合性的，需要多种技能的协同运用方能得以解决。在一定程度上，生活中的运用比课堂上的运用更真实、更灵动、更具生命力。

以《遨游汉字王国》为例，围绕这次综合性学习，可以设计如下几个板块的活动。

**1. 小组讨论和制订活动计划**

这里可以着力培养学生合作探究的精神，整体规划、统筹安排的能力以及计划制订这一应用文撰写的能力。

**2. 开展探究活动**

如收集与汉字谐音有关的歇后语、笑话，收集有关汉字来历的资料，收集汉字字体特点及变化的资料，收集书法作品、举办书法展览等。通过开展上述活动，提高学生收集信息和处理信息的能力，让学生初步了解汉字的起源，引发学生对汉字的兴趣。

**3. 进行社会用字调查，写简单的调查报告**

引导学生走上街头，调查招牌、广告等用字情况，可以很好地将语文与生活结合起来，同时指导学生写简单的调查报告，提高分析、统计、整理以及表述的能力。

**4. 展示综合性学习的成果**

汇报、交流的形式有多种，可以编小报、办展览、开成果汇报会等。这样的综合性学习，促使学生将学到的语文知识在生活中进行深度运用，有助于全面培养学生的语文素养。

语文核心素养的培育呼唤深度学习。学生语文核心素养的形成与发展必须也只能由学生在自主自觉的体验和实践中习得，必须要强调学生对知识的主动探索、主动发现以及对所学知识意义的主动建构，并且展开高层次的思维过程，达成对知识的深层理解和灵活应用。语文课堂教学只有走上"深度学习"之路，才能迎来更为美好的明天，而"深度学习"也必将成为语文课堂教学的一种自觉追求。

第二章　教育教学研究

# 第一节 语文自主课堂的实践与探索

现代社会要求公民具备良好的人文素养和科学素养，具备创新精神、合作意识和开放的视野，具备包括阅读理解与表达交流在内的多方面的基本能力，以及运用现代技术收集和处理信息的能力。语文教育应该而且能够为培养和造就一代新人发挥重要作用。为适应和满足社会进步与学生自身发展的需要，语文教育必须在课程目标和内容、教学观念和学习方式、评价目的和方法等方面进行系统的改革。

## 一、关于"自主"

自主课堂是基于学习方式的变化，以教导学生的自主学习能力培养为主题的课堂。课堂的核心是教学的高效益，高效课堂追求的是有限时间内学生发展的最大化；课堂教学的高效性体现在课堂生命的律动——唤醒学生的主体意识，落实学生的主体地位，促进师生共同成长；自主课堂的价值取向在于学生获得全面和谐的发展——自主课堂不但能使学生高效获得知识与技能，而且关注过程与方法、情感态度与价值观；自主课堂需要教师具有主体意识，富有创新精神，并能进行持续的反思探究，不断生成自己的教育智慧。

自主学习是与传统的接受学习相对应的一种现代化学习方式，即以学生作为学习的主体，通过学生独立的分析、探索、实践、质疑、创造等方法来实现学习目标；是在教师的指导下，根据自身的条件和需要自由地选择学习内容、学习方法，并通过自我调控学习活动，完成学习目标的学习方式。自主学习具有能动性、独立性和异步性的特点。

自主学习能力是指学生在学习活动中表现出来的综合能力。具备这种能力的人具有强烈的求知欲，能够合理地安排自己的学习活动，具有刻苦钻研的精神，并且能对自己的学习效果进行科学的评价。

## 二、国内外研究现状述评

国内外自主学习的思想源远流长。继古希腊的苏格拉底、柏拉图、亚里士多德之后，卢梭、第斯多惠、杜威等都是自主学习思想的倡导者。从20世纪50年代开始，自主学习成为教育心理学研究的重要课题。80年代末出版的《自主学习和学习：理论、研究和实践》一书中也系统总结了维果斯基学派、操作主义、现象学派、社会学派、意志理论、信息加工心理学等不同角度对自主学习做过的一些探讨。但是，由于研究者的理论立场和视角不同，对于什么是自主学习至今尚未形成统一的看法。

我国对自主学习的系统研究始于20世纪80年代。许多学者作了研究并在一些地方进行了实验，取得了一定的成果。在1979年前后，我国就出现了不少以指导学生自主学习为目标的教学实验，如上海育才中学段力佩等人总结的"读读、议议、练练、讲讲"八字教学法；中科院心理研究所卢仲衡主持的"自学辅导教学"实验研究；辽宁盘锦二中魏书生实施的"六步教学法"实验；上海嘉定中学钱梦龙进行的"导学教学法"研究等。所有这些教学实验都把"自主学习"作为教学的主要环节，明确把培养学生的自主学习能力和发展学生的智力作为主要追求目标。

从以上综述的研究成果来看，许多研究者围绕着这一主题做了大量的理论探讨和实验研究，取得了丰硕的研究成果。但是，大多国外研究偏重理论，没有对自主学习过程进行详细的描述，没有从动态角度阐述自主学习的内在机制，已有的研究成果还不能很好地为基础教育提供切实的理论指导和支持。国内的研究多数是在自主教育改革实验中，从教学模式、教学结构等方面探讨自主学习，对小学生自主学习能力培养方面缺乏比较全面深入的研究，许多小学教师对如何在教学中有效地培养学生的自主学习能力仍然存在认识以及实践操作上的不少误区与困惑，针对小学语文学生自主学习的实证研究还很少。

## 三、此项研究的现实意义

时下，经常听到老师们抱怨，现在老师真不好当，孩子课上不听讲，课下不努力，课堂上讲了多少遍的问题照样出错。一遍一遍地重复同样的内容，实在是乏味，身心疲惫，甚至导致教师产生教学无助感。产生这一现象的原因是多方面的：教学强度大，教学任务多，还要兼顾教学之外的其他工作。主观原因是大多数教师没有反思自己的教学行为，忽视了"职业倦怠"的突出问题——唤醒学生生命内力的觉醒！教育需要尊重自然发展规律，用一颗灵魂唤醒另一颗灵魂。因此自主课堂的研究价值之一在于解决师生对于教和学的"倦怠"问题。

"教育即生长。""生长"即自然发展。美国教育家杜威始终认为：儿童具有自己的"本能""倾向""天性""天赋"等，也就是说儿童具有自我发展的倾向和规律。教育是发展个性，不是泯灭个性。作为教师给学生的应是一种"愿景"，是一种美好的希望，这是教育工作者应该有的教育情怀。教师拥有了这份情怀，给予了学生这份愿景，就可以最大限度地挖掘学生的潜能。

再者，随着我国教育体制改革的不断深化，教师可以选择多种教学模式进行教学，而学生也能在教师的多元教学方式下进行自主探究式学习。就目前而言，对于小学语文教学的课堂方式转变也有了更高的要求：帮助学生树立自主学习的意识，培养独立思考的能力，帮助学生在自主探究的模式下进行学习，促进小学生语文核心素养的提升。

## 四、自主课堂的践行

著名教育家于漪曾说："教育不是把不同的人培养成相同的人，而是把不同的人变得更加不同，使其特点、长处更加发展，变得更具良好的个性，更具鲜明的特色，成为有用之才。"这才是学校当下应该做的事。

### （一）师生易位——让教师成为配角

让每一位学生针对自己感兴趣的内容，自主备课、上课，开设以学生自己名字为主题的"小学生大讲堂"，学生站讲台当"老师"，老师靠边当"学生"。让学生站在课堂正中央，教师要做的事是鼓励学生告别不勇敢的"我"，开阔学生的思路，放大学生的格局，在课堂上适时点评、拾漏。

### （二）遵循规律——让生命自由绽放

"教育意味着一棵树摇动另一棵树，一朵云推动另一朵云，一颗灵魂唤醒另一颗灵魂。"教育既是科学也是艺术。科学需要我们研究规律，研究学生的成长规律。艺术则需要两点：一是情感；二是创造。情感的投入必须以真诚为前提；创造力的培养必须以想象为保证。所以，教育不仅是唤醒，更是解放。解放学生的思维，放飞学生的心灵，使其发现自我，成就自我。自主课堂是以人为本的课堂，是开放的课堂，是让学生获得幸福感的课堂。

### （三）激发兴趣——让学生个性张扬

自主是什么？自主就是给学生选择的权利。让学生根据自己的兴趣和爱好，选择自己喜欢的领域，去读书去探索，去开设自己的讲堂，让每个学生都发挥其"所长"，个性得到张扬。

学生的讲堂内容众彩纷呈。有《"西游记"中的大仙们》，也有《"西游记"中的小妖们》，更有《草房子》《城南旧事》《红楼梦》《三国演义》《水浒传》，还有《鲁迅经典》《流浪地球》《上下五千年》《苏三不要哭》……

从5分钟、10分钟、30分钟到能讲一个半小时。当时上五年级的黄莉喆同学光在自己班讲不过瘾，还"走穴"给四年级的学生讲课，在家长会上给整个级部的家长讲课。大多学生都能落落大方地走上讲台，选取自己感兴趣的书籍片段或课文内容与家长、与同学，甚至与老师们分享。十八般武艺，各显其能。尤其令人赞叹的是孩子的沉着与镇定，俨然是"我的讲台我做主"的气场。正如黄莉喆同学在自我简介中所说："我就是我，是颜色不一样的烟火！"

经由"大讲堂"的历练，我校赵思妤等同学能走上省市区少儿春晚主持的大舞台，黄莉喆同学在三年级时就在市级演讲比赛中荣获一等奖，成为获一等奖同学中年龄最小的选手。

### （四）唤醒思维——助力学生成长

学生家长如是说："孙老师早在三年级就在班里进行学生上讲台讲课的尝试，从上学期的课内文章，到这学期的课外讲坛，已经有多半学生登上了班级讲台，展示自己的风采。最可贵的是这种参与，不是老师强迫的，而是自主报名，主动参与的。因为有热情，所以才会精心选择自己喜欢的内容，精心准备，为大家带来视觉和精神的盛宴。"作为老师，我们都知道，要准备一节像样的公开课，需要做很多的准备工作，从教学的设计、素材的收集，到课件的制作，再到教学的反复修改，需要付出很多的时间与心血。而孩子们争先报名，乐此不疲，甚至为了上好自己的课，主动求教，学习制作课件，学习怎样组织语言，怎样与同学互动，正是在这样的氛围中，孩子们主动学习的意识被唤醒，班里才会呈现出"百花争艳""百家争鸣"的精彩。

是什么激发了孩子们的热情？我觉得更多的是一种教学理念的转变。平时我们按部就班沿着教学设计流程，借助精美课件打造精心的课堂，其实说白了还是学生被动学习居多。如何唤醒学生，让学生真正成为课堂的主人还需要一种意识的更新。好学堂的构建要挖掘出激发孩子对学科热爱的点，课堂要以学生为中心，转变教与学的方式，重视学生的"元认知"，注重动手操作、注重体验，更多地让学生经历直接经验的获得过程。关注学生学习差异与需求，关注学生的情感，关注学生的身心健康，促进每个孩子的健康成长。这就需要教师关注学生的感受，理解接纳学生的感受。

这是部编教材传递出的新理念，更是我们老师需要学习改变之处。老师走在了前面，转变了教学的方式，激发了学生的热情，如此坚持走下去，必定"青出于蓝而胜于蓝"，培养出一批批优秀人才，带给我们无数的惊喜。

德国教育学家第斯多惠说过教学的艺术不在于传授本领，而在于激励、唤醒和鼓舞。苏联教育家苏霍姆林斯基在《给教师的建议》中也说过，学生体验到一种经由自己亲身参与掌握知识的情感，乃是唤起少年特有的对知识感兴趣的重要条件。我们教师需要做的就是要点燃孩子的热情，激发孩子的兴趣，唤醒孩子，成就孩子！

家长说我是从三年级开始正式让学生上讲台讲课的，其实我早在一、二年级就开始"预热"啦！只是那时候没有这么"明目张胆"，低调地让学生轮流上讲台讲讲故事，背背诗词，锻炼锻炼学生的胆量。尽管都是小打小闹的"小把戏"，但为后期学生开设"讲堂"奠定了坚实基础。一、二年级预热打基础，三、四年级试水实践，五、六年级大展风采。

自主课堂实施的基本流程是"确定主题—合作备课—自主约课—学生主讲—师生点评—课后日记"。学期初根据自己的爱好选题；自行成立备课小组，合作备课；自主报名约课，老师帮其协调上课时间；一人主讲，1～3人助教；师生互动点评；以表扬鼓励为主，提出建设性的改进意见；课后要求学生利用写日记的形式，让执教人和听众写日记，相互取长补短，反思改进教学。

在自主课堂中，用六个活动流程，将各个环节贯穿起来，充分发挥学生的主体性，让学生唱主角，教师当配角。教师敢于放手，把学生推上讲台，让学生出彩。从课堂教学呈现的实际效果来看，学生表达能力的培养绝非一日之功，需要老师坚持不懈、持之以恒地努力。从这点来讲，自主课堂的驾驭需要教师较高的综合素养，需要教师刷新传统的教育理念。

过去，受"师道尊严"观念的影响，教师放不下架子，骨子里以为讲台是教师的"地盘"，神圣不可侵犯，岂容学生在台上"胡说八道""胡作非为"。传统理念在作祟，致使不少教师故步自封，不敢越"雷池"半步，日复一日，年复一年教师为独霸讲台而拼搏，年年岁岁人不同，岁岁年年"花"相似，几十年如一日重复"昨天的故事"，致使师生教与学的"倦怠感"日益滋生。

放下师道尊严的架子，把课堂还给学生，自己甘当绿叶与配角。实现从"优秀演员"到"聪明导演"的角色转变。从表面看，当教师把自己定位为"优秀演员"时，热热闹闹、悲悲戚戚的课堂看似很成功，实则把自己看作课堂的主人，唱起了独角戏，是与现代教学理念相背离的。而当教师"退居二线"，把自己作为学生学习的引领者，导演一场场学生的主角戏，让学生收获成长的快乐，这样的课堂是成功的，这样的教师是智慧的，这样的教师是幸福的。

自主课堂上老师饱含深情的眼神，幸福洋溢的微笑，充满爱意的鼓励，无不给学生传递着"你能行"的"积极信号"。学生滔滔不绝的发言，信心满满的表情，一本正经的样子。达到了自主课堂美好的境界——教师轻松，学生愉快。一个个精彩的表现，一次次热烈的掌声，一回回成功的历练，在学生的成长过程中，所发挥的作用是任何其他方式所不能替代的。

自主课堂的教学方式，看上去是"师生易位"形式上的转变，说到底其实还是教师自身教育理念的改变。正如《静悄悄的革命》中小林老师所说："现在在教室里，让学生位于前台，自己退居其后，也不再觉得痛苦了。"

我们所倡导的自主课堂的核心是什么？是围绕小学阶段儿童发展特点及生活经验、语言习得规律、优秀传统文化的熏陶和感染，促进了学生语言、思维、精神的协同发展。课堂改变，学校才会改变；课堂高效，教育才会高效；课堂优质，学生才会卓越；课堂创新，学生才会创造；课堂进步，教师才会成长。教育的任何改革，立足课堂减负增效才是出路！

减负，应"减"啥？首先必须减少过多的教师讲、学生被动听的内容，减少学生作业的种类和作业量，减少对学生学习及学业质量统一标准的要求；讲增效，该"增"啥？为了"好学堂"有效、高效；为了让学生想学、会学，教师必须增加学生独立思考、合作探究的机会；增加学生大量自主读书和选择性学习的时间；增加互动质疑、批判、追问的时间和空间；增加学生探索实践的机会，让每个学生在原有根基上得以生长。

充分信任孩子，孩子会还你一个个奇迹、一个个惊喜。推动自主课堂让学生发生了怎样的改变？只要听上两节课，你就会发现，最核心的改变在于孩子的课堂表现。学生在课堂上的互动交流，学生不断地探究、质疑、思辨。在种种表象改变背后，孩子的气质、精神面貌才是最核心的改变，自主课堂带给孩子们的是生命的绽放。

## 五、"自主课堂"实施过程中应注意的事项

### （一）自主课堂是一个相对的、有着多层次含义的概念

所谓相对，是指学生的学习不可能完全摆脱教师的控制而追求绝对的自主；教师也不可能超越现行经济制度和教育制度，来任意实施其教学行为。教材仍然是学习资料的主要来源；课程标准仍然是指导学生学习的重要文件，基础知识和核心技能的掌握仍然是课堂教学的重要组成部分。

何为多层次？学生是多层次的人，创建自主课堂，要从学生的实际出发设计教学策略和教学过程。学生是自然属性的人，自主课堂应考虑学生的理智和情感；学生是社会性的人，自主课堂应创设和谐的教学环境，满足学生的心理需求；学生是动态的人，自主课堂应在平等对话和交往中完成知识的建构。

### （二）学生是课堂的主人并非说明教师可以放任自流

自主课堂把学生推向讲台，教师靠边站，并非说明教师要袖手旁观、撒手不管。恰恰相反，不但要管，还要管好。教师只不过是"躲在角落"里细心观察学生的表现，体验学生的感受。学生有什么想法、看法、做法，事后要和他们一起研究、探讨、交流。教师和学生成为学习活动的同盟军，更容易走进学生的内心世界，与学生平等沟通与交流。教师主导作用在于当学生"跑偏"时予以"扶正"；当学生遗漏时，教师适时"拾漏"，更重要的是"课上一分钟，课下十年功"，教师需要用更多的时间和精力调动

学生读书兴趣，用积极心理学的理念鼓励学生挑战"不敢讲"的恐惧和担忧等。

倡导"幸福好学堂，学生自主站中央"的教学理念。鼓励教师发挥自身优势，因地制宜，因材施教，打造自己的课堂亮点。充分利用积极心理学的理念激发教师的"心动力"，鼓励教师展示自己的教学亮点，凸显自己的教学风格。倡导"各种教学流派，总有一项研究在路上"，鼓励教师个性化教学，形成自己的独特风格。同时又主张，不管怎样的教学改革，必须紧紧围绕"学有兴趣、学有习惯、学有思维、学有动力、学有所得"五有好学堂的标准，万变不离其宗——聚焦学生的发展。各种风格的教学研究和实践，丰富了教学体系，提高了课堂教学效益，让我们看到了学生发展的更多可能性！

**附：教学札记**

## 我被学生"赶"下了讲台

信吗？学生上讲台，老师靠边站。三年级二班本学期先后有十多位学生能轻松自如地代替老师上课啦！昨天课前我本想与大家分享《笑猫日记》读书感悟的，讲着讲着三位老师敲门进了教室，当时我有点儿蒙圈。转念一想，今天该人家肖琪瑞同学上课，她上周好像跟我说过，她要邀请老师来听她讲课。原来这是人家自己请来的援兵啊！没有办法！把讲台让出来吧，"有请小肖老师讲课"，我乖乖地走下讲台坐到肖琪瑞同学的座位上，拍拍照，录录像，在家长群里发发"现场直播"，统计一下同学们的发言次数啥的呗！要不就当学生？

这种"偷懒"的事儿我经常干！不仅让学生替我讲语文课、阅读课，还让学生在家长会上替我给家长上课。

任何教育教学改革和创新之路都不会是一帆风顺的，会面对这样那样的不同声音。在我来到文苑小学继续试行"自主课堂"，锻炼学生讲课的过程中，有一位家长提出了不同的声音，在家长群体中传播消极言论，面对此事我没有消极对待，并没有因为极少数的异己之言而放弃教改行为，通过小窗交流和公开在群里发表"回复"的方法和家长真诚沟通，让其知其然，更知其所以然。让家长朋友明确了我们的所有教学改革均是聚焦孩子的长远发展时，她给予了理解、支持与合作，从此更多的家长帮孩子争取一切可争取的机会，让自家孩子上讲台讲课，主要原因是家长和孩子都尝到了此中的甘甜。

张淑菡妈妈：昨天看到一个个小老师讲课，佩服她们的胆量、从容与学识，讲得井井有条、有声有色的，同时感叹自己老矣，现在掌握的知识不及一个四年级的小学生。以后在督促孩子学习的同时，自己也要加强学习，才不至于落伍。我准备先在家让张淑菡练练讲课，争取早日让她登上讲台。

黄莉喆妈妈：昨天，去参加孩子班里的家长会。孩子所在的四年级二班家长会，别出心裁，史无前例，那是因为除了老师讲，还有几位学生积极主动地为我们家长上课。

几个小姑娘落落大方地走上讲台，或选取自己感兴趣的书籍片段与各位家长分享，或就一个文学话题与家长互动，或是推荐家长与孩子一块儿读书，或者是出考题考考家长。总之，八仙过海，各显其能。尤其令人赞叹的是孩子的沉着与镇定，俨然是"我的舞台我做主"的气场。

工作三十年，我一直没有停止"自主课堂"的实践，收获颇丰。以下是我 2006 年 4 月 7 日整理的学生日记，至今保存完好，最初我发布在原历城区教师进修学校网站我的网络空间里，后期编入山东省百佳学校师生文学精品点评（小学卷）第一辑《鹊华烟雨》中。

# 王薇《"张老师"给我们上语文课》

今天第一节课下课的时候,张浩在黑板上写"21 鲁滨逊漂流记"。开始,我还以为张浩在黑板上写着玩,没太注意。过了几分钟,上课了,老师对我们说这节课是张浩给我们上!什么,张浩给我们上课?就凭他?就知道疯玩的"傻小子",能上课?不会是天方夜谭吧,课上肯定会乱,叽叽喳喳的人肯定很多。

我对张浩很没信心,没想到范吉磊自作主张地说了声:"起立!"我们跟着将错就错,齐声说:"老师好!"就坐下了。孙老师简单说了几句话后,就把上课权交给了张浩,只见张浩一边读课文一边讲解。奇了怪了?我们几乎都在认真听,纪律出奇得好。张浩也是越讲越带劲儿,最后他给我们讲了作者笛福的课外知识,我们都专心致志地听,眼睛都不带眨一眨的,而且还边听边做笔记。

感觉这节课上得飞快,我禁不住在心里为张浩暗暗叫好。对于张浩来说,他可能感觉万分紧张,内容有些生疏,甚至还有些不自然,但作为一名第一次上课的小学生来说,能上到这种程度已经非常棒啦。

张浩给自己争取了一个体验上课的机会,通过上讲台讲课,体验到了当老师的辛苦和劳累。虽然我还没有上过课,但我仿佛也感受到了其中的滋味!

【孙老师点评】作者运用了先抑后扬的表达方法,真实地表达了自己对张浩同学上讲台讲课的看法:不在意—怀疑—肯定—佩服。语言朴实无华,感情真挚,脉络清晰。作者围绕中心,紧扣主题,通过叙述和描写,表达了自己对张浩同学勇于登上讲台上课的敬佩之情,尤其是结尾点明了中心:"体验到了当老师的辛苦和劳累。虽然我还没有上过课,但我仿佛也感受到了其中的滋味。"

## 王青青《我们班的小老师——张浩》

早上一来到学校，就发现班里有点不对劲儿，同学们围在一起大发议论：张浩同学大概发烧了，见了谁都说上课给点儿面子呀！多举手回答问题呀！我漫不经心地问张浩："怎么？你当老师啦！"

上课铃响了，我透过玻璃窗看到张浩和孙老师一起向教室走来，我挺纳闷：这是怎么回事呢？直到上课我才明白原来今天上课的不是 Miss Sun，而是 Mr.Zhang。他今天要讲第 21 课——《鲁滨逊漂流记》。没有想到我还真说准了，今天他成了我们班第一个登台的 small teacher！。说实话，我是贼佩服张浩的，真是勇气可嘉啊！

上起课来还行，就是因为没有经验，所以有些不知所措，不过还好，同学们都挺合作的，大家都被张浩的勇气征服了。虽然张浩同学的表现有待提高，但他准备了近半个月，已经尽了最大程度的努力，大家还是省省吧，多鼓励，少泼冷水！

既然有了他第一个，当然就会有第二个啦。我决定做第二个"吃螃蟹"的人，我准备讲第 19 课——《卖火柴的小女孩》。我想：讲童话大家一定会更喜欢的。我决定在"备课本"上写好教案，做好充分准备，上起课来会更有底气，再吸取一下张浩不知所措的教训，相信我讲得会更好。

在我们班，不仅我一个人想吃"螃蟹"。我刚向老师表达完我的意见和想法，陈龙和常宝仁两人就尾随而上，也表达了上课的想法。他俩想一起讲后面的古文，胆大包天，野心比我还大！

我们女生应该"巾帼不让须眉"，男生已经有三个人要上讲台了，而女生却只有我自己。女生嘛，还是有点儿"犹抱琵琶半遮面"，不怎么敢，所以我一定要打响这个开头炮，女生就不至于"千呼万唤始出来"了。女同胞们，相信我，我肯定会讲得比张浩更好，别忘了我平时可是饱览诗书的呀！我一定要好好讲，给咱女生争争气，也在男生面前得意得意，杀杀男生的傲气。记住：我们并不比他们差，女生当自强！

我因为将要成为班里的小老师而感到紧张和兴奋，为我加油吧！

【孙老师点评】下周二（4月11日）王青青准备上《卖火柴的小女孩》，时间和内容都是她自己定的，我因为佩服她而听她的，她口语表达能力很强，已经超越了我，我早在上学期就不得不公开承认她是"青出于蓝而胜于蓝"了。嘿嘿！

文章采用"新概念"写作方法，语言风趣幽默、生动活泼，反映出当代小学生博学广闻的语言风格。如从 small teacher, Miss Sun, Mr. Zhang 等英语称呼的用法和"犹抱琵琶半遮面""千呼万唤始出来""巾帼不让须眉"等名言警句的引用看出小作者的博闻强识。

# 第二节　循序自主识字教学研究

"人生聪明识字始。"识字教学是小学语文教学的起点，也是启蒙教育的开端。识字教学是小学低年级语文教学中的重要内容，是学好语文及其他学科的基础。

课标对识字教学的要求，主要体现在以下三个方面。一是重视掌握识字方法，培养识字能力。低年级教给基本的识字方法，包括读准字音、识记字形、了解字义的方法，查字典的方法，要求学生"学习独立识字"。以后各学段逐步提高培养识字能力的要求：中年级提出"有初步的独立识字能力"；高年级提出"有较强的独立识字能力"。学生一旦具有独立识字能力，识字便能做到无师自通，为自由地阅读、写作创造有利条件。二是提出情感、态度、习惯等方面的目标，使学生在识字上有不竭的动力。这方面的目标，在各个学段一以贯之。低年级强调"喜欢学习汉字""有主动识字的愿望""养成良好的写字习惯"；中年级进一步提出"对学习汉字有浓厚的兴趣，养成主动识字的习惯"；以后各年级继续培养识字的兴趣和主动识字的习惯。三是引导学生利用教科书以外的学习资源、课堂以外的学习渠道，自主识字。

## 一、丰富多彩的识字方法

随着小学语文课程实验的不断推进，新的识字方法不断涌现。

### （一）释义识字法

汉字是表意文字。造字之初，汉字的意义是通过结构部件来表示的，现虽经多年演变，但万变不离其宗，大多数汉字都是合体字，形声字占百分之八十以上。教学中，教师充分利用汉字的这一结构特点，适时恰当地以剖析字形结构部件说明字义，有利于学生记住字形，理解字义。如在教学"清、请、倩、晴、睛、情、蜻、精"等形声字时，可先让学生比较这些字的音、形差异，找出相同部件"青"字，教会读音 qīng，然后辨析这几个字的声调和偏旁，最后根据形声字声旁表音、形旁表义的特点理解记忆。"有水方说清，用言去邀请，丽人留倩影，日出天气晴，有目是眼睛，有心情更浓，有虫是蜻蜓，有米人精神。"这种教法符合低年级学生认识事物和学习汉字的规律，使学生经过比较、辨析、归类，掌握汉字的基本方法，提高自主识字能力。

### （二）演示识字法

小学低年级学生抽象思维能力较差，而形象思维能力则比较丰富，因而直观教学往往能提高教学效果。汉字的字形或字义与具体事物、物象有着某种必然的联系，这是表意文字的一大特点。识字教学中，教师应当让字形本身形象化、直观化，让学生觉得汉字也是实实在在的具体事物，从而使学生增强对汉字的识记能力，掌握更多的字。如教学"攀"这个会意字时，教师先让学生说出"攀"字的结构，教师边做动作边作讲解："一只有力的大手抓住树枝和藤奋力向上。"这样，学生不但能记住这个笔画繁多的字，而且明白了"攀"的意思就是抓住东西向上爬。采用此法，学生对学过的字印象会更深刻，不但能活跃课堂气氛，而且简单易懂。

### （三）猜测字谜法

自古以来，中国的许多汉字均可编成字谜。在小学低年级语文识字教学中，学生猜字谜的关键是学会按汉字结构规律猜想，这是巩固识记汉字的一种方法。通过猜测，学生可加深对字形的记忆，巩固所学汉字的有关知识。如"人在云上走，云在脚下行"是"会"字；"一点一横长，口字在中央，大口张着嘴，小口里面藏"是"高"字。又如："两人去看戏，走了十里地，看了四场戏，一心想回去"是"德"字；"两个幼儿上山去砍柴，砍柴辛苦无力再出来"是"幽"字；"辛辛苦苦说句话，站在两边争论它"是"辩"字、辛辛苦苦种个瓜，时时刻刻抱住它"是"瓣"字。

在识字教学中，编字谜、猜字谜，能增强学生的学习兴趣、激发学生的求知欲望。这样教学识字、既能加深学生对所学汉字的记忆，又能丰富学生课余生活，还能培养学生的想象能力和语言表达能力。

### （四）插图识字法

在学习汉字的初级阶段，配有大量的插图。我们应充分利用这一优势来帮助学生学习汉字。插图色彩鲜艳、生动有趣，加上教师的引导，自然就能激发学生的学习兴趣。然而，它的作用不仅如此。我们还可以利用它来搭建学生记忆汉字的桥梁，使其发挥更大的作用。把汉字放到有生命的环境中，使抽象的汉字形象化，促进学生记忆，让学生看清字形，拼对字音，再"回"到图上，这一过程能检验学生是否真正掌握了汉字。

### （五）游戏识字法

在生字教学中，游戏识字是学生喜闻乐见的形式。比如"我比画你来猜"，方法是老师念谜语或儿歌，学生以手势等动作演示"谜底"，比比谁猜得又准又快。如，双木不成林——"相"，大口加小口——"固"等。

### （六）字配"画"识字法

爱因斯坦说过："想象力比知识更重要，因为知识是有限的，而想象力概括着世界上的一切，推动着进步，并且是知识进步的源泉。"在识字教学中，教师要根据学生思维的特点，引导学生想象，帮助他们把抽象的符号具体形象化，培养学生的识字能力。如教学"休"时，可出示图片，告诉同学们，这个人累了，正靠着树干休息。

### （七）歌诀识字法

儿歌朗朗上口，生动有趣，一旦记住便永久难忘。平日教学中注意抓住字的特点编一些通俗易懂的儿歌，如教学"碧"字，编成"王姑娘"，白姑娘，一起坐在石头上；如教"坏"字，编成"土里不长草"；如教"法、丢"时，先复习"去"字，再以旧字带新字，编成一句儿歌："去"字头上戴斜帽，丢、丢、丢；"去"字旁边冒水泡，法、法、法，还有"中间有点仔细辨，中间有言来分辩，中间有瓜长花瓣，中间丝线扎成辫。"如此一编，易学易记，妙趣横生。

关于识字教学的方法真可谓百花齐放、百家争鸣，可以说大家都在为寻求多快好省的识字教学方法做出自己的努力。只要做识字教学的有心人，我们还会发掘出更为丰富的教学方法，让学生趣味识字、快乐识字。

## 二、关于识字教学问题的思考

有人曾对二年级学生的识字情况做了一次调查，调查的数据显示：对于 172 个课堂上未学的生字，学生的平均识字率达 71.65%。这一数据，引发了我们以下的思考。

思考之一：教师是否了解学生识字的基础？

依据母语学习的特点，小学一、二年级的识字教学，都不是在零起点上进行的识字教学，教师应当珍视学生的这一差异，在日常的听课过程中，许多教师在教学生字的时候，很少考虑到学生原有的识字基础，他们认为：只要是书上规定的生字，就应该好好地教、认真地教。这种想法其实也并没有什么大错，但是有一点可能被忽略了，那就是：学生的确是有一定的识字基础的。

脑科学研究证明：对于一个一个的汉字来说，大脑神经记忆的最佳效果是声音、图像、语义、符号（字形）四个要素的有机组合。相似论把四个要素的组合称为相似模块。人们认识的汉字，也都是按照这种模块储存在大脑里的。识的字越多，这种相似的模块储存的就越多。从大量的研究资料和实际生活情况来看，儿童对文字所指的事物并不是一无所知，一般6岁前的儿童已经能知道1000多个与文字相对应的事物，并且他们用自己的语言方式表达着自己的意思，这些都是学生识字的基础。

脑科学的研究成果和相似论的理论认为：识字教学的任务仅仅在于把儿童已经会说的语音，已经理解的语义，已经认识的图像再配上符号（字形）。也就是说我们现在唯一要做的事是：把儿童已知的一个字的语音、语义、图像再配上符号加入相似模块中去。著名思维科学家张光鉴先生把这种语音、语义、图像与符号（字形）的结合，叫作相似匹配。如"妈妈"一词，在孩子的脑中早就储存了"妈"这个字特定的语音、特定的图像（每个人的妈妈各不相同，即使不会说话的幼儿一般也不会搞错自己的妈妈）以及特定的语义。教师的任务是只要把"妈"的字形与它们在脑中建立相似匹配，形成相似模块储存到大脑里去就行了。如果我们的汉字教学按照这个规律去进行，一定会事半功倍。

教师在了解学生认识汉字的基础上，不仅要进行更加有效的识字教学活动，还应该在这个基础上建立起汉字的"高楼大厦"。也就是说识字教学可以采取"两条腿走路"的方法，既要充分利用学生手中现行的语文课本进行识字教学，又要利用学生生活的社会、学校、家庭环境中的汉字资源进行识字活动（开放性识字），使学生多识字、识好字。

思考之二：汉字是否需要教师一个一个地教？

答案自然是否定的。识字情况调查结果就是一个很好的证明。教师还没有教这些生字，学生就已经认识了其中超过70%的字，至少那些认识的汉字不需要教师再手把手地一个一个地教。

儿童主体是一个个活生生的、自主发展的个体。尊重儿童主体，就是要求教师必须从儿童主体的实际出发，而不是从教师的主观愿望考虑。按照相似论的理念，儿童先识哪些字，后识哪些字，达到什么要求，不是单从教师的主观想象考虑，也不是单从汉字的表象考虑，而是要从儿童主体的实际生活环境的需要，从他们的兴趣特点来考虑。有些字，乍一看笔画很多、难学，但儿童天天见，容易认；有些字，可能笔画较少，结构简单，但离儿童生活远，认识和记忆就很难。从儿童主体来说，他们有眼睛、有耳朵、有嘴巴、有双手，特别是有聪明的脑袋，因此可以肯定地说，只要教师、家长做些适当引导，儿童完全能够自己识字。

我们必须解放思想，转变观念，走开放的识字之路。我们有理由相信，今天的儿童识字不应该也不需要仅仅限于依赖于成人（包括教师、家长）的口授、灌输（当然成人的指导是不可缺少的）；不应该也不需要仅仅依赖于语文课本、学校的教室。我们可以引导儿童认识自己的名字，小伙伴的名字，在交往中识字；可以引导儿童熟悉学校环境，在感受校园文化中识字；可以引导儿童走出校门，到社区、到街道、到田野，在熟悉周围环境中识字；还可以利用卡片识字、图形符号识字、联想识字、情境识字、影视广告识字、形象识字、字根识字等。其目的是把这些方法作为一串钥匙，诱导儿童分别从几种途径中去主动识字，变无意识为有意识，进而又把有意识变为无意识。如儿童在学会了广告识字后，他们就可以自己动手，收集广告，剪剪贴贴，看看认认，动手动脑，其价值远远超过识字本身。

## 三、识字教学应注意的问题

### （一）识字教学要重视培养学生能力

#### 1. 培养学生自学能力

大教育家奥托·耶斯伯森说："我们不应只在学生身上洒水，而应该使学生投身于语言的海洋之中，及早学会游泳。"在教学过程中要利用一切可利用的条件培养学生的自学能力。如让学生"找自己已经记住了的字"，问他"用什么方法记住的？"学生看见"根"字，说："'根'左边是'木字旁'，因为跟树有关；右边是'很'的一边。"学生看见"茎"字，说："'茎'跟植物有关，就是把'轻'的车子推走，再给它戴上一顶草帽。"这样上课，充分发挥学生的主观能动性，也提高了学生的学习积极性，时间久了，学生的自学能力就会有很大提高。

### 2. 重视培养学生的想象力

黑格尔说："真正的创造就是艺术想象的活动。"有了想象这把金钥匙，学生们便能轻松地步入汉字库之门，自由地在其中徜徉，从而达到轻松识字、快乐识字的境界。

比如，"人后有人"是"从"字，"两人一路走"为"丛"字。培养学生的想象力需要教师的聪明和智慧。有老师在教"们"字时，用动作演示法教学生识字，教师敏捷地站在门旁边，让同学们想象是哪个字，同学们会马上想起"人立门边"是"们"。

语文新课程标准指出："识字教学要将儿童熟识的语言因素作为主要材料，同时充分利用儿童的生活经验，运用多种形象直观的教学手段，创设丰富多彩的教学情境。"因此，小学识字教学要善于发掘儿童身边"熟识"的语言物质材料，充分结合儿童身心发展规律培养识字习惯，采用多种教学措施指导识字方法，激发和培养学生的识字兴趣。

### （二）生字不宜过早从语境中脱离

"字不离词，词不离句"是语文教学界前辈总结出的识字教学规律，至今仍然是指导识字教学的"至理名言"。我在听《自选商场》一课的教学时，教师请学生交流课外收集的商品包装上的商品名称，坐在我旁边的一位小女孩，熟练地读完了自己手上所有商标的名称。等她话音刚落，我将她刚读完的最后一个商标名称"腹痛水"中的"痛"字写在听课本上请她认，不料她摇头说不认识，接着我遮住"痛"字再写了一个"腹"字，她还是不认识，又写了一个"水"，她马上读出来了。最后当"腹痛水"三个字一起出现在她眼前，有趣的现象出现了——小女孩响亮地读出"腹痛水"。可见，学生识字是要以语言环境为依托的，离开了语言环境孤立地进行识字教学，必然是耗时多而收效微。在低年级识字教学中，经常看到教师请学生自由读课文后，马上说："老师把生字宝宝从课文中请出来，你们和他们打个招呼吧！"试想读完一次课文顶多只需三五分钟，马上要让学生认读从课文中脱离出来的生字，除非有过目不忘的本领，不然是很难做到的。建议老师在学生初读课文时，让学生认真通读一遍后，提出要求："把生字宝宝从课文中圈出来，自己读一读，再读给同桌小伙伴听。"这种检查识字的方法，借助了语言环境，对于学生来说更容易接受。此外，还可以在分自然段朗读中结合认读生字或者出示带生字的句子指导学生进行认读。

### （三）不宜烦琐地进行字形分析

一、二年级识字量大，应在教学的不同环节增加生字复现的机会巩固识字，而非通过烦琐的字形分析来达成识记的目的。崔峦老师也曾说过："识字如认人，一回生二回熟，三回四回是朋友。"一篇课文有针对性地选择几个典型生字进行字形分析，其他生字则渗透在各个教学环节反复呈现，识字效果会更明显。可以考虑进行字形分析的字有这样几种：一类是生字中有本课要新学的偏旁；一类是字形容易混淆的字；一类是可以帮助学生积累一定识字方法的字。

### （四）阅读课中的识字要与阅读结合

在阅读教学中要充分利用阅读文本，尽可能做到随文识字，在语境中识字。识字写字教学是第一学段阅读教学的重要任务之一，这是毋庸置疑的，但如果整节阅读课都进行识字教学活动，就欠妥了。因为阅读教学不仅承载识字教学的任务，还担负着积累语言、语感培养等任务。阅读教学中应该将识字、朗读、积累语言有机融合，达到你中有我、我中有你的境界，而不能将三者割裂。我们不妨来看一段《难忘的泼水节》教学片段。

1. 学生初读课文后，教师分自然段检查学生读书情况。

2. 一位学生读第4自然段时表现得有些困难，教师组织了以下教学活动：

（出示词语卡片：对襟白褂）这个词很难读，谁来教大家读？（一学生领读）

（出示插图）周总理穿的衣服就是——（学生齐声说：对襟白褂）

师：再来看看总理穿的裤子，扎的头巾。

生：总理穿的裤子是咖啡色的。

（师出示词语，学生齐读：咖啡色长裤。）

生：总理扎的头巾是水红色的。

（师出示词语，学生齐读：水红色头巾。）

师：这些词语会读了，句子读起来就容易了，自己试试。（再请这位学生读第四自然段中的相关句子，很自然地就把这句话读得很流利了。）

此教学片段进行了"襟""褂""咖""啡"四个生字的教学，但又不仅仅是生字教学，还包含了词语教学、朗读句子教学，同时培养了学生认识事物、观察事物的能力。阅读课中的识字教学不应是"孤军奋战"，而应该是以语言环境为强大后盾，以培养综合语文能力为追求目标的"团体战役"。

### （五）善教师得法

在教学中常有这样的情况：同样的教材，不同的教师教，会给学生留下不同的印象。有的教学使学生觉得如乘轻舟，一路顺风；有的教学使学生感到如入深山，举步维艰。原因何在？关键在于教学方法。善教师,得法,省时省力，事半功倍；不善教师，不得法，费时费力，事倍功半。

如在识字教学中，"染"字易写错,难理解。有三位教师可以称得上是"善教师"，他们的教法独具匠心，耐人寻味。

第一位教师为了解决学生易把"染"字多写一点这个难点，先在黑板上写了"九"和"丸"两字，然后提问："染料店的'染'字上面是'九'还是'丸'？"学生齐声回答："是'九'。""为什么是'九'不是'丸'呢？猜猜看！"教师的问题犹如一石击水，激起了学生的讨论兴趣，同学们热情高涨，议论纷纷。教师适时指导："染料店里有没有药丸卖？"学生齐答："没有！""对！染料店里没有药丸！"学生齐笑，老师巧妙地点拨，点燃了学生智慧的火花。

第二位教师教"染"字,把"染"拆成三个部分:水(三点水旁)、木、九。然后问学生为什么"染"字里面要有这些部件。学生经过讨论后争相回答。

生1:因为染色要用水,所以"染"字里面要有"水"。

生2:因为染料是从植物中提炼而成的,所以,"染"字里面要有"木"。

为什么'染'字里面还要有一个'九'呢?学生一时回答不出来,这时教师引导说,因为在古代"九"表示数量多,这里表示在染东西时要染多次才能染好。师生讨论以后,教师又用彩色粉笔在黑板上写了一个大大的"染"字,这时"染"字像电影里的特写镜头一样,深深地定格在学生的脑海里了。

"染"字的含义比较抽象,如何给学生留下鲜明的印象呢?第三位教师课前准备了一小团雪白的棉花和一瓶红墨水。上课时。她讲了字音、字形后,把棉花蘸上红墨水后取出,并在演示中引导学生观察,然后问道:"谁能用自己的话把棉花变色的现象讲清楚呢?"一位学生说:"红墨水把棉花染红了。"短短几分钟,"染"的字义教学这个难点就不攻自破了。

这三位教师遵循汉字结构和学生识字规律,有的激人兴趣,引人深思;有的化抽象为形象;有的深入浅出而又妙趣横生。这样的教学方法是值得我们学习和借鉴的。

苏联教育家赞可夫说得好:"教学的安排好比是'因',而学生的发展进程好比是'果'。"教贵得法。只要我们善于针对学生的特点,抓住教材的特色,发挥教师自身的特长,做到扬长避短,一课一得,久而久之,必能成为一位"善教师"。

# 第三节 "多维互动教学模式"的探究与实践

## 一、多维互动教学模式的概念

"多维互动"一词中的"维"原本是几何学及空间理论的基本概念，构成空间的每一个因素叫作一维，如直线是一维的，平面是二维的，普通空间是三维的。"多维"用在教学模式中是相对"单一"而言的。"多维"，是指改变过去教师独占课堂，学生被动接受知识的单一的教学信息传递方式，促进课堂教学的多向发展。即实现师生、生生、组际、群体、人境、教材、教学手段和其他媒介的交互作用。"互动"，是指多种教学媒体及教学主体和客体全方位参与，形成情感、认知、实践活动的相互促进，平等交流，情感共鸣，实现学生的主动发展。多维互动教学模式所倡导的教学活动是师生之间进行的交往和沟通，教学过程是一个动态发展着的教与学相统一的交互影响的过程。在这个过程中，通过优化教学方式，通过调节师生关系，形式宽松和谐的教学氛围，强化人与人、人与环境之间的相互作用，以产生教学共振，达到提高教学效果的目的。其理论基础在于"师生统一主体说""教学最佳结合说""入境交互决定说"等。多维互动教学模式倡导的理念和新课程改革的理念是一致的，都是以人为本，以学生的发展为本。

## 二、关于多维互动教学模式的操作

多维互动教学模式以学生在教学过程中与教师、与同学、与教学中介的交互作用的发展规律为主线，呈现出三个明显的互动特征：发动—主动，助动—自动，体现了学生学习主体性的发展和教师"教—扶—放"的过程。根据实际需要可以把任何一个特征作为教学的切入点。在教学实践中要努力做到如下几点。

### （一）以人为本，让学生个性张扬

目前，我们的课堂教学或多或少还存在一种"穿新鞋走老路"的现象。从表面上看，问题是学生提出来的，学习方法是学生自己选择的，但真正在组织教学时又按照教师的那一套程序，所有体现新课程理念的形式都只是"形式"而已，根本不去关注学生已有的知识经验，不去关注学生独特的感受和理解，忽略对学生人格的尊重，无视学生的实际需求，牺牲学生的个性而去追求共性的形成。

学习是教学的出发点，也是教学的归宿。研究好学情，才能真正让课堂教学返璞归真。作为教师，我们想得更多的应该是学生会怎样学，学生会提出哪些问题、学生在自主学习中会遇到哪些困难、在合作学习中会出现什么情况、该怎样组织学习比较切实可行等情况。对教师而言，课堂教学是平等交流，是艺术创造，是探索真理，而不单纯是展示结论。

### （二）情感体验，让课堂灵性闪光

师生之间的情感交融，是调动学生积极参与互动学习的动力源之一。日本心理学家菊池章夫指出："教师态度温和这一变量与学生学习效果之间是正相关。"教师若能有意识地做到与学生亲密、友好、合作，那么学生的学习效率就会有大幅度提高。一个优秀的教师，在教学过程中与学生间的心理距离非常近，一句话、一个手势、一个眼神都会调动学生的注意力，都会使学生受到鼓舞。这就需要我们多和孩子交流、谈心，了解学生的知识水平，把握孩子的思想脉搏，形成情感默契。

课堂教学不仅仅要使学生有所知，更要使学生有所感；不仅仅是一种告诉，更是一种体验，这是多维互动教学模式的一个基本发展方向。我们要善于挖掘教材的情感因素，把情感点化出来，展示在课堂教学之中，打动学生的心弦，激发学生的情感共鸣，使整个课堂教学情趣盎然。我们还要发挥教师的情感诱导作用，用自己的真情实感去拨动学生情感的心弦。也就是说上到学生的心里，能打动学生心灵的课才是一堂好课。教师要激情满怀，用自己丰厚的文化素养感染学生，才能使课堂教学变得有滋有味。

### （三）对话交往，让师生同构共享

新课程理念下的多维互动课堂教学应该是以师生之间的"对话"为基础的。教师与学生之间不是一种简单给予、接收的关系，而是一种平等、民主、宽容的"伙伴"关系。这里的"民主"与"宽容"并不是对学生的放任自流，而是在鼓励学生，激发学生学习积极性的同时，真诚地给予学生以指导和帮助，并为学生的学习和发展指明方向。

多维互动教学模式的课堂，力求形式多样，方法多变，老师要有幽默感，要有综合的自身素养，要力争使课堂上有笑声、有争议、有讨论。教师作为课堂教学的主导者，要善于创造一种氛围，让学生始终处于一种跃跃欲试的情绪状态，对所学内容产生浓厚的兴趣，并积极主动地动脑筋思考问题，开口表达自己的观点，通过师生平等对话交往，同构多维互动课堂，共享求知的愉悦。

### （四）灵活教法，让课堂充满活力

在新课程理念下的多维互动"课堂"，应致力于促进学生完整生命的健康成长。在课堂上，教师不再是学生的主导，而是向导；教学过程不再是一种知识传输过程，而是一种积极探究的过程。教师应该把要学习的知识置于一个问题的情境中，使学生结合自己的原有经验来探究新知识，建构自己对各种问题的观点和见解，建构自己所坚持的判断和信念。这种学习方式，会使学生对知识学习表现出更高的积极性和更深的批判性，知识的对错会牵动他们的神经，而不是让他们无动于衷。让学生经历思考、探究、分析的过程，他们的思维和探究能力可以得到更好的发展。

教学过程的复杂多变、学生之间的个别差异，决定了任何教学模式或方法都不可能机械地照搬照用。只有灵活教法，才能使我们的课堂教学充满生机和活力。

### （五）评价多元，让学生快乐成长

苏霍姆林斯基说过："教师无意间的一句话，可能造就一个天才，也可能毁灭一个天才。"由此可见，教师对学生的良好评价，是学生成才的关键。

在评价过程中力求实效性，把发展性评价理念贯穿到课堂教学的每一个环节，做到口头评价和书面评价的有机结合。一句真心的祝福，一句衷心的表扬，会给孩子的成长带来快乐，甚至会给孩子的一生带来积极的影响。还可以设置语文素养成长记录册，分别从"我爱读书""沟通你我""知识宝库""佳作共享""奇思妙想"等板块记录学生的成长足迹，调动学生学习的积极性，促进学生综合素养的提高。

## 三、关于多维互动教学模式的教学反思

### （一）挑战教师的智慧

当学生精神不振时，你能不能使他们振作？当学生过度兴奋时，你能否使他们归于平静？当学生茫无头绪时，你能否给以启迪？当学生没有信心时，你能否唤起他们的力量？你能否从学生的眼睛里读出愿望？你能否听出学生回答中所蕴含的创造？你能否觉察出学生细微的进步和变化？你能否让学生自己觉察错误？你能否用不同的语言方式让学生感受到关注？你能否使学生觉得你的精神脉搏与他们一起欢跳？你能否让学生的争论擦出思维的火花？你能否使学生在课堂上学会合作，感受和谐的欢愉和发现的惊喜？这些极具挑战性的问题需要老师不断地学习、实践、反思，提高自己的综合素养才能更好地驾驭多维互动课堂。

### （二）教学要力求实效

在教学中，要克服形式主义，避免表面上热热闹闹，实际上不落实的现象。尤其是在课堂上避免孩子们说起来头头是道，做起来稀松寥寥，忽视孩子动手操作能力和实际应用能力的培养。还要重视培养学生倾听、思考，认真书写的习惯，既要放得开，还要收得拢，避免"放羊式"的放任自流。

### （三）拓展活动要适度

所有拓展活动是在分析学生能力基础上进行的，要做到因材施教，因地制宜，不要做"揠苗助长"似的拔高拓展，注意循序渐进，以免打击学

生的学习积极性。

总之，多维互动教学模式作为新课程教学改革的载体越来越受到富有责任感和专业追求精神的学校领导和教师的关注。让我们齐心协力，承载起"发展学生核心素养"的教育重任，用我们的智慧绘就多维互动教学模式新景观。

# 第四节　小学生作文分层次教学实验

## 一、课题研究背景

### （一）时代背景

实施素质教育，深化教学改革，不仅需要教育观念的更新，更需要教学方法的改变。

基础教育要面向全体学生，全面提高学生素质，但在义务教育阶段不宜按学习成绩高低将学生分校、分班。有关部门也明确规定，不得以任何理由将学生分成快班、慢班或尖子班、普通班。这样随之出现的问题是，由于先天、家庭、社会、环境条件等因素的制约，同班级学生，在学业基础、学习能力、心理素质和智力发展等方面，存在着明显的差异，原本通行的以同步、划一为基本特征的教学策略越来越不奏效了。在同一个班按统一的标准要求学生，"一刀切"的教学是不切合实际的，这样会使一些后进生丧失学习的兴趣和动力，又会出现忽视优等生发展的现象。

为每一位学生创造良好的基础教育机会，促使每一个学生都得到较好的发展，是素质教育的基本目标。因此，实施分层教学具有多方面的意义。既可让优等生为学困生提供智力刺激，使学困生学有榜样，也可让优等生在给学困生辅导的过程中使自己的学习进一步巩固和深化，以达到在各自原有基础上的提高和发展。这种互动关系来自学生之间的差异，在教学中把这种差异作为有利的教学资源，实行有差异的教学，达到有差异的发展，便成了我们关注和探究的问题。我们经过认真思考，进一步明确：要想使所有学生在各方面都能得到发展，做到既不压抑基础好的学生，又不放弃基础差的学生，必须打破传统的整齐划一的教学模式，根据学生的实际水平实施"分层次教学"。

**（二）理论背景**

"分层次教学"思想，自古以来在国内外都有专家论述。在中国，最早源于孔子提出的"因材施教"。近代，分层教学的主张最初是由上海市教科所"初中学习困难学生教育的研究"课题组提出的，他们称之为"分层递进教学"，意思是"在课堂中实行与各层次学生的学习能动性相适应的着眼于学生分层提高的教学策略"。课题组认为，教学过程的主要矛盾是教学要求与学生的学习可能性之间的矛盾。在国外，苏联教育学家赞可夫在《教学与发展》中，提出"使包括后进生在内的全体学生都得到一般发展"的原则。美国心理学家布鲁姆在掌握学习理论中指出，"许多学生在学习中未能取得优异成绩，主要问题不是学生智慧能力欠缺，而是由于未得到适当的教学条件和合理的帮助造成的""如果提供适当的学习条件，大多数学生在学习能力、学习速度、学习动机等多方面就会变得十分相似"。这里所说的学习条件，就是指学生学习并达到掌握所学内容的必需的学习时间，给予个别指导和全新的学习机会等，"分层次教学"就是要最大限度地为不同层次的学生提供这种"学习条件"和"必要的全新的学习机会"。

作文的"分层次教学"也有其心理学依据，苏联著名心理学家科鲁捷茨基对儿童的研究实验表明：由于学生先天的遗传因素与外在的环境教育条件不同，因而学生在习作表达中表现出明显的差异性，不同的学生在完成同一题目的习作过程中表现出能力的差异，同一学生在不同类型的习作中也表现出能力的差异。学生书面表达能力的提高，是一项系统性很强的工程。没有较为丰富的语言积累，就不可能形成熟练的习作能力。因此，面对学生不同的学习品质和个性差异，必须进行分层次教学。

课堂教学的基本原理——"层次性原理"认为：教学过程是师生交流的过程，交流可分为不同层次：元素层次（词语交流）；命题层次（语句交流）；模式层次（语句网络交流），师生交流必须在同层次下才能顺利进行，即交流双方必须有"共同语言"。在每个班级中都有不同层次的学生，为了让所有学生都有交流的机会，教师必须提供不同层次的交流内容，"分层次教学"是依据素质教育的要求，面向全体学生，承认学生差异，因材施教，改变大一统的教学模式。

## 二、课题的内涵及性质

"作文分层次教学"是指在班级授课制条件下，以承认学生存在的差异为前提，根据学生不同的学习能力、智力水平和非智力因素，有针对性地对学生的习作进行分层指导，以最大限度地发挥每一个学生的习作潜能，调动每一个学生的习作积极性，使每一个学生都能在原有基础上得到充分发展的教学策略。"分层"是为了适应不同层次的学生的发展，旨在使每一个学生都能在这种特定的教学环境中各展其能、各扬其长，以促进全体学生的共同发展。

"作文分层次教学"属于个别化教学的一种，个别化教学不同于个别教学，个别教学是一位教师对一位学生的教学，它与班级教学相对；个别化教学则是在集体教学的条件下"适应并注意个性发展的教学"，它介于个别教学和班级教学之间。个别教学可以是也可以不是个别化教学，因为并不是所有的个别教学都必然适应学生的个性。

"作文分层次教学"重视学生之间的差异性，重视学生中蕴藏着的巨大潜力，尤其要看到学困生与其他学生一样有巨大的待开发的潜能。教学中针对不同层次学生实际，在目标、内容、方法和评价上都要有区别。在分层次作文教学中，学生的层次是动态的、多变的，而不是贴标签式的。教学过程要为学生创造多种尝试、选择、发现、发展的条件和机会，不断鼓励学生向高一层目标前进。

### 三、课题的任务

面向全体，分层发展，大面积提高学生写作水平是作文分层次教学的主要任务。在实验过程中要努力体现以下三个指导思想。

第一，教师的教要适应学生的学，学生是有差异的，教学也要有差异。

第二，教学要促进学生的发展。教学实践告诉我们，包括学困生在内的每个学生都是有发展潜能的，因此教学中要形成一种促使全体学生在原有基础上不断发展的机制，这就是"递进"的机制。要为学生设置跳一跳能把果子摘下来的"挑战性"的目标和任务，使他们的思想和情意系统处于激发状态，从而取得良好的学习效果。

第三，学生之间的差异本身就是一种可供开发利用的教育资源。在教学过程中，要努力使各层次学生各展所长，互相弥补，互相帮助，形成合作学习的氛围。通过分层次作文教学把学生个体之间、个体内部的各方面潜能都发挥出来，这也是素质教育在习作教学中的体现。

### 四、课题的组织方式

#### （一）建立课题实验研究小组

##### 1. 充分发挥课题小组职能

课题小组由实验班教师及教导处相关人员组成。课题组坚持按实验方案要求，有计划地对课题加强研究、指导，不断总结经验。

##### 2. 加强学习交流，不断推进实验

课题组成员以《语文新课程标准》为指导，加强现代教育理论的吸收、应用，用现代教学理论指导实践，并从理论和实践的结合上有针对性地开展交流研讨，不断推进实验。

##### 3. 积极发挥学校、家庭、社会的合力效应

力求课堂、生活、活动、课内外阅读等多种途径的合力效应，寻求实

验的优质高效。

### 4. 选择专题，分工合作

实验教师分别负责低、中、高段的作文分层次教学实验研究。利用周围的教学资源，选择重点、难点、疑点作为专题，分工合作，提高教师研究的主动性。教师在探究过程中满足了研究的需要，体验到成功的快乐，更重要的是在探究中学会了怎样合作。

### 5. 聘请专家指导

为了更好地开展实验，聘请了省市教科所研究专家，区教研室、教科室老师担任课题实验顾问。

### (二)"作文分层次教学"中的学习集体组建

### 1. 建立互助合作小组

一般一个小组内有一位后进生，两位中游生和一位优秀生。高层学生当组长，中低层学生是积极的参与者。

### 2. 学习习惯的培养

教师要帮助学生明确学习习惯的重要性，帮助他们形成一些学习习惯。包括倾听他人的见解，学会表达自己的见解，学会从讨论中捕捉信息等。

### 3. 组际交流

小组讨论后进行组际交流，每组派代表陈述本组意见，各组互相补充，通过交流使学生之间，师生之间信息流通量加大。

### 4. 组际合理流动

学生的分组并不是一成不变的，它是一种动态的平衡。对经过努力有较大进步的学生可让他升高一个层次，对退步较大的可降低一个层次，根据学生层次的变动随时流动分组，把组际的合理流动作为一种外在刺激，激励学生积极地投入学习活动中。

## 五、研究过程

### （一）课题研究的方法

（1）实验法：对全班学生进行 A、B、C 层大调整，进行分层研究。

（2）文献资料法：收集有关学生分层的研究资料或文献，吸取精华，为我所用。

（3）对比分析法：对隐性分层和显性分层进行效果比较的研究。

（4）个案法：就学生个体在两种分层中的学力水平等进行个案比较研究。

（5）经验总结法：在研究中不断反思，及时总结，撰写研究笔记。

### （二）课题研究步骤

作文分层次教学实验强调所有的学生都应在自己的"最近发展区"内获得最大限度的进步。但是考虑到班级教学的实际情况，主张把同一班级的学生依据一定的标准划分为不同的层次，给予不同的教学。它的操作要点是：根据不同学生的学习可能性水平，将全班学生分为 A、B、C 三层（分别为低、中、高）；根据各层次学生的学习可能性制定相应的分层教学目标；根据分层教学目标，进行分层区别施教；及时反馈、分层评价；矫正、调节，确立新的教学目标。主要有以下四个操作步骤。

#### 1. 学生分层

分层作文教学操作的第一步就是在调查研究的基础上进行"学生的分层"。我们根据学生原有的基础和一般学习可能性，将学生分为 A、B、C 三层（分别为低、中、高）。分层结果不在全班学生面前公开，完全是一种模糊分层。

教师始终将学生的发展作为教学目标，作为分层的出发点，树立每个学生的自信心，激发学生的内部学习动机，使学生看到自己的发展潜能，确定奋斗目标，从而努力超层，达到发展的目的。

（1）分层原则

全面了解，正确定位。我们通过对学生跟踪调查，问卷调查，档案分析，召开家长、学生、学科教师座谈会等形式，对学生各方面都有了较为清晰的了解，然后确定所分的层次。

隐性分层。老师的分层不让学生知道，尤其是在心理上自负、自卑、忧郁的学生，更要注意保密。

（2）分层依据

"分层递进教学"是在不打破班级编制前提下，从学生实际出发，把学生按低、中、高水平分为三个层次。在分层的方法上，一种是按学生成绩、智力因素分；另一种是以非智力因素和心理健康状况分。分层没有绝对的界限，是较模糊的大概分层。各层的人数比例也没有一个定量，事物是在不断变化的，所以分层也是动态的，可升可降的。这样做有利于促进学生的自我意识的健康发展，有助于学生去实现对近期目标的追求，有利于激发学生的内在动力。

**2. 目标分层**

教学目标是教学活动的出发点和归宿，是确定教学预期要实现的最终质量标准，它具有对学生学习导向、激活学生学习兴趣、衡量教学质量等功能。学生之间的差异是客观存在的，用同一个教学目标去要求全体学生，显然不能更好地适应学生的个别差异性。目标分层就是在一定的发展区内进行，确定不同层次的标准，使目标既符合教学的基本要求，又适应不同层次学生的发展水平。

为了有利于每个学生的发展，在实践中分层而不定层，让学生根据自己的实际习作情况，自主认定恰当的分层目标，学生习作目标可以自我选择，每当完成上一层次习作目标时，将会有一种极大的成就感，因此，以动态观点来看待目标分层，将更有利于学生的发展。结合教材与学生习作的可能性为每一层学生设置相应的教学目标。它包括基本目标、中层目标、发展目标。基本目标指全体学生可以掌握的基本的运用与分析的部分。中层目标是指大部分学生可以掌握的比较复杂的运用与分析的部分。发展目标是指基础好的学生可以掌握的复杂的分析及综合运用的部分，是对课标范围的拓宽和对教材内容的加深。

### 3. 施教分层

施教分层是作文分层次教学的关键部分。施教分层即在实施教学中，如何针对分层的学生，依据不同的分层目标，采用相应的习作起点、习作速度、习作方式，给学生以不同的分层练习，以期达到每个学生都有进步的动态过程。

在作文课中，提供大量的习作题是作文分层教学的重头戏，我们的习作练习设计往往有不同的方式。

第一种方式：在习作中要针对学生的差异，同样一个题目对不同层次的学生提出不同的要求，提出的要求有难易之分。如：

A 层：切合题意有中心，有内容分段写，语句基本通顺，错别字减少。

B 层：有中心，内容较具体，条理较清楚，语言较顺畅，错别字要少。

C 层：中心明确，力求构思巧妙一点，材料新一点，有详有略，书写规范，卷面整洁。

对不同层次的学生提出不同的习作要求，使所有学生都能通过努力达到自己的目标，体会到习作成功的喜悦，调动全班各层次学生的习作兴趣。

第二种方式：根据不同层次的学生安排不同的习作题目，有基础题、提高题和拔尖题，分别进行练习。A 层学生的习作题目相对来说是比较容易的，他们大都乐于去写，从而获得一定程度的成功，由此激发他们的上进心。而 B、C 层学生完成提高题和拔尖题，不但培养了他们的能力，还使他们增加了不断向前发展的动力。如果 A 层学生完成了自己的作业，又向 B、C 层递进，教师应给予鼓励。让 A 层学生跳一跳，摘到果子，不仅让学生尝到成功的喜悦，从而点燃其进步的希望之光，还对其他层次的学生起到了较好的激励作用。

（1）分层施教的策略

合作与互动是分层施教中运用的策略。传统教学中，只能限于教师与学生群体之间的彼此影响，认为教学是一种师生双边活动过程，而忽视了学生与学生间也有相互影响的作用。其实，教学过程是建立在师生之间和学生之间的多向互动活动基础上的。因此，在教学中，以合作互动策略为指导，在此策略下，开展合作教学、师生互动等教学方式，更有现实意义。

（2）分层施教的形式

编组一般以4~6人为宜，并选出一位学有余力的学生作为组长，在学习讨论时，以组长为核心，其他同学辅助完成各项学习内容。

一般采用两种组织形式进行施教。同质组学习。将学生A、B、C三层，按同一层次的学生放在一组进行学习。这种分法好处是：学生层次分明、对象明确，教师有较多的机会给各层次学生进行"小集体"辅导。组内同质可比性强，易激发学生积极向上的动机。缺点是：学生知道了老师给他们的定位，C层学生易产生飘飘然、骄傲自满的情绪，而A组学生会产生悻悻然、自卑、自负的心态，两种心理都会给教学带来负面影响，故采用同质组学习时，要见机行事，宜少不宜多。异质组学习，把全班分编成若干个由不同层次、不同类型的学生组成的学习小组，利用学生间的"差异性"资源，促使学生互动学习，以学习小组为评价单位，促进学生为共同达到教学目标而努力的一种教学活动。

异质组学习的一般程序是：审题—构思—讨论—习作—评价。审题和构思，是异质组讨论的前提和准备，能够使学生在讨论过程中更为准确、完善，有条理性。讨论，这是异质组学习的中心环节，通过讨论，激发思考，开阔眼界，增强自信心，获得体验，获取习作知识和技能。通过这个环节，使平时不太发言的学生也有了发言机会，在自然的状态中，有差异的学生间产生了互补、激励的作用，从而增加了分层所带来的正面效应，提高了教学效率。

（3）分层评价

在作文分层次教学中，教学评价以分层目标作为评价标准，是一种目标参照性评价。分层评价的意义在于，使各层次学生能找到习作的兴奋点，增强学生习作的信心，使各层学生各得其所。分层评价要有实效性，各层学生由于原有基础和能力不同，所以在习作时应做弹性规定，实行动态评价。如在"我喜欢的小物件"的习作指导中，设置这样的分层目标：

A 层：有条理地把小物件的外形写清楚；

B 层：抓住小物件的颜色、样子写具体；

C 层：通过联想把小物件神态写形象。

在习作过程中，一位 A 层同学不仅对物体外形描写具体，并且将心理活动写得比较合情合理。我请他大声朗读了自己的习作以后，当场予以鼓励性评价："这位同学的习作已经达到了很高的要求，超越了自我……"全班同学向他投去了赞许的目光，在教师的肯定和赞许中，这位同学的习作积极性调动起来了。又如，我们班的特殊生陈文（化名）是一个妈妈天天陪读的学生，在前两天的作文课上，我出了一个开放性的习作题目"×××变了"要求可以写人、事、生活现象等的变化，他写了这样几句话："学校以前让走黄线，今天早上变了，变成走'脚印'了，一个在前，一个在后，不用老师说，同学们就知道。"像这样的内容对 C 层学生来说，可能是比较肤浅的，然而对于 A 层学生来说却是难能可贵的。兴奋之余我写下了这样的评语：你观察得真仔细，发现了校门口的变化，真了不起！

以发展的眼光进行动态评价，充分挖掘学生习作中的"闪光点"，以激励的方法给学生以客观、公正、科学的评价，以此来充分调动学生习作的积极性，激发其内在的学习动机，使学生充分发挥自我优势，从而更好地发展自我，这是评价的目的。

分层作文教学的评价分层主要遵循"不求人人成功，但求人人进步"的原则。

（1）重激励

热情地肯定每个学生的点滴进步，让每一个学生都了解自我，增强自信。前进一步就予以表扬，滞后一步即得到帮助。创造出一种夸进步、讲成功、同努力、共进步的氛围，培养学生积极向上、不断超越自我的心理品质。

（2）重过程

终结性评价固然重要，但过程性评价更为重要。它对学生习作的推动力更大，因为它具有使各个层次的学生及时反馈、递进的功能。因此在习作教学中要紧紧抓住教学过程中学生难得的进步契机，及时肯定；对出现的问题及时帮助解决，因此激励性评价要贯穿于学生习作的全过程。

在分层次作文教学过程评价中，以习作的时间为依据，可分为习作前评价、习作中评价和习作后评价。习作前评价通过对学生读书、观察、收集资料等习作准备活动，进行诊断性评价，目的在于了解学生的习作基础和发展可能性，以便确定习作的起点和发展目标。习作中评价就是把习作进程同既定目标比较，以便确定习作进展的水平和质量。习作中评价，要及时灵活，针对性强，发现薄弱环节，及时补救；发现好现象，及时发扬光大。习作后评价即对学生的习作技能、态度等各方面做综合评价，以组际、师生互评等形式进行分层评价，给学生确定某一等级。只要学生达到了各自层次的目标要求，都要及时进行肯定，本着"进步就是优"的理念予以鼓励，让每个学生了解自我，增强自信心，并产生进一步追求成功的动力，为后续的学习创设良好的心理基础。

（3）重差异

面对班级学生的差异，一把尺子来衡量是不科学的，会使学生永远看不到希望，永远没有成功的机会。因此在习作教学中，我们要给不同层次的学生确立适合自己能力的，经过一番努力就能够达到的目标，只有这样学生内心深处渴望成功的心理才能得到满足，才能激发学生不断上进的欲望。

作文评价时，我们要在尊重、关心和理解学生的基础上，去引导启发、表扬鼓励，既重视 C 层拔尖人才的培养，也顾及 A 层一般人才的发展；不但肯定一些文章的整体美，更善于发现文章的局部美，对于 A 层学生来说，我们降低了对他们习作评价的要求，哪怕是一个句子写通顺了，也要予以表扬鼓励，哪怕只是一个词用得好也要大加表扬。例如，某A层同学在写《我班的调皮鬼》时，尽管章法有些凌乱，但有一个句子却写出了我班调皮鬼——"万世明"的特点："你若想来找他，最好上课时间来，因为下课铃一响，他就'云游四海'去了，谁也找不到他。"我特别在"云游四海"下面标上着重符号，并旁批道："好一个'云游四海'！这个词你用得精彩极了，突出了人物个性。"我还特意在作文讲评课上大声朗读了这一精彩段，号召全班同学都来学习他这种形象生动的表达方法，同学们因此对他刮目相看，他为之振奋，逐渐对习作产生了浓厚兴趣，变自卑为自信，他的习作越写越好，在后来的作品中经常出现令人耳目一新的词句。对于A层学生来说，适当地表扬鼓励很容易成为他摆脱A层的起点。在平时的习作批改中，我从不随意打"×"，而是在错的地方用圆圈标出，让他们查找原因，当他们找出原因并及时改正后，我就在圆圈的基础上画上五个小花瓣，这样出错的地方就开出了一朵美丽的小花。别小看这朵不起眼的"小花"，它可是体现了老师对知错就改孩子的一种欣赏、一种态度、一种理念。如果他找不出来，就让同伴帮他一起找，耐心点拨，细心呵护A层学生求知的自尊，使其获得信心和勇气。成功的欢乐，是一种巨大的情绪力量，可以驱使学生百尺竿头，更进一步。

## 六、实验成果

课题研究组成员，通过潜心研究，更新了习作教学观念，改变了学生观，取得了良好的成效。实验班的习作教学呈现出了良好的样态：第一，课堂氛围比实验前更为积极活跃。各层次学生（特别是中、低层次学生）学习的参与程度明显提高，受到师生鼓励的机会大大增加，呈现出主动进取和乐于合作的精神风貌。第二，学生之间的差异并未消除，但各层次学生的学业成绩与非实验班相比都有显著提高，其中A层学生的提高幅度最大，C层次之，但C层学生的创造性得以充分发挥。第三，学习困难学生的学习心态和学习习惯有所改善。他们对于达到层级目标的信心增强，上进心增强，独立思考和独立完成习作的习惯得到了有效培养。所以，分层教学是一种真正面向全体学生，有助于全面提高学生综合素养的习作教学策略。

在实验开始前，许多人一方面相信作文分层次教学能给学生带来好处，另一方面又担心普通教师能否适应。从试验的情况看，开始时教师的压力很大，因为从全班划一的教学目标、无区别的教学活动、统一的评价标准，转变为适应学生差异的分层教学，有一个从简单到复杂的变化。但在教学思想真正转变、操作上渐趋熟练以后，实验教师自身的教学理念和教学素养大有改观。从这一方面讲，作文分层次教学实验又是一种能促使教师转变观念、提高自身素质的教学策略。

在习作教学中遵循先说后写的规律，激发学生习作兴趣。教师引导学生关注社会热点，有计划、有组织地开展学生喜闻乐见的丰富多彩的实践活动，尽可能地拓展学生的生活空间，使其广泛地接触自然，深入社会。让沸腾的社会生活、奇异的自然景物映入学生的脑海，丰富学生的感性经验，让他们在社会、学校、家庭生活的实践中观察、认识、体验。

在写活动的习作课上，给学生创设"玩一玩"的情境，然后再去写一写。获市级作文竞赛一等奖的《画嘴巴》《趣味游园》等作文就是"玩"后写出的佳作。

在习作教学中，引导学生既写"小"又写"大"。小到学生理发，女生爱美赶时髦把长发变短，让其细心体验写成《剪发记》《由长变短由小变大》《剪掉了我的烦恼》。大至国际、国家大事，让学生关心时事，谈感受，写体会。《日本首相，我对您说》《布什，我对您说》《关注奥运》等作文就是最好的例证。

在平时的习作教学中，我们注意渗透习作思维方法的训练。由司马光砸缸、曹冲称象、达芬奇画蛋、苏轼的"横看成岭侧成峰，远近高低各不同"等文章的教学，让学生学会用求异的思维方法解决问题，养成辩证思维的良好习惯，形成多方面、多层次、多角度思考问题的能力。经常让学生思考"有米就能炊吗？""开卷就有益吗？""假如……"等问题并让学生展开辩论，所以在 C 层学生中时常有创新之作诞生。《泉韵》《多事的夏天》《和平之梦》等分别在《小学生趣味语文》《小学生百家作文指导》等报纸杂志上发表。其中在省级报纸上发表的想象文《和平之梦》是 A 层学生呈现出的精品。

我们还注重开发课外习作这块小天地，建立"随机作文本"个别指导不同层次的学生习作。由于学生的生活环境及经历不同，他们的所见所闻，所感所想也是众彩纷呈。我们善于把握学生的心理，了解学生的生活信息。走到学生中间去，做学生中间的一员，聆听他们的心声，做他们的知心朋友。启发学生及时捕捉灵感，随时把生活见闻和感想写下来，养成随时随地作文的习惯，确确实实让学生感到"作文是我们生活中的一件不可缺少的事情"，不再因作文而难。

除此之外，为鼓励学生创新，培养学生作文的创新精神，我们还经常让学生写童话、写想象文 :《〈皇帝的新衣〉续编》《我是一只小小鸟》等，《它不再猖狂》是根据生活现象"沙尘暴"写的，而《小汤姆历险记》则是根据我班里养的两只螃蟹，忽然有一天其中一只不见了，趁机让学生发挥想象写出的想象文。还让高年级的学生为低年级的同学写童话、编剧本，并让作者亲自讲给低年级的小朋友听，有时还指导低年级学生排演课本剧。给学生一种"天高任鸟飞,海阔凭鱼跃"的想象空间,任其"异想天开""众说纷纭",提倡写出自己的个性风格。

在习作教学实践中，我们尝到了分层教学的甜头，深深体会到分层教学是从应试教育向素质教育转轨的良好载体，是面向全体学生，大面积提高教学质量的行之有效的方法。

历经三年的课题研究，我们取得的基本经验是 : 根据学生特点，区分不同层次，心理教育先导，解决认知矛盾，强化动手操作，及时反馈矫正，努力转化后进，促进全面发展。

### （一）心理教育先导

我们积极进行心理教育，注意开发不同层次学生的心理潜能，促进他们的个性发展。对 A 层学生进行针对性教学，找出存在的问题及原因：该类型学生基础差、训练不够；认为作文枯燥，不感兴趣；没有克服困难的勇气和意志；受环境的负面影响等。为了解决这些问题任课教师注重情感教育，以情促教，用爱心唤醒学生的习作信心。

**（二）解决认知矛盾**

**1. 摸清脉搏，找准问题**

通过测验、调查、谈话、问卷、座谈等多种形式摸清学生存在的共性和个性问题，了解学生的个性特点和能力差异，找出习作中的薄弱环节，有针对性地进行分层次教学。

**2. 对症下药，措施有力**

针对学生思想实际、习作兴趣、习作动机、克服困难等问题强化情感教育。针对学生基础差、知识掌握不牢等问题采取"迈小步、吃小口、步步准、口口顺"的小步教学法。

**（三）抓牢基础，强化训练**

搞好习作教学设计，内容从学生生活实际出发，抓读书重积累，感悟习作技巧，进行基本技能强化训练。

**（四）及时反馈，随时调整**

教师通过作业、课堂教学、学生表情、谈话辅导等途径了解学生习作情况，及时反馈，进行习作目标和内容的调整。

"作文分层次教学"实验研究，较深入地探讨了习作教学规律，促进了教师的观念转变，密切了师生关系，充分调动了学生习作的主动性，提高了习作教学的效率，促进了教师自身素质的提高，也增强了家长教育孩子的信心。"通过分层次教学，孩子能坐得住阅读课外书籍了，回家能主动完成习作了，这是以前从来没有的事儿……"家长如是说。

# 第五节 小学语文综合性学习研究

## 一、研究背景

### （一）国内外研究综述

2001年国家教育部在《全日制义务教育语文课程标准（试用稿）》（以下简称语文课程标准）中首次将语文综合性学习列入语文课程目标。"综合性学习"作为语文课程的一种崭新的课型正式进入教材，进入课堂。各版本义务教育课程标准实验小学语文教科书都安排了综合性学习教学内容。然而，经过调查发现，大多数学校教师语文综合性学习教学处于盲目和随意状态，存在着"不知怎样教"等问题。

调查显示：有的把综合性学习当作课文来教，有的当作单元练习题来教，还有的把综合性学习当作综合实践活动来教。当然，各版本课标实验教科书中涉及的综合性学习也存在着内容和形式单一，对不同地区和学校缺乏广泛的适应性等问题。因此，迫切需要我们研究解决。如何正确认识"语文综合性学习"的本质特征，如何实施语文综合性学习教学；如何设计内容丰富、形式多样、适应性强的语文综合性学习内容；如何制定教学方法，构建教学基本模式等问题，这些问题的解决对于深入推进新课程改革，真正落实语文综合性学习教学是十分重要的。

目前在世界各国基础教育改革中，综合性学习都处于研究阶段，如美国、日本等发达国家非常重视其研究，并建立了相关的理论和实践策略。在借鉴国外综合性学习经验的基础上，我国语文综合性学习注意了语文学科与其他学科的综合和课内外结合，目前还处于探索阶段。因此，本课题研究对构建其基本理论框架和实践模式，具有重要的价值。

**（二）现实背景**

**1. 社会发展需要综合性学习**

新时代人们对教育的要求不再是以获取知识为重点，开始转向追求个体的自由。人们要求教育提供个体发展的广阔空间，高效率地认知新事物、获取新知识的方法，科学的思维方式。适应时代的发展，21世纪教育的目标将由专一、专学、专业、专才发展到博学、广智、多能、通才；培养人的创新精神和实践能力将成为当今学校教育的重要任务；教育的主要内容也会由原来以传授知识为主转变为教学生学会求知，学会做事，学会共处，学会做人。

**2. 语文教学现状呼唤综合性学习**

长期以来，由于多方面的原因，我们语文教学一直处于相对封闭的状态，"语文的外延与生活的外延相等"很大程度是停留在口头上。具体来说，把学生定格在"书本世界"里，断绝了和学生生活世界的联系。语文学习忽视学生个体对客观世界的体验、感悟，使语文学习远离了学生的生活实际，失去了实践和应用价值，极大地限制了学生的思维和能力的发展。在全球都呼唤"让学生学会学习"的当今时代，语文教学的这种封闭状态再也不能继续下去了，综合性学习必然要进入我们的视野，运用到语文教学中。

**3. 语文学科的特性要求综合性学习**

语文学科是多方位、多角度、多层面、立体式的综合性学科，不仅是听说读写的综合，在内容上，涵盖了文、史、哲、数、理、化等社会科学和自然科学各个方面的知识。在功能上，语文学科不但是人与人之间相互沟通和理解的纽带，是人们用来认识和记录世界的重要工具，而且承载着大量的信息和文化内涵，担负着传承人类科学和文化的重任。语文教育作为母语教育课程离不开"现实生活"这块土壤。对教师来讲，现实生活是培养学生语文素养的源头活水。对学生来讲，学习语文的出发点和归宿，乃至语文学习的各个环节都离不开社会生活。语文综合性学习提倡跨领域学习,注重学科间、课内外以及学校与社会的紧密结合,语文学科的综合性、整体性和实践性的特点是语文综合性学习发展最直接的动力。

**(三)理论基础**

本课题研究以《基础教育课程改革纲要(试行)》《小学语文课程标准》为理论基础,此外,本课题研究还涉及以下基础理论。

**1."人的全面发展"论**

马克思主义关于人的全面发展学说是我国社会主义教育方针的理论基础。开展小学语文综合性学习活动,必须把握其精神实质:①马克思主义关于人的全面发展学说是针对人的片面发展而提出来的,所提到的"完人发展"即德、智、体、美、劳诸方面的全面发展;②人的全面发展的特征是人的个性自由的、充分的发展。因此小学语文综合性学习活动是以促进小学生整体素质的提高为取向的。

**2."基于儿童的经验"论**

在杜威的教育哲学中,经验是一个核心概念,他认为教育是一个过程,是一种用以处理人与环境交互作用时所产生的问题方法。任何人总是基于生活经验形成了许多有助于适应环境的认识。杜威把教育学看作一个积极主动的、令人激动的、"变化"的过程。所以,信奉儿童经验主义哲学的教师通常把问题解决、项目、小组合作及活动融入自己的教学方法和课堂风格之中。他们相信当学生基于共享的经验进行项目学习上的合作时,横亘在人们之间的孤立主义的坚冰就会被打碎。

**3.语文实践论**

语文素养的形成需要实践活动。苏霍姆林斯基论述:"当儿童跨进校门以后,不要把他们的思维套进黑板和语文课堂的框框里,不要让教室的四堵墙壁把他们跟气象万千的世界隔绝开来,因为世界的奥秘中包含着思维和创造取之不竭的源泉。"语文课程标准指出:应拓宽语文学习和运用领域,注重跨学科的学习,使学生在不同内容和方法的交叉、渗透和整合中开阔视野,提高学习效率,初步获得现代社会所需要的语文实践能力。

### 4. 多元智能理论

美国哈佛大学心理学家加纳德提出的多元智能理论，认为人至少具有八种以上智能：言语智能、数理智能、空间智能、节奏智能、运动智能、交往智能、自我反省智能和自然观察智能。因此我们应该帮助学生发现他自身各方面的才能，提高他们其中几方面的智力强项。小学语文综合性学习充分体现了加纳德的这一理论，它主要表现在每一节课中从横的方面联系各学科，跨越学科界限。

### 5 "从做中学"的理论

杜威的"教育之外无目的，教育的目的在过程之中"的观点，强调的就是儿童在现实中生长、生存和生活的意义。儿童生活在现实世界之中，存在于他人之中、世界之中、社会之中。教育就需要使儿童有强烈的现实感、生活感。今日之教育不仅是为了明日，也需要关照今日，关照着今日儿童是否作为一个完整的人生活着，是否体验到了现实生活的幸福和乐趣。

### （四）课题性质

本课题是一项以全面开发大脑功能为基础的综合性研究。这种"综合性"体现在：它不是纯心理学的研究，而是以心理学为基础的跨学科的横向整体化研究；它不是纯理论的研究，而是把基础理论研究和应用研究有机结合在一起的纵向整体化研究；它也不是纯学术的研究，而是把学术研究和探索直接为实践服务的科研体制问题相结合的一项系统工程。

### （五）"语文综合性学习"的内涵界定

语文综合性学习是一种新型的学习方式，一种全新的课程组织形式，它超越了传统单一学科的界限而按照水平组织的原则，将现代社会的综合性课题和学生关心的问题统整起来，通过学生主体的、创造性的学习过程中出现的问题，有机地将语文知识与生活经验、课内与课外、校内与校外结合起来，以提高学生运用语文知识解决问题的能力，促进学生知情意行的和谐发展。它与识字写字、阅读、口语交际、习作共同组成语文课程新的目标体系。

## 二、研究目标

总目标：小学语文综合性学习教学模式研究、小学语文综合性学习方法研究、小学语文综合性学习具体策略研究、小学语文综合性学习实践作业设计的研究。

具体目标：

（1）运用教育科学和语文科学的理论与方法，有目的、有计划地进行小学语文综合性学习中的现象与问题研究，探索和认识小学语文教育和语文学习的内在规律及本质特点，推动小学语文教学的改革与发展，促进学生语文素养的全面发展，进一步提高语文教育质量；

（2）通过小学语文综合性学习方法与策略的研究，探究小学语文综合性学习的最佳途径，探索并构建小学语文综合性学习教学体系、目标、方法和基本模式；

（3）通过小学语文综合性学习方式研究，凝聚并带动一批科研型教师，在教育科研理论的指导下进行创造性的实践活动，提高教师素质；

（4）总结出一套行之有效的关于小学语文综合性学习的教学方法与策略的完整经验；

（5）在语文综合性学习的活动中，激发学生的创造潜能，培养其语文能力、实践能力、综合能力。

## 三、研究内容

本课题从小学语文综合性学习教学设计与实施的实际情况出发，以国家《语文课程标准》为依据，努力探索小学语文综合性学习教学规律，力图构建小学语文综合性学习教学基本模式。主要研究以下内容：

（1）小学语文综合性学习教学现状分析；

（2）小学语文综合性学习教学内容设计；

（3）小学语文综合性学习教学策略与方法设计；

（4）小学语文综合性学习课程资源开发与利用。

## 四、研究设计

### （一）组织方式

课题实验主要采用行动研究和个案研究的方式进行。组织语文、数学、英语、美术等学科的骨干教师组成课题组，以课题组为单位对设计原则、实践途径、评价方式等各项内容进行实验研究，并对学科典型经验和个案进行概括、提炼，进而挖掘其中蕴含的一般意义。

### （二）研究思路

研究的基本思路是：设计课题研究目标—进行现状调查与分析—研究、总结小学语文综合性学习教学理论与规律—进行小学语文综合性学习设计—构建小学语文综合性学习教学基本模式—总结、交流推广研究成果。

### （三）研究方法

本课题研究采用的研究方法主要有：文献法、调查法、个案研究法、行动研究法、教育实验法等。"教育调查法"，采用事实调查和征询意见调查对小学语文综合性学习的实施现状进行调查了解；"行动研究法"，根据课题的内容，课题组成员边学习、边实践、边研究。整个课题的研究过程，在行动中研究，使行动过程成为研究过程；"案例研究法"，收集典型的案例实录，进行研究分析并进行案例反思。

### （四）研究过程

本课题研究过程大致分为三个阶段。

第一阶段：课题准备阶段。成立课题研究小组，做好分工。制定小学语文综合性学习的教学策略研究的实验方案。学习相关理论，收集相关的参考资料。主要成果形式：阶段报告、典型案例。

第二阶段：研究实施阶段。进行模式的变式研究和评价研究。主要成果形式：阶段报告、典型案例。

第三阶段：课题总结阶段。总结研究成果。主要成果形式：论文、个案集和结题报告等。

## 五、研究成果

### （一）语文综合性学习理论研究成果

#### 1. 对"语文综合性学习"进行了界定

实验研究过程中，我们对"什么是语文综合性学习""它与综合性实践活动课程有什么区别"进行了思想理论上的讨论和研究，学习研究专家学者的种种理论观点，同时也提出了我们的理论观点。

王文彦、蔡明认为：语文综合性学习是基于学生的直接经验，密切联系学生自身生活和社会生活，体现语文知识综合运用的学习形态。

郑国民认为：语文综合性学习是一种立足于语文课程之上，通过学生自主地开展语文实践活动以促进其语文素养的整体推进和协调发展的学习方式。

朱绍禹认为：它是与"识字与写字""阅读""习作""口语交际"相并列的"全新的一种新课程形态，集中而鲜明地体现了语文课程的新理念和主张"。

刘淼认为：语文综合性学习是以语文学科为依托，以语文学科与其他学科、学生生活与社会生活之间的联系为主线，以问题为中心，以活动为主形式，借助中心学习的内容和综合性学习的学习方式促进学生发展语文素养的一种课程组织形态。

巢宗祺认为：语文综合性学习的基本目标应当指向语文，首先要保证在语文的某一方面或几个方面取得比较确定的成效。

靳彤认为：语文综合性学习是语文课程中一种相对独立的教学形态。它以语文课程的内容整合为基点，强调语文课程与其他课程的整合，强调语文学习与生活的整合，强调语文学习与实践的整合，强调多种学习方式的整合，以促进学生语文素养的整体推进和协调发展。

语文课程标准指出：语文综合性学习主要体现为语文知识的综合运用、

听说读写能力的整体发展、语文课程与其他课程的沟通、书本学习与生活实践的紧密结合。综合性学习应突出学生的自主性，重视学生主动积极的参与精神，主要由学生自行设计和组织活动，特别注重探索和研究的过程。综合性学习应强调合作精神，注意培养学生策划、组织、协调和实施的能力。提倡与其他课程相结合，开展跨领域学习。

我们认为：语文综合性学习是一种新型的学习方式；是一种全新的课程组织形态。它超越了传统单一学科的界限而按照水平组织的原则，将现代社会的综合性课题和学生关心的问题以单元的形式统整起来，通过学生主动地、创造性地解决问题的学习过程。它与校外结合起来，以提高学生运用语文知识解决问题的综合能力，促进知情意行和谐发展。它与识字、写字、阅读、习作、口语交际组成语文课程新的目标体系。

**2. 明确了语文综合性学习的五个主要特征**

语文综合性学习重在学科内外的联系、重在学习过程，注重激发学生的创造潜能，整合知识与能力，在实践中培养学生的观察感受能力、综合表达能力、人际交往能力、搜索信息能力、组织策划能力、互助合作和团队精神等。它的主要特征表现在以下五个方面。

综合性。综合性学习主要体现为语文知识的综合运用、听说读写能力的整体发展、语文课程与其他课程的沟通、书本知识与实践活动的紧密结合。语文综合性学习首先要立足于语文知识的综合运用，将理解运用语文，丰富语言积累，培养语感和发展思维贯穿于活动的全过程。活动内容和形式的设计，应凸显听、说、读、写的实践；其次是体现语文课程与其他课程的沟通。以语文课程为基点，有机整合数学、科学、艺术等课程，突破学科教学的封闭状态，实现语文知识的多元化，全面提高学生的语文素养。

自主性。自主性学习应突出学生的自主性，重视学生主动积极的参与精神，主要由学生自行设计和组织活动，特别注重探索和研究的过程。自主性学习实施的主体是学生。在学习活动中，引导学生按照自己的兴趣爱好选择和确定自主性学习的内容和形式，活动小组及学习成果的呈现方式。

在整个学习过程中学生是活动主题的提出者、设计者、实施者。教师不再作为知识的权威而将预先组织的知识体系传递给学生，而是充当指导者、参与者和学生学习的伙伴，与学生共同讨论，确定学习的主题和内容，以及具体的实施计划。

探究性。自主性学习是培养学生主动探究、团结合作、勇于创新精神的重要途径。培养学生对世界事物的好奇心，产生强烈的探究兴趣，具有问题意识，这是自主性学习的前提。注意将学习的兴趣转化为探究的主题，引导学生投入探究活动中去，激发学生的求知欲，关注学生的心理世界。在自主性学习中，学习结论不是由教师直接传授或从书本上直接获取，而是学生在探究中发现并获得的。从主题的选择、方案的拟订，到专题的研究、成果的展示，每一步都需要学生去探究，在此过程中，学生可以获得自己动手动脑进行探索和解决问题的喜悦，获得成功的体验。从而初步形成以实践验证假设的科学研究意识和不盲从、不轻信的习惯。

开放性。开放性学习是提供开放的学习空间，由课堂延伸到课外，由课堂扩展到社会。引导学生在生活中，在社会中去观察、发现、思考问题。开阔眼界，拓展思路，把视野触向社会的不同层面、生活的不同角落，在实践中学习和运用多学科知识，丰富学生的知识结构。使学生在多学科的交叉中体现语文知识和能力的实际运用，促进学生语文素养的全面提高。

实践性。实践性学习是培养语文实践能力的有效途径。强调观察周围的事物，亲身体验，包括自然、生活、社会等各个方面，做到有所感受、有所发现，这是实践性学习的基础。它不仅要求认真阅读课内外书籍，还要求学生通过观察、调查访问等实践活动，亲身去体验语文、学习语文，提高运用语文知识解决问题的能力。

**3. 对语文综合性学习类型进行划分**

（1）学科综合型

它是以语文教材的单元或者题材为中心，由另一个或几个学科的单元或者题材的一部分相配合形式的语文综合性学习。

一种类型是语文学科目标体系的综合。包括识字与写字、阅读、写作、口语交际知识的整合。体现在"用口头或图文等方式表达自己观察所得";"书面与口头结合表达自己观察所得";"尝试运用语义知识和能力解决简单问题"。

单元综合性学习。各版本课标实验教材大都以主题组元的特点，设计识字、阅读、习作、口语交际的综合性学习活动。如人教版课标实验教材小学语文一年级下册第一单元教材的主题是"多彩的春天"，单元中的识字课、课文、古诗、口语交际等内容都是围绕这一主题选编的。对此实验教师就围绕春天设计"找春天""画春天""唱春天""赞春天"的综合性学习活动。带领学生到大自然中去观察，在枝头、天空中、在田野里找春天，寻找春天的足迹;把所观察到的春天的景象用彩笔画下来，讲给大家听;读写春天的韵文、儿歌、故事等，选自己最喜欢的参加"咏春天"朗诵会;根据自己对春天的体会和感受，写几句赞美春天的话。

题材综合性学习。语文综合性学习活动的设计，可以把不同年级教材的相关知识进行大胆的有机整合，创造性地设计语文综合性学习活动。如实验教师利用高年级学过的古文故事和课标要求阅读的故事资源，设计题为"诵读经典"综合性学习。指导学生将所学古诗词、古文按感恩篇、友情篇、思乡篇、爱国篇、山水花鸟篇、求学励志篇分类汇集在一起;然后以分类组成立学习小组，收集相关的资料，进行诵读比赛;还拓展延伸到课外收集现代诗词、儿歌童谣等;小组交流、品味、欣赏作品的意境、作者的情怀，领悟其妙处;由小组中心发言人在班上发表诗词歌赋读后感言;最后进行再创作，小组合作设计，经典配画展评等。

第二种类型是跨学科的综合性学习。语文课程标准基本理念提出:应拓宽语文学习和运用的领域，注重跨学科的学习和现代科技手段的运用，使学生在不同内容和方法的交叉、渗透和整合中开阔视野，提高学习效率，初步获得现代社会所需要的语文实践能力。

如教学"中华传统文化"三年级综合性学习内容,实验教师设计了《追寻"济南民俗"》的综合性学习活动。把学生引向社会生活，让学生在生活中体验中华传统文化的博大精深、丰富多彩，并使学生感受到，传统不一定很古，它有时离我们很近，并影响着我们的生活。教材后面用举例的方式提出了活动的指向：民间工艺、民族艺术、风俗习惯等。教师及时拓展学生活动的思维空间，把节日风俗、园林建筑、民族舞蹈、饮食文化、民间艺术等都纳入学生研究的范围。在开展活动时，教师根据学生喜好，要求自主成立活动小组，毛遂自荐当组长，然后由组长在全班公开招募组员。小组成立后研究分工合作等事宜。在整理资料方面，教师教给学生整理资料的方法。如，怎样把收集到的内容分门别类，用什么形式体现，如用卡片、图表、绘画、表演、摄影、PPT等，然后引导学生思考用什么方式展示活动成果。整个活动涉及剪、扎、编、织、绣、雕、塑、绘等，使学生在各个领域里用语文，在运用中进一步学好语文。

"舌尖上的济南"那一小组的同学在家长的帮助下串街走巷品尝济南的小吃，喝甜沫、吃烤地瓜、尝油旋儿……乐不思蜀，当然也没有忘记及时记录品味美食的感受。

（2）观察实验型

综合性学习活动有体验性的特点，客观上要求学生要经常从事一些实地观察、实验等活动。结合语文学习，观察大自然，观察生活，从中获取多样文化知识。

如，实验教师在低年级组织开展"秋叶如画"语文综合性学习活动。引导学生观察秋天树叶的变化，并进行研究，为什么树叶到了秋天会变色？各种树叶分别像什么？然后捡拾落叶制作树叶贴画，要求贴画有意境，有情节，写上文字说明，最后在班上进行交流讲解。活动中学生通过观察树叶的变化，了解了自然科学知识；通过动手捡拾落叶，制作树叶贴画，写、编、讲故事受到了环境保护的教育，同时训练了思维，培养了想象能力、表达能力。达到了"用口头和图文方式表达对自然的观察所得"的目的。

（3）专题活动型

专题活动型语文综合性学习，是以一个个专题为纽带，把学生语文知识积累与社会生活实践有机结合起来。围绕专题让学生观察生活、认识生活、创造生活，通过亲身经历从中获得切实的体验和感悟。

如实验教师设计"儿歌串串烧""成语珍珠链"等颇具特色的活动。实验教师认为，童谣和成语是中华民族博大精深传统文化里璀璨夺目的明珠，所以以"儿歌""成语"作为切入口，在综合性学习活动中，引导学生用耳去听，用眼去看，用口去说，用手去查，用心去编，编出一首首儿歌"串串烧"，编出一条条灿烂的成语"珍珠链"。实验教师首先充分利用视频教学，激起学生的学习兴趣，又定期在 QQ 群里开展儿歌、成语诵读、"爱我中华好成语"故事会以及成语接龙比赛等活动，还引导学生编儿歌、编制成语连环画、新编成语故事等，有计划、有组织地引导学生围绕主题开展了一系列的语文综合性学习活动。在活动中，原本遥远、艰涩的"传统文化"变成了学生喜闻乐见的"朋友"，提高了学生学习传统文化的兴趣，增强了语文学习的主动性，丰富了学生传统文化的积累，培养了学生的观察感受能力、综合表达能力、人际交往能力、收集信息能力、组织策划能力、互助合作和团队精神，全面提高了学生的语文素养。

（4）课题研究型

课题研究型语文综合性学习是以语文学习为根本，以现代社会课题（信息技术、环境保护、社会福利、健康问题等）为基础，超越学科的框架而组织起来的语文综合性学习。课题本身有综合性，涉及各学科领域。

例如，实验教师针对推普周设计的《街头文字调查》主题活动，在新学期开始时，教师就可以引导学生选择课题的题目，制定出本学期研究课题的菜单，自由选择题目进行研究。学生利用课余时间，围绕"街头的文字"以个人或小组合作的方式进行研究。教师指导同学们利用课余时间，去图书馆、逛书店、上网搜寻，尽可能地为自己选定的课题收集更为丰富的材料。可以两三人一组，也可独立完成课题。为了做好课题研究，教师组织同学走向社会，去考察、采访和亲身体验，去收集课题研究的资料。引导学生上街去观察标语广告和各种标牌，进行摘录和拍摄，收集社会中规范运用汉字的情况，了解有关汉字的变迁、书写的情况。再让同学们把收集到的资料分类整理，然后和老师、家长一起研究，最终得出自己的结论，写出研究报告。这些研究成果虽然是稚嫩的，有的可能禁不起推敲。然而，孩子们的收益是多方面的。

**（二）语文综合性学习策略研究成果**

**1. 构建了语文综合性学习主题序列**

虽然语文教材都围绕一个主题设计了综合性学习的内容，但那只是个例子，我们在实施中结合本地课程资源、自身的条件和学生的发展水平，开发设计了更适应综合性学习的内容，对课标教材进行了补充和完善。

（1）时空情境的主题设计

把语文综合性学习置于一种特定的时间、空间的背景下，通过学习领域在时间上的相关性来实现学习的综合性。例如，"小学的我—中学的我—大学的我"。

（2）问题中心的主题设计

生活和社会中的实际问题常常是语文综合性学习的主题或课题。既可以为学习获得真实的情境，又可以为语文知识在生活中找到应用的入口，同时还可以在解决问题的过程中培养学生的语文实践能力。如环境问题、友爱诚信、慈善感恩问题等。如实验教师设计的"城里的农村娃""我们身边的环境""关注盲人、珍惜光明"等以问题为中心的综合性学习主题活动。

（3）学科关联的主题设计

语文作为母语课程，与其他学科有着密切的联系，应从其他学科中寻求关联来开展综合性学习。把语文学习渗透延伸到其他学科，有助于整体理解与把握知识体系，收到相辅相成、相得益彰之功效。

学科关联：神话—童话—寓言。

跨学科关联：自然—科技—旅游。

多学科关联是指兼容几种学科的综合性学习，但必须以"语文学科"为轴心来设计和开展。进行"经验—知识"统整的设计，寻求直接经验的联络与融通是语文综合性学习的要义。

**2. 创立了两种设计模式**

（1）再创型设计

再创型设计就是对语文教材中综合性学习的教学内容进行再创造，设计出更具操作性的综合性学习活动方案。教材中综合性学习的呈现方式：

A. 隐性呈现（低段）

B. 课外活动（中段）

C. 单元呈现，课内外结合（高段）

根据教材内容，实验教师进行了形式多样的再创型语文综合性学习设计："有意思的名字""我身边的传统文化""献给妈妈的歌""阳春三月去旅游""课外阅读大比拼""成长的故事""遨游诗海""成长足迹""醉迷'红楼'"等。

（2）原创型

原创型就是开发和利用当地资源，丰富综合性学习设计内容。传承中华优秀文化，积淀文化内涵，凸显地方文化特色。据此实验教师们设计了"悠悠豆腐情""热气腾腾烤地瓜""泉水叮咚响""爱说济南话""老玩意儿"等具有地方特色的语文综合性学习，将济南文化与语文学习有机结合起来，彰显了语文综合性学习的生机与活力。

**3. 建立了四种基本课型**

（1）组织策划型

对一个主题的综合性学习活动进行总体策划和安排，预设活动内容、活动形式、活动步骤以及时间安排、成果展示等。在教师的指导下学生自主进行主题确定，计划拟订，内容选择，小组划分，任务分配以及活动程序的安排等。

（2）过程探究型

是整个活动过程中的"特写镜头"。表现活动的某一部分，某一阶段的动态，突出探究性学习活动过程。

学生在活动过程中所遇到的一些重难点问题，需要在老师的指导和全班同学的帮助下，获得解决问题的方法和策略。从而使学生经历"学习实践—发现问题—解决问题—再实践"的活动过程，提高学生的语文学习和实践操作能力。

（3）成果展示型

活动过程中学生探究所取得的成果进行原生态的展示。让全体学生体验分享成果的快乐。使学生相互交流、相互学习，成果共享，获得多方面的知识。

成果展示的内容是多方面的，重点展示语文学科涉及的小论文、诗歌、散文、调查报告、访问记录、书信、倡议书、手抄报等成果，也可展示其他学科涉及的统计表、图画、照片、刺绣、剪纸、歌舞、表演等成果。充分展现学生在活动中所取得的成果，让每个学生都感受到学习成功的喜悦，增强成就感，激发学生的学习兴趣。

（4）总结评价型

指导学生对个人及小组进行自我总结，对个人及小组的研究成果进行自我评价。在此基础上进行生生互评、师生共评，客观、公正、公平地评价每一位学习参与者。

**（三）学生与教师的发展**

**1. 学生的发展**

经过三年多的实验研究，我们欣慰地看到实验班学生的语文学习能力、科学研究能力、实践操作能力等有了很大的提高，有效地培养了学生主动探究、团队合作、勇于创新的精神。

学习态度更主动。主体性和主动性是语文综合性学习活动课程的核心。在活动中，学生始终是知识、技能、能力、品德等的主动获取者。本课题的研究与实施为学生构建了开放式的学习环境，给学生提供了多渠道获取知识并将所学知识综合应用于实践的机会，使创新精神和实践能力的培养真正落到了实处。拿生活识字来说，它的课堂是在街头、超市等，学生必须自己去寻找和发现广告、招牌上的字。发现错别字，学生自己拿不准的，需要去查字典或请教家长、老师，然后才能统计数据，分析原因，提出改进建议。学生通过收集、调查、整理、探究，在实践中学习，充分调动了学生学习的积极性，培养了学生的独立和自主学习意识，学生在教师的指导下主动学习，学习方式发生了根本性的变化。

语文综合性学习拓展了学生所学知识的广度和深度。语文综合性学习更能考虑学生的学习需求，学生在活动中广泛地涉猎自己所喜爱的学科知识，学生的学习个性以意有效的彰显。在兴趣的驱动下，学生孜孜以求，进行深度学习。例如在"走近童话"为主题的综合性学习活动中，要求学生读讲童话故事，让学生把内部语言转化为外部语言，引导学生动脑、动口、动手，训练听说读写能力；让学生续编童话故事，写童话故事读后感，既训练了学生理解、表达能力，又培养了学生想象的能力。

语文综合性学习加强了学科与学科之间的联系。把不同学科的相关知识融会贯通，拓宽了语文学习的内容、形式和渠道，使学生在广阔的空间里学语文、用语文，拓宽视野，丰富知识，砥砺能力。

在学校校报校刊创办之际，课题组老师组织全校学生为其取名，选择其中20个较有内涵的名字发布在学校网站上公开投票，最后按照投票结果选取"绿苑通讯"和"绿苑"分别作为校报、校刊名。这一过程促进了学生语文知识的综合运用，也是语文学科和信息技术学科知识的高度整合。在以后的校刊校报编辑过程中分别组织"我爱校园的春天"等主题征文活动。号召全校学生观察校园，用自己喜闻乐见的方式表达自己对学校的热爱之情，件件精品相继呈现，孩子们的创造力超乎我们的想象。

**2. 教师的发展**

在课题研究过程中，我们进行了深入的教育教学理论学习，对"语文综合性学习"这一新型课程形态有了正确的认识，初步构建了语文综合性学习的基本理论框架，提高了教师教育教学理论研究水平。在课题研究过程中，我们始终把教师的理论学习和业务培训摆在重要位置，帮助教师加深了对新一轮课程改革的认识，帮其树立了"大语文教学"观。教师的教育教学理念不但得到刷新，而且逐渐将新理念内化为个人自觉的教学行为。

在实践研究中，教师用"原创型"和"再创型"设计了语文综合性学习活动多例，内容丰富，形式多样，丰富和完善了教材内容，有效地开发了本地区的语文综合性学习课程资源。

在研究实践中，我们对语文综合性学习的教学体系和基本教学模式进行了深入的探索，初步建立了语文综合性学习的教学体系和基本教学模式，为广大教师进行语文综合性学习的教学提供了可参照的范式，为学校推进语文课程改革做出了重要贡献。

通过课题研究，我们得出的结论是：以课题研究为载体，是教师培训和引领教师专业成长的高效模式。首先，在这个模式中，最为关键的一点是有教师的参与过程，有教师教学行为的跟进。其次，老师们在"研究"中学会了"研究"，掌握了课题研究的基本理论与基本方法，科研意识和能力都有明显提升。

### 3. 教学的改进

通过研究活动的开展，我们确立了以学生为主体、以实践为主线、以校本为依托、以专题活动为载体、以合作学习为基本形式的"五为"指导思想，逐步摸索出了一条适合小学语文综合性学习活动开展的模式。根据语文综合性学习素材收集的不同途径，探索出了不同形式的活动专题。

课堂拓展式。以教材为依托，充分利用好课堂这块阵地，把生活中丰富的语文学习资料与教材相结合，对课堂教学进行拓展延伸，确立综合性学习的主题。激发了学生学习语文的兴趣，让学习成为学生的自觉行为。例如，学了《月球之谜》一课后，组织学生收集相关资料，结合飞天登月活动，开展"走近月亮"综合性学习活动，同学们制作的课件和电子报刊获市级比赛一等奖。

生活拓展式。引导观察生活，充分利用校内、校外的语文综合性学习课程资源。如低年级组织"识字"主题的综合性学习活动，开展了"快乐识字""游戏识字""在生活中识字"等实践活动，充分挖掘生活中的识字资源，让学生养成了良好的识字习惯。校园里的告示牌、橱窗里的标语、全班同学的姓名、超市里的食物及商标都成了孩子们的识字资源。在这样的活动中，学生学到了独立识字的方法。在生活的大课堂中识字，让识字教学渗透学生的生活，使识字教学返璞归真。

学科联系式。打破僵化的学科框架，软化学科体系，从学科综合中确定主题。如充分利用信息技术辅助综合性学习，开展了电子网页制作等活动，在活动中学生呈现出了《我教老师做网页》等优秀习作。

综合实践式。以一个问题为中心，联系课内外、校内外，经由长时间的探究，形成系列主题。例如"话中秋"，课前让学生收集各族人民过中秋的习俗，有关月亮和中秋的传说、故事、诗歌等资料；上课时，进行中秋的传说（讲故事）—中秋的习俗（说、表演）—我们的中秋（知识小竞赛）—明天的明月（畅想未来）等活动。又如，国庆节期间设计的"颂祖国，迎国庆"系列活动，让学生围绕"歌颂祖国"主题，进行诗歌朗诵比赛、美文摘抄、歌曲演唱、自办小报等活动。端午节期间，组织开展"艾草话端午""粽叶飘香""端午龙舟寄深情"等综合性学习活动，培养学生热爱传统文化、热爱祖国的美好情感。

语文综合性学习活动基于学生的直接经验，密切联系学生自身生活和社会生活，突出知识的综合运用和实践性，是激发学生语文学习潜能的有效载体。多年来，实验教师持续、深入研究，取得了以下经验。

一是从语文学科自身的知识体系延伸，开展专题性综合学习活动。纵观我国五千年灿烂文化，从《诗经》到《楚辞》，从汉赋、唐诗到宋词、元曲，从明清小说到现代白话文……无不体现了中华民族语言文化的博大精深。然而，我们课堂学习的空间毕竟是有限的，教材中提供的只是一些典型的范例，要求掌握的是最基础的、共性的问题。而课外学习的空间是无限的，是充满个性的。实验教师以教材为桥梁，组织语文综合性学习活动。如学习《赤壁之战》《草船借箭》后，开展"走进三国"活动，让同学们读《三国演义》或《三国故事》，开展"小小三国迷"综合性学习活动，通过评析"三国人物"，说说心目中的英雄，让学生在评析中更深刻、全面地感受人物形象；通过收集和交流由"三国故事"演变而来的成语、歇后语，拓展语言的积累，演三国故事，深化对三国的理解。学习了《贾宝玉》《美猴王》等课文后，开展"经典剧场"活动，自行组建剧组、创作剧本、排练表演，同学们演绎得角色活灵活现。学习了《咏梅》《长征》诗词后组织收集毛主席诗词，通过诵读、讲演、绘画、书法、诗词模仿秀等形式进行成果展示，让学生深切体会诗词语言的精确凝练和丰富的思想内涵。

二是整合多学科的学习资源，拓展语文学习内容。语文综合性学习与多学科课程整合是学习实践活动向纵深发展的必由之路。强调教学活动的综合性与实践性，打破原有狭隘的学科界限，重视跨学科的综合性学习，鼓励学生多角度、多层面地思考问题，促进知识的融会贯通。让语文学习与社会生活密切联系，引导学生广泛关注人类的生存环境，关注社会的发展和变化。对于语文综合性学习活动的设计，注意挖掘学科之间的交叉点，寻找结合点。如在数学学科中认识了圆形、三角形、方形后，引导学生利用这些图形拼成图案，加上文字描绘；自然学科中学习了种子发芽、蚕的一生后，让学生种豆、养蚕，并仔细观察，写观察日记；学习了《月光曲》，鼓励学生去了解贝多芬的生平，欣赏他的作品；学习了《草原》，引导学生了解我国草原的主要分布情况，演唱歌颂大草原的经典歌曲，学跳民族舞蹈，感受民族风情，进而组织开展如何保护大草原、爱护人类生存环境的讨论。学习了《丝绸之路》后，鼓励学生通过多种途径了解西部、走进西部。

三是与社会实践紧密结合，让语文学习活动走进生活。语文课程应立足于语文学习和社会生活之间的紧密联系，让学生的语文学习走进社会、走进生活、走进大自然，让学生从自然景象、社会生活经历和社会实践活动中获得语文知识，提高语文能力，让学生在各项社会实践活动中观察生活、感悟人生。如组织居住小区、学校周边环境的调查活动，组织校外"环保小队"；节假日组织"随我去旅游"活动，让孩子们当小导游介绍旅游景点的地理位置、风光名胜、风土人情、经济状态、风味小吃等；"菜市场里的收获"让学生到菜市场去，了解市场里各种商品的名称、形态、种类、价格、吃法用法；组织"名车欣赏"让孩子们尽情展示自己收集的名车资料，鼓励学生用各种生动活泼的形式介绍名车的外形、标志、产地、价格乃至它的独特性能；"争当节水形象大使"让孩子们走访居民、单位、社区，了解用水情况，总结节水小窍门，书写节水方案和倡议书，在社区宣传栏张贴，提高水资源保护意识；"漫游商标王国"让学生欣赏图简意深，美观大方的各式商标，增长商品广告及消费者权益知识，另外还开展了七彩童谣创编、诵读大赛等活动。活动中学生们观赏着自己的摄影摄像作品和习作，诵读着自己编写的童谣，相互交流着难忘的采访经历，爱泉城、爱家乡的美好情感油然而生……

四是构建网络学习模式，拓宽语文学习资源。开发设计了网络学习平台，在教学活动中学生利用信息技术建构新的知识体系，变传统的接受式学习为自主合作探究式学习。

我们在开展语文综合性学习活动中，始终以新课程标准为指导，通过沟通课堂内外，充分利用课程、学校、家庭、社区资源，加强了各学科的整合，让学生通过语文综合性学习活动，逐步提高了听、说、读、写、审美、绘画、想象、创造、探究能力，自觉运用所学语文知识解决实际问题的能力也得以提高，学生的语文综合素养获得了同步发展。

## 六、基本结论

还语文综合性学习以语文本色，找准语文综合性学习的落脚点。不管我们的学习活动涉及哪个领域、哪门学科，采取哪些方式。"语文素养的形成和发展"都是其学习的落脚点。

用好课文这个例子,合理拓展学习内容。"课文"作为语文学习的例子,在开发综合性学习课程资源中的作用是不可低估的。

语文综合性学习活动要有文化意味、文化内涵。"文化性"应该是把握语文综合性学习"语文特色"的关键。

## 附一:综合性学习方案设计《让经典伫立在风中》

### 让经典伫立在风中

——小学语文综合性学习方案设计

## 一、课题的提出

新课程理念下的语文教学关注学生的人格建构和精神建构,十分重视经典阅读在语文教育中的作用。经典阅读在充实学生的文化底蕴、提高学生的艺术品位和语文素养方面有其独特功能。人文主义认为,阅读经典,可以跨越时间与空间的鸿沟,打通不同文明之间的沟通壁垒,吸收全人类的文化精粹,改善人类的生存状态与精神状态,走向和而不同的世界。经典里融入了先人们对人生的思考与探索,表达了先哲们对真善美的思考。诵读经典能净化学生的心灵,提升学生的文化素养。

一次偶然的机会,我在网络浏览时发现了《中国经典名言100句》,仔细品味,觉得其中的内涵对指导学生做人,放大学生的人生格局大有裨益,于是在语文课上与学生交流分享。学生听我诵读和讲解后,激起了诵读经典名言的愿望。另外在学习了《草船借鉴》《景阳冈》《猴王出世》等课文后,同学们谈起《三国演义》《水浒传》和《西游记》妙语连珠,口若悬河,表现出对经典名著的浓厚兴趣。于是,我就和同学们商量开展以"让经典伴我成长"为主题的语文综合性学习活动。谁知我刚把这一题目写在黑板上,"当仁,不让于师"的孙月同学执意说这一题目太俗,不如改成《让经典伫立在风中》更富有诗意,我毫不犹豫地采纳了孙月同学的意见,把本次语文综合性学习活动的主题改为"让经典伫立在风中"。

(以学生为主体确定主题,充分尊重学生的意见和建议,发挥学生的主体作用,激发其探索求知的内驱力,有效地调动了学生学习的积极性。)

## 二、研究目标

(1)学生通过诵读,了解经典名言的出处,感受祖国语言文字的魅力,增强和提升学生的文化自信。

(2)理解经典名言的内涵,学会在生活中运用。

(3)培养学生深度思考的良好习惯,提高学生组织、合作能力;在熟读成诵的基础上明确为人处世的基本道理,从而学会做人、学会做事。

(4)通过诵读经典名言,增强学生的文化底蕴,培养学生热爱祖国语言文字的美好情感。

## 三、研究准备

(一)学生准备

自主制订诵读经典计划,自主选择名著,自由结合组建研读小组。

(二)教师准备

(1)仔细研读经典名言,认真体味,了解经典名著的知识,以备解答学生研读中的疑问。

(2)在研读过程中给予学生以及时到位的指导,及时汇总学生研读情况,给予过程性评价。

## 四、研究过程

第一阶段：学生制订个人诵读计划。采取分散诵读的方式，建议学生一日一句，减轻学困生的学习压力；对于中等生和优秀生可根据自己的学习能力，适当提高要求；诵读经典从"中国四大名著"开始，按照学生的爱好和兴趣自由分成四组，分别命名为《红楼梦》《水浒传》《西游记》《三国演义》研读小组，小组讨论制订研读计划。

第二阶段：精心研读。小组内交流展示自己的研读成果。

第三阶段：专题研究。在小组内分别进行三国人物、《红楼梦》诗词、歇后语、水浒人物及绰号、剧本撰写、作者生平等专题研究。学生按自己的兴趣自由选择研究内容，确立研究主题，然后分组进行研究。引导学生分别从作品的创作思想、创作特色、写作技巧等入手，让学生真正走进名著，深度思考和探究。

第四阶段：展示成果。分组展示读后感、课本剧、手抄报、小品、绘画、歌舞等。

## 五、方法指导

（一）鼓励学生合作探究，共同探讨，提出问题、讨论问题、解决问题。

（二）指导学生利用计算机查阅资料，利用网络资源开阔视野，增长知识。

（三）指导分析、整合、处理材料。指导学生把手中收集到的资料，加以修改，分门别类地整理出来，提高学生收集整理信息的能力、语意理解力，从而提高书面语言表达能力。

## 六、学习评价

过程性评价与终结性评价相结合。教师和组长定期或不定期地抽查，每次抽查都留有痕迹。在经典名著研读过程中，主要是通过知识竞赛和成果展示来进行评价，评委根据学生的具体表现，分别授予"研读小博士"等荣誉称号。在评价过程中力求多元，做到自评、生评、师评、家长评的结合。

## 七、总结反思

《让经典伫立在风中》是以"导行"为切入点，开展的一次语文综合性学习活动。其内容涉及了语文应用的各个领域，有较强的时代色彩，备受学生的欢迎。

语文综合性学习的过程，应遵循认知规律，即"认知—熟悉—理解—巩固—运用"。在与学生的互动交流中，有意识地遵循这一学习规律。如主题的确定，尊重了学生的意见。作业设计让学生联系生活实际把所学知识运用到解决生活问题当中去。如作业，观察身边同学以及亲朋好友的言谈举止，如若发现问题，引用名言安慰、规劝他（她）。当学生遵循学习规律有效地完成了学习任务，在求知的过程中都会产生不同程度的成就感，学习兴趣也会日渐浓厚。

教学是一种教师和学生的双边活动，教师让学生对所学的内容产生兴趣，首先要了解学生实际，了解他们学习语文的目的、态度、习惯、方法、爱好、情感、意志以及生理和心理特征。今天的小学生，自主意识增强，他们自尊、自信，需要尊重，情绪复杂、情感丰富、对未来充满幻想、求知欲旺盛、记忆力好、渴望通过学习获取知识，但意志相对脆弱、缺乏刻苦精神、易产生逆反心理。在教学过程中，要善于根据学生的特点从适合的角度寻找学生学习的兴趣点。

语文是一门极其生活化的学科，小学生对一切充满好奇和热情，但也不乏盲目性。所以总有为人处事莫衷一是的现象。在经典名言诵读过程中，密切联系学生生活实际，让学生运用名言解释生活中的现象：有同学大胆提出老师在讲课中的错误，大有"当仁，不让于师"之风范；有同学喜欢搬弄是非，可用"君子成人之美，不成人之恶。小人反是"来告诫；有同学总是没有自己的主张，容易受别人的负面影响，可用"见善如不及，见不善如探汤"来提醒。把名言与学生的学校生活、家庭生活、社会生活有机结合起来，拉近了经典名言与现实生活的距离，既能激发学生的学习兴趣，又能开拓学生的视野，还能使学生养成学以致用的良好习惯。

师生关系的和谐发展是以情感教育为纽带的，教师以丰富的感情投入教学当中，学生便会从中受到熏陶、感染、启迪并有所感悟，学生的创造性方可得以充分发挥。

通过阅读经典名著，拓展了学生语文学习的空间，提高了他们阅读欣赏的品位。在成果展示中，同学们畅所欲言，妙趣横生地再现了人生百态。

**附二：语文综合性学习活动《让经典伫立在风中》教学纪实**

## 《让经典伫立在风中》教学纪实

### 一、导入

同学们！自上学期开始我们班举行了"经典名言诵读"活动，目的是传承传统文化，涵养人文精神，更重要的是让经典伴随我们成长。本想把"让经典伴我行"作为我们这次综合性学习的主题，结果咱们班"当仁，不让于师"的孙月同学，相出了一个非常好的题目——让经典伫立在风中。想知道孙月同学为什么取这个题目吗？有请孙月同学到讲台上来回答这个问题！（孙月解析。大体意思是让经典禁得起岁月的洗礼，永远伫立在我们每个人心中，风雨不倒。）

总结：孙月同学之所以能想出这么富有诗意的题目，得益于她饱读诗书。希望大家都能向文思如泉的孙月同学学习，学习她博览群书，善于思考且"当仁不让"的精神！下面请孙月同学把富有创意的题目写在黑板上！

## 二、谈收获

同学们！有没有注意到刚才孙老师引用了一个成语，出自我们诵读的"经典名言"？谁听出来了？（提问）还记得原句是怎么说的吗？（出示：当仁不让）大家拿出资料来找到这句，一起大声诵读。

出示经典名言8：当仁，不让于师（《论语》）。译文：遇到应该做的好事，不能犹豫不决，即使老师在一旁，也应该抢着去做。后发展为成语"当仁不让"。

给大家掏句实话，我是读了这句名言以后才知道这个成语的真正含义的，这句名言给予了我更多的自信：过去的我做事谨小慎微，尤其在领导和"大人物"面前特自卑，不敢说话，唯恐哪句话说错了被笑话。读了这句名言后，我进步了很多，自信心提升了许多。那你在诵读中有什么收获呢？（师生谈诵读名言的收获，根据同学所说板书。）

看来大家在名言诵读活动中都受益匪浅，我也感悟到了大家对名言的喜爱。不只是我和同学们喜欢这些脍炙人口的经典名言，就连一代伟人毛主席也是对中国古代的经典名言情有独钟，毛主席一生酷爱读书，以书为友，从某种程度上说，诵读经典成就了他一生的伟业。他的韬才谋略，源于他诵读经典，他潇洒的诗人气质，源于他诵读经典。就连给心爱的女儿取名字，也源于经典，她的两个女儿的名字就是来源于咱们诵读的100句经典名言中的一句，毛主席给两个女儿分别取名字李敏、李讷。找找看，是哪句？（出示：君子敏于行，讷于言。）他教育儿女少说空话，多做实事，就是受孔子的这一句名言的启发。

## 三、说打算

应同学们的要求，我们将继续把这个活动进行下去。

请同学们广泛收集现代经典名言，经由大家投票精选现代经典名言100句，我们一起研读。今天可以现场提供几句，优先入选。

我们还要挑战经典，编写咱们班同学的"凡人哲语"100句。制作自己的"座右铭"标牌。

## 四、看展示

除了诵读经典以外，上周咱们学了《景阳岗》《猴王出世》《草船借箭》三篇出自中国经典名著的课文，大家自发兴起了四大名著研读热潮，有同学提出我们班上公开课时展示研读成果给听课的领导和老师看，今天终于如愿以偿。下面就开始展示我们各研读小组的成果，哪个组先来？（小组依次展示，同学互评、教师点评。）

## 五、指导写

这么短的时间，经由同学们潜心研读，有了这么多的收获，可见大家课余时间下的功夫之深。我希望大家继续研读四大名著，再读的时候可以打破分工界限，自由阅读，把自己的感受记录下来！我这里有四篇读四大名著的读后感（出示文章标题），最想欣赏哪一篇？指名读其中的一篇。时间关系，课上我们先欣赏这一篇，剩余三篇我发到班级QQ群里，大家课余时间仔细研读。仿照这四篇的写作方法写一写自己的四大名著读后感，当然，孙老师更希望抛开这四篇的写作模式，写出自己更有创意的读后感言。

## 六、推荐读

除此之外，大家还可以读一读其他中外经典。（出示书目）但我还要提醒大家：

（1）边读边思考。要有自己个性化的思考。

（2）取其精华，去其糟粕。不是所有"经典"中的内容都适合我们现在的生活，需要大家慧眼识珠。"经典"里的言辞未必都是真理，不要盲从。

尊重经典，但不迷信经典。

（3）读经典要读原著，忠实于原著的精神内涵。

【教学感悟】教育实践中的经典阅读，必须将阅读原著作为关注的核心。影视、漫画、游戏等资料，只能作为辅助物，不能替代经典原著的阅读。经典本身是一个完整的生命结构，它独有的文化内涵与精神生命离不开原作，犹如神之于形，灵之于肉。任何对原作的再创作，即便是成功的再创作，都会造成原有文化审美信息的丢失与变形。经典的价值在于它的原创性与不可替代性。所以，尊重经典，就必须阅读经典本身。通过影视游戏等方式来接触经典，总如雾里看花。现在盛行戏说乾隆、水煮三国、歪批水浒的作品，作为娱乐文化自然有其价值，但在教育活动中，以"戏说"的态度对待经典，既是对现代阅读理论的歪曲，也是对教育价值的贬损，更是对经典的不恭。面对博大精深的经典，只有静心阅读原文，才能领会作品本身的意义。真诚地尊重经典，悉心体味经典的精神内涵，才能培养人格，提高语文素养。

## 第四阶段　效果评价

一、汇总学生的学习成果，教师给予等级和语言评价。

二、发放评价表：自评、组评、家长评，各自填写"活动收获"。

三、汇总资料留档收藏。

附三：《"三国"剧场》语文综合性学习教学设计

## "三国"剧场

### ——语文综合性学习教学设计

## 一、活动目的

（一）通过此次活动，激发学生对中国古典文学的兴趣，促进学生接受民族传统文化的熏陶。

（二）通过自学、自编、自演、自评，培养学生细心体味揣摩语言文字的能力，培养学生的语文实践能力，发掘学生的创造力。

（三）培养学生的合作意识和竞争意识，体现学科之间的整合，培养学生策划、组织、协调和实践的综合能力。

## 二、活动准备

### （一）教师准备

（1）教师选择《三国演义》中的部分章节，让学生重点阅读。

（2）制作教学课件。

（3）准备各奖项的"奖牌"。

### （二）学生准备

（1）收集三国故事，了解《三国演义》的主题内容、故事情节。

（2）展演前布置好"舞台"。

## 三、活动过程

### （一）激趣铺垫，揭示主题

1.教师简介

通过课件出示，介绍《三国演义》的作者、主要内容与艺术成就、文学地位，并介绍主要人物：刘备、关羽、张飞、诸葛亮、曹操、孙权、周瑜。

2. 学生自由交流

先四人小组交流，再全班交流。可交流收集到的三国故事，也可以谈自己感兴趣的三国人物。

3. 导读"桃园结义"一章（课件出示原文）

教师边读边插入讲解，引导学生领悟。

4. 点击精彩片段，揭示活动主题

（1）三国故事各个精彩，三国人物个性鲜明。它曾多次被拍成电视，在中央电视台等媒体热播。演员们在深入阅读品味这部著作的基础上，以精湛的演技为我们重现了三国的历史。下面让我们欣赏几个精彩片段：《桃园结义》《三气周瑜》《火烧赤壁》等。

（2）同学们，看过这些精彩片段，愿意尝试演绎自己喜欢的精彩片段吗？

**（二）指导编排，拟定标准**

1. 了解编演常规

熟读文本—编写剧本—揣摩品味—背记台词—反复演练。

2. 学习改编剧本

课件出示剧本范例，教师简要讲解后，学生针对自己的兴趣点、疑惑点提问，师生讨论解答。

3. 师生拟定评价标准

（1）师：精彩的表演能深深地吸引观众，那怎样评价表演的好与坏呢？大家开动脑筋想想怎么评价？设置哪些奖项？

（2）学生分组讨论、交流、拟定评价标准，主要评价角度：

①剧本内容具体，剧情完整，符合原著精神；

②组员全体参与，组织有序；

③声情并茂，逼真细腻；

④布景合理，道具使用恰当；

⑤演前介绍剧情，演后小结收获。

主要奖项:最佳剧目、最佳导演、最佳编剧、最佳男演员、最佳女演员、团队合作奖、最佳创意奖。

**（三）自选剧目，自编自演**

**1. 自由搭配组合**

教师出示可供选择的剧目和每个剧目所需人数，学生根据自己感兴趣的内容自由组合，老师再加以适当调整。

**2. 明确要求，自编自演**

（1）表演小组拟定组名，设计组牌，利用课余时间排练。（学生编剧及排练时间为 2 ~ 3 周，视学生进度而定。）

（2）小组活动要求：

①推荐产生组长，组员听从安排，遇到问题友好商议；

②人人参与，各展其能；

③排练时要准时到位；

④细心揣摩，演绎生动。

**（四）分组展演，自我评价**

**1. 各组抽签决定展演次序，下发评价表**

| 奖 项 | 最佳剧目、最佳导演、最佳编剧、最佳男演员、最佳女演员、团队合作奖、最佳创意 |
|---|---|
| 提 名 | |
| 理 由 | |

**2. 各小组轮流表演**

**3. 各组编写的剧本事先张贴于展板上，学生填写评价表**

**4. 颁奖**

**（五）总结拓展，记录精彩**

**1. 积极肯定，总结鼓励**

在这次"三国剧场"展演活动中，大家通过自读、自编、自演、自评，收获了很多。大家相互合作，共同探究，在活动中增长了才干，增进了友谊，加深了对"三国"人物的了解,加深了对《三国演义》这部经典之作的理解。你们表现出的阅读领悟能力以及出众的表演才华令老师佩服有加,我为每一位同学点赞!

**2. 拓展延伸,记录精彩**

在整个活动过程中,你们一定有许多难忘的经历,也许是可笑的,也许是委屈的,也许是让你深受启发的。让我们把这些难忘瞬间记录下来,汇集在一起就是这次活动带给我们的又一份礼物。

请同学们课下每人写一篇活动感悟,我们把它们集结成册,定格美好瞬间,留下美好的童年回忆!

**附四:学生综合性学习活动感悟**

## "一站到底"感悟(一)

张孖喆

《一站到底》原本是江苏卫视的一档节目,节目打破以往答题类节目的固定模式,每档节目中有各种年龄层次、不同身份、性格各异的 10 位守擂者和 1 位攻擂者参加,以 PK 的方式获得别人手中的奖品,一旦失败,就掉下擂台,能否"一站到底",成为节目中的最大悬念。在电视上光看别人参与,我们也手痒了,于是孙老师在班里搞起了"一站到底"活动。

我们把全班同学分为四组,一组一组地上去答题,幸存的三人晋级,题目由其他组同学来出。要求每组选一名组长,大家还没慎重思考,就都把手指向了我,我自我感觉平时读书不少,便自信满满地以组长的范儿走上了讲台。小组成员一个一个地过,没想到同学们的题各个刁钻难以把握,一上来就给了大家一个下马威,隋唐皇帝是谁?这个……这个……虽然不是我来回答,但我还是一样紧张,为同伴捏了一把汗,我只知道隋皇帝姓杨。

到我了，我班小书迷李毅超向我提问：鲁迅活了多少岁？这个问题我们接触过，可我就是想不起来了，58岁？60岁？我一直在想，可是同学们开始倒数了。"时间到！"规定时间的最后一刻我也没想起来，最终遗憾收场。这次答题凸显了我的缺点，光接触课外知识，课内知识掌握不牢固，记不住，这次真的给我敲响了警钟：要做个有心人，掌握知识要灵活，遇事不慌要冷静思考。

两轮结束后，题用完了，我们重新出题。看到有些同学的问题如此另类，我也决定使出撒手锏，出了一个全班只有我这个军事爱好者知晓的题目：第二次世界大战德国造超级飞碟叫什么名字？这可是一个鲜为人知的军事问题，看到选手眉头紧锁的样子我有点小得意。果然，我的题把张柯玮同学给难住了，军事题可不是小女生的长项，以己之长攻其之短，新编三十六计，我的专利，嘻嘻……

虽然我没有进入班级"一站到底"的决赛，但我相信那三位晋级的勇士会竭尽全力，勇夺桂冠！

## "一站到底"感悟（二）

今天是"一站到底"的决赛环节，由幸存的四个组的前三名共计十二名选手参赛。我们组经由大家力荐由李毅超同学第一个出场挑战其他组的同学。

我和双胞胎妹妹是本次活动的主持人，这次主持我一点不紧张，参加过《小主人报》的学习培训后，我已经不像原来那么"秀米"（济南方言：不好意思），而是镇定自若，落落大方！

比赛开始了。首先，李毅超选择挑战对手，他十分精明，先挑那些实力不足，"侥幸"通关的选手。我和妹妹轮流念题，如果挑战者和守擂者不会的话，也可以由同学们来答，答对者可获奖品小本一个，同学们踊跃回答那些选手们不会的问题。刚刚进行了不到一半时，就有五六个小本发出去了。不一会儿，就有两三位同学被李毅超 PK 掉了，剩下的几个同学顽强对决，不甘示弱，联手跟李毅超周旋起来。鞠小涵、郑植、时硕等人虽然平时在饱读诗书方面不如李毅超用功，但是题目随机性很大，猛虎难敌群狼，他们在台上和李毅超打持久战，轮番抢答，精彩不断。尤其是时硕同学，别看他平时上课不太认真，学习上有点吊儿郎当，可人家这次表现却异常出色，题目一出竟然都能对答如流，这可真应了那句"寸有所长，尺有所短"的老话。李毅超因为击败对手多，获得的免答权也多，李毅超答不上来的，就要时硕来答，时硕都顺利地答上来了。

比赛激烈地进行着，李毅超和挑战者唇枪舌剑，唾沫横飞，李毅超平时的斯文似乎在一瞬间灰飞烟灭了。李毅超一个一个地挑战，同学们各个都败下阵来，最后的关键时刻到了，王嘉辉和李毅超单挑。他俩互不相让，奇迹是这俩能人竟然把题都答尽了，大家一时间出不了那么多题目，比赛只好延期至明天，李毅超和王嘉辉的 PK 结果如何？且听下回分解！

### "一站到底"感悟（三）

自从上次两个能人把题答尽后，第三天继续比拼，而那几位坚持了很长时间的选手，也可以复活，继续和李毅超比拼。不过这次主持人换成了娄焕礼，为什么？自己想去吧！想不起来？我悄悄告诉你吧，其实……文章结尾揭晓！

随着主持人一声令下，第三次比赛拉开了帷幕，大部分同学都对上次被比下去心存不甘，这次对付李毅超都是有备而来，并且李毅超的免答权在经过上次比赛后已经所剩无几了，所以挑战者们更是铆足了劲儿对付李毅超。

然而，超人就是超人，是旁人无法媲美的。几位挑战者再次遗憾收场。上次幸存的"大神"王嘉辉与"战神"李毅超终极 PK，最终李毅超还是战胜了王嘉辉。同学们依然不服气，老师准许同学们继续挑战他。我没有上场当然不甘心，还有王嘉辉。于是包括我在内的几位勇士再次出征，挑战李毅超。前几轮"大神"王嘉辉依然不敌李毅超。终于轮到我了，我自信满满地走上讲台，镇定自若地、顺理成章地回答了一个又一个问题，可是就在"把'小鸟在天空中飞翔'"改成拟人句这一题目时我蒙了，怎么也答不上了，依旧成了李毅超的"手下败将"。

哼！下次比赛我一定要战胜李毅超！

这下，知道为啥换主持人了吧？因为我想当选手超越一下自己。虽然我挑战失败，最起码勇气可嘉，对吧？

因为我持续 N 轮答题，主持人的嗓子喊"哑"了，哈哈……我还是很有实力的！

附五："一站到底"竞赛题目（部分）

## "一站到底"竞赛题目（部分）

1.《最后一头战象》的作者是谁？（沈石溪）

2. 请用三个关键词说出战象嘎羧给你留下的印象。（"善良""怀旧""坚强""忠诚""英勇"等）

3. 请你说出一句珍惜时间的名言警句。（"黑发不知勤学早，白首方悔读书迟""一寸光阴一寸金，寸金难买寸光阴""少年易老学难成，一寸光阴不可轻""少壮不努力，老大徒伤悲"等）

4."少壮不努力，老大徒伤悲"，出自哪首诗，请说出此首诗的题目。（《长歌行》）

5.《我的舞台》写的谁的故事？（新凤霞）

6. 请说出新凤霞的名言"台上做戏"，下半句是什么？（台下做人）

7."守门员"打一字。（闪）

8. 我国第一位获得诺贝尔文学奖的莫言的本名叫什么？（管谟业）

9. 请说出鲁迅的一部作品（集）的名字。（《狂人日记》《野草》《朝花夕拾》等）

10.《我的伯父鲁迅先生》主要赞扬鲁迅先生的什么精神。（为别人想得多，为自己想得少；爱憎分明）

11.《有的人》这首诗主要是赞美谁的？（鲁迅）

12.《有的人》这首诗的作者是谁？（臧克家）

13. "皇帝新衣" 打一字。（袭）

14. 鲁迅的本名叫什么？（周树人）

15. "上下难分" 打一字。（卡）

16. "莫等闲，白了少年头，空悲切。" 是谁的名言？（岳飞的《满江红》）

17. 请说出沈石溪的一部小说的名字。（《第七条猎狗》《一只猎雕的遭遇》《红奶羊》《狼王梦》《象母怨》等）

18. 请连续说出四个表示处境危险的成语。（迫在眉睫、盲人瞎马、危在旦夕、四面楚歌、千钧一发、火烧眉毛、危急存亡……）

19. 差一点儿就可以当兵。打两个字。（乒乓）

20.《唯一的听众》的作者郑振铎的笔名是什么？（落雪）

21. "格外大方" 打一字。（回）

22. "一口咬住多半截" 打一字。（名）

23. 音乐家贝多芬是哪国人？（德国）

24. 少年闰土来到鲁迅家时，跟小时候的鲁迅讲了哪四件有趣的事情？（雪地捕鸟、看瓜刺猹、海边拾贝、看跳鱼儿）

25. "某恶鼠，破家求良猫。" 是哪篇文言文中的句子？（《世无良猫》）

26. 说出一句关于动物的歇后语。（猴子·看书——假斯文；猪的脑壳——不开窍；老虎的屁股——摸不得；狗咬尿脬——空欢喜；猴子的屁股——坐不住；灯蛾扑火——火烧身；狗赶鸭子——呱呱叫；耗子啃书——咬文嚼字；兔子尾巴——长不了；狗咬耗子——多管闲事；耗子爬称杆——自称）

27.《这片土地是神圣的》是一篇什么稿？（演讲稿）

28.《这片土地是神圣的》倡导什么？（环保）

29. 公益广告"善待地球"的下半句是什么？（善待自己）

30. 需要一半，留下一半。打一字。（雷）

31. 要一半，扔一半。打一字。（奶）

32.《跑进家来的松鼠》的作家斯克列比茨基是哪国人？（苏联）

33. 请说出四个关于动物的成语。（马到成功、对牛弹琴、鸡犬不宁、鼠目寸光、画蛇添足……）

34.《我喜欢你，狐狸》这首诗是谁写的？（高洪波）

35. "一口咬掉牛尾巴。"打一字。（告）

36. "你一半，我一半。"打一字。（伐）

37.《金色的脚印》作者是谁？（椋鸠十）

38. "自大一点。"打一字。（臭）

39. "一边有水一边干。"打一字。（汗）

40. "但存方寸地"的下一句是什么？（留与子孙耕）

41. 公益广告"珍惜自然资源"的下一句是什么？（共营生命绿色）

42. "轻诺必寡信"出自我国哪部经典名著？（《老子》）

43.《庄子》里"不能动人"的前一句是什么？（不精不诚）

44.《礼记》中"诚者，天之道也"的下一句是什么？（诚之者，人之道也）

45. "民无信不立。"这句名言选自我国的哪部经典名作？（《论语》）

46. "有所期诺，纤毫必偿；有所期约，时刻不易。"这句名言选自我国的哪部经典名作？（《袁氏世范》）

47. 周恩来的"我们爱我们的民族"的后一句是什么？（这是我们自信心的源泉）

48. "我是中国人民的儿子，我深情地爱着我的祖国。"这句话是谁说的？（邓小平）

49. "惟有民魂是值得宝贵的，惟有他发扬起来，中国才有真进步。"这句话是谁说的？（鲁迅）

50. "我爱我的祖国，爱我的人民，离开了她，离开了他们，我就无法生存，更无法写作。"这句话是谁说的？（巴金）

51. 我国曾经有一位作家与诺贝尔文学奖失之交臂。请问这位作家是谁？（老舍）

52. "落红不是无情物，化作春泥更护花。"这是谁的诗句？（龚自珍）

53. 张维屏的"造物不是无情物"后面一句是什么？（每于寒尽绝春生）

54. 诗句"今夜偏知春气暖，虫声新透绿窗纱"的作者是谁？（刘方平）

55. 李白的诗句"此夜曲中闻折柳"的下一句是什么？（何人不起故园情）

56. 陈与义的诗句"卧看满天云不动"的下一句是什么？（不知云与我俱东）

57. 诗句"不知花中偏爱菊，此花开尽更无花"的作者是谁？（元稹）

58.《山中访友》中最为突出的修辞手法是什么？（拟人）

59.《草虫的村落》的作者是谁？（郭枫）

60. 小学语文课文中提到的我国杰出的爱国工程师是谁？（詹天佑）

61. 从北京到张家口的铁路长 200 千米，是连接哪里和哪里的交通要道？（华北和西北）

62. 京张铁路不满几年就全线竣工了，比计划提早两年？（不满四年）

63. 京张铁路的修筑成功给了谁一个有力的回击？（藐视中国的帝国主义者）

64. 我们本册学习的课文中哪一篇是季羡林写的？（《怀念母亲》）

65. 现代诗歌《中华少年》的作者是谁？（李少白）

66.《穷人》的作者列夫·托尔斯泰是哪国人？（俄国）

67.《只有一个地球》是一篇什么文？（说明文）

68. 最常见的四种说明方法是什么？（列数字、举例子、打比方、做比较）

69.《这片土地是神圣的》的作者是谁？（西雅图）

70. "善待地球"就是善待谁？（自己）

71. 拯救地球就是拯救什么？（未来）

72. 有限的资源，无限的什么？（循环）

73. 成语"竭泽而渔"讲的什么时期的事情？（春秋时期）

74. 被誉为"民族魂"的作家是谁？（鲁迅）

75. "他是伟大的文学家、思想家和革命家，是中国文化革命的主将。"这是谁对鲁迅先生的评价？（毛主席）

76.《我的伯父鲁迅先生》的作者是谁？（周晔）

77. "伯父就是这样一个人。"伯父鲁迅先生是个怎样的人？（为自己想得少，为别人想得多）

78.《一面》的作者是谁？（阿累）

79. 鲁迅《自嘲》中"横眉冷对千夫指"的下一句是什么？（俯首甘为孺子牛）

80. "其实地上本没有路，走的人多了，也便成了路。"这句话选自鲁迅的哪部作品？（《故乡》）

81. 许广平在什么作品中记述了鲁迅的"我好像一只牛，吃的是草，挤出来的是奶、血"？（《欣慰的纪念》）

82. 时间就是性命，无端地空耗别人的时间，其实是无异于什么？（谋财害命的）

83.《诗经·采薇》中"今我来思"的下半句是什么？（雨雪霏霏）

84.《春夜喜雨》的作者是谁？（杜甫）

85. "随风潜入夜"的下一句是什么？（润物细无声）

86. 词句"明月别枝惊鹊"的下一句是什么？（清风半夜鸣蝉）

87. 白朴的《天净沙·秋》中，"孤村落日残霞"的下一句是什么？（轻烟老树寒鸦）

88.《我们去看海》的作者是谁？（金波）

89.《致老鼠》的作者是谁？（阎妮）

90. 现代诗歌《爸爸的鼾声》作者说爸爸的鼾声就像什么？（小火车）

91.《给诗加"腰"》说的是苏东坡、苏小妹和谁的故事？（黄山谷）

92. "在为老人举行的葬礼上,我们抬着那幅遗像缓缓向灵堂走去。"这是哪篇课文中的句子?(《老人与海鸥》)

93.《马诗》的作者是谁?(李贺)

94.《伯牙绝弦》中的主人公是伯牙和谁?(钟子期)

95. 人们把真正了解自己的人叫什么?(知音)

96. 比喻知音难觅或乐曲高妙的成语是什么?(高山流水)

97. 贝多芬的《月光曲》还叫《月光奏鸣曲》和什么?(《月光》)

98. 那幅被称为"全人类文化宝库中一颗璀璨的明珠"的著名油画作品的名字叫什么?(《蒙娜丽莎》)

99. 文言文《响遏行云》中提到的那个喜欢歌唱的青年名叫什么?(薛谭)

100. 小抄写员中的主人公叫什么?(叙利奥)

## 附六:综合性学习中的"卡评价"

### 综合性的学习中的"卡评价"

苏联教育家乌申斯基在论述优良习惯对人一生的意义时说:"良好的习惯是人在神经系统中存放的道德资本,这个资本不断地在增值,人在一生中都享受着它的利息。"

为使学生养成良好习惯,我们班从一年级开始实行好习惯积分评价办法,三年级上学期我们班语文、数学老师连同班主任老师研制了一整套"好习惯积分卡",运用到纪律、卫生、学习、礼仪、两操等各个方面。不管在哪一方面,只要有进步,老师都会随时随地发放不定额的"好习惯积分卡",积分卡的面值按照人民币的面值设置,所以同学们都很感兴趣,都较着劲儿,尽可能最大化发挥自己的潜能,获取最大化的"收益"。

2017年4月14日上午,我组织创建了文苑小学又一网络教研平台"卡部落"。"卡部落"是以 QQ 群的形式招募"志同道合"者——欣赏好习惯评价办法的老师成为卡部落成员，主要研讨"好习惯积分卡"和"心愿卡"有效利用等问题。

为了更好地调动学生的学习积极性，培养学生良好的行为习惯，我和学校部分老师积极探索各种各样的学生评价办法，从学生入学开始尝试小贴纸、小印章、知识树、成果墙等，不同的方法发挥了不同的作用。一次听数学课《认识人民币》，课中元角分的认识使我深受启发，想到人民币元、角、分之间的递增关系犹如我们正在操作的积分评价，从分到角再到元是一分一分积累而至，又联想到我们平时玩的网络游戏，大家之所以乐此不疲，是受不断升级带来的成就感和愉悦感驱使，据此，我们模拟人民币面值设置了"好习惯积分卡"。

根据实际情况，和学生一起制定了适合本班学生的积分奖励制度，以此来鼓励学生积极参与到各项学习活动中，在督促学生保质保量完成各项学习任务的同时，也规范了学生的行为习惯。在设计过程中面向全体师生征集设计稿，在卡背面设置的好习惯名言警句有部分来自师生的原创。

每种卡都是可回收的，可重复使用。达到 10000 分（100 元），发一张"心愿卡"，教师和家长沟通，满足孩子一个家长力所能及的且有意义的小愿望，代表着：梦想通过努力才能成真。

实现梦想后的"心愿卡"回收，老师记录每学期学生总共实现了几个愿望，可作为期末各种优秀评选的依据。

卡部落中的老师们纷纷表示：孩子们特别喜欢这种评价方式，都很期待得到心愿卡。我班黄翔同学在日记中提到爸爸说等他攒到 1000 分（10元）时就给他买一个他期待已久的文具盒；还说等他攒到 10000 分（100 元）时妈妈就给买一套百科全书……

当然任何评价都有两面向性，卡评价也是把"双刃剑"，有利有弊。学校成立"卡部落"的目的就在于此，探讨在卡评价过程中遇到的各种问题，及时发现及时纠正，最终让卡评价在良性轨道上运行，让卡真正成为学生幸福的期待!

比如,积分卡换购活动就是老师们组织开展的学生喜闻乐见的创意活动。为了调动大家学习的积极性,老师想尽了办法。比如,学期初老师告诉学生在临近期末的时候开展积分卡换购活动。同学们兴致勃勃:上课积极发言,课下认真读书、撰写读书笔记……此项活动强化了同学们认真做事的意识,激励同学们从点滴小事做起,在实际行动中提高自身的综合素养。

# 第六节 网络环境下的小学作文教学实践研究

## 一、问题提出

在人类文明的进程中,文化教育经历了三个重要的里程碑:一是文字的出现,使书面语言加入教育活动中,扩展了教育的内容与形式;二是印刷术的产生,使课本成为文化的主要载体,推动了文化的传播和教育的普及;三是自 20 世纪 90 年代开始,"多媒体"和"信息高速公路"成为工业时代向信息时代转变的两大技术杠杆,正以惊人的速度影响着我们的工作、学习、思维、交流和生活方式。

以多媒体网络技术为代表的现代化教育技术在教育教学中的广泛运用,对于深化基础教育改革,提高教学质量具有重要的作用,而且将会带来教学思想、教学内容、教学模式、教学过程的深刻变革。因此,我们要探索将先进的教学思想与多媒体信息技术相结合的教学形式,建立让学生自主的、合作的、探索的、创造的学习环境,有效地运用网络这一互动媒体开发学生的潜能,这正是教育面向未来必须思考的问题。

日新月异的网络时代将带来小学语文教学的阅读方式、写作方式的变革，也同样对小学生作文教学提出了新的挑战。作为现代小学语文教师，要充分利用多媒体网络技术为作文教学注入新的内涵，让作文与网络同行，使作文教学改革再开一朵奇葩。

基于上述的思考，我们提出了"网络环境下小学作文教学实践研究"这个课题。

## 二、研究依据

在作文教学中引入多媒体教学手段，是现代教育的发展趋势，也是社会发展的需要。语文课程标准指出："现代社会要求公民具备良好的人文素养和科学素养，具备创新精神、合作意识和开放的视野，具备包括阅读理解与表达交流在内的多方面的基本能力，以及运用现代技术收集和处理信息的能力。"新课程的基本理念进一步强调："学生是学习和发展的主体，语文课程必须根据学生身心发展和语文学习的特点，关注学习的个体差异和不同的学习需求，爱护学生的好奇心、求知欲，充分激发学生的主动意识和进取精神，倡导自主、合作、探究的学习方式。""基于网络环境下的小学作文教学实践研究"为贯彻落实"新课标"提供了很好的平台。

## 三、课题界定

对"网络环境下小学作文教学实践研究"这个课题的界定，首先明确网络教育的概念：网络教育是一种手段，是基于网络支持的教育手段，学生可以通过网络学到很多东西，除了在课堂上通过网络进行面对面的学习外，也可借助网络提供的学习资源对课堂教学进行扩展和补充。网络教育是一种学习方式，学生面临的是不断变化的全新的学习环境，特别是虚拟现实技术的完善和更新，使学生学习的环境经历着由场所向氛围、由实到虚的转变，网络教育作为一种学习方式是以信息技术为主体，以学生自主的个性化学习和交互式的集体学习相结合的一种全新的学习方式。网络教育是一种教育理念，是对人类教育自由的崇尚与人性自然的顺应，是将教育融汇于学生的自然生活之中，按学生的生活方式、生活需要、生活习惯、生活节奏来设计提供多种教育的形式，指导学生主动地选择最适合自己的方式来学习。

为此，我们对"网络环境下小学作文教学实践研究"这样界定：在教师的指导下，在网络资源的支持下，学生主动实现写作过程中的自主收集、主动表达、互动交流、丰富表达与多元评价。它是引入现代网络信息技术，实现现代信息技术与作文教学完美整合的具体表现形式。

## 四、研究目标

通过"网络环境下小学作文教学实践研究"，我们力求达到以下目标：

（1）研究网络环境下小学作文教学的新型模式与先进方法；

（2）探讨有关网络环境下小学生作文教学的理论问题；

（3）研究信息技术与语文课程整合途径，建立高度交互的作文教学模式；

（4）在学校网站为每一位学生开放网络空间展示学生作品；

（5）运用信息技术培养学生获取、分析、处理、发布、应用信息的能力；

（6）探寻更广阔的作文教学空间，培养学生的习作兴趣，提高学生的习作能力；

（7）探索"网络环境下小学作文教学"的现实途径和教学规律；

（8）运用网络信息技术进行创造性教学，形成愉快的学习氛围和融洽的师生关系，促进学生学习效率的提高。

## 五、基本原则

### （一）整体性原则

基于网络环境下小学作文教学是一个整体，它是由教学信息、教学媒体、教学结构、教学技能、教学环境、教学方法等多种因素组成的一个系统，对研究课题的各个要素，研究的系统、结构、过程和方法进行整体优化。

### （二）必要性原则

在作文教学中多媒体辅助手段要用在关键处，解决作文教学的重点、难点，引发学生思维，厘清学生思路，力求用得恰到好处，不要单纯为用而用。

### （三）交互性原则

网络作文教学可以让更多的学生参与到作文学习中，如用实物展台，展示学生的作文，用摄像机让大家看到学生在学习活动中的表情，千方百计地调动学生参与的积极性，学生把自己刚刚完成的作文，通过网络展示，让师生、家长或网友来欣赏、评价、修改、激发学生写作兴趣。

### （四）可行性原则

网络作文教学根据自己学校和学生家庭的实际能力和条件，用计算机、实物投影等多媒体设备来进行多媒体作文辅助教学，要因地制宜，量力而行。

### （五）辩证性原则

无可否认，目前利用网络进行作文教学有其不可忽略的弊端，但这些缺陷和它的优点相比是微小的，我们可以通过清楚的预判和有效的管理，尽可能地克服它。

### （六）面向全体和个别差异相结合的原则

基于网络环境下的作文教学，应该给每一个学生参与网络环境下合作、探究学习的机会。在学习过程中，教师要注意观察学生学习的情况，防止部分优秀学生控制和把握全局，引导学生注意让每一个学生在学习中都有所收获，享受和承担网络环境下合作、探究学习的权利和义务。

### （七）形成性评价原则

基于网络环境下作文教学的评价，应重视问题意识，培养信息素养，发展实践能力，实现情感体验，强调团结协作。因此，根据不同层面的作文课程目标，采用不同的评价方式，如基础目标的"自我调节式"评价，伴随性目标的"情境诊断式"评价，表现性目标的"展示表现式"评价等。

## 六、研究内容

（1）基于网络环境下的作文教学如何贯彻落实"新课标"的研究。

（2）基于网络环境下学生作文能力评价的研究。

（3）基于网络环境下学生学习习作心理的探索。

（4）小学作文素材网络化的研究。

（5）信息技术与语文课程整合，建立高度交互的作文教学模式的研究。

## 七、研究对象

四年级至六年级各出一个实验班。

## 八、研究步骤

（一）第一阶段

1. 课题的确立与申报。

2. 师生共同学习相关网络知识及多媒体信息技术。

3. 初步探索利用网络资源进行作文教学的途径与方式。

4. 初步探索网络环境下作文教学的相关理论。

5. 引导学生了解网络化作文教学的一般模式。

（二）第二阶段

1. 初步探索将作文教学与网络信息技术进行整合的研究。

2. 进一步探索网络环境下小学作文教学的相关理论。

3. 继续学习多媒体信息技术，建设好学生网络空间，并在一定范围内介绍推广。

4. 鼓励和指导学生在网站空间里建立自己的个人作品集。

（三）第三阶段

1. 组织展示网络环境下作文教学的研究课。

2. 进一步探索网络环境下作文教学的相关理论。

3. 组织和参加征文比赛、鼓励网络投稿。

4. 举行优秀个人网络作品集的展示和评比。

（四）第四阶段

1. 完善并形成网络环境下作文教学的理论体系。

2. 完善学生集体主页及个人网络作品集的。

3. 在校刊校报《绿苑》《绿苑通讯》刊登学生作品。

4. 组织在一定范围内交流汇报课题所取得的经验与成果。

## 九、成果形式

（1）基于网络环境下新型作文教学设计方案。

（2）有关课题研究的论文。

（4）编印学生在网络环境下的习作成果集（作品）。

（5）课题研究的阶段性报告。

（6）课题研究的总结性报告。

**附一：课题研究论文**

### 灵感在指尖激荡，文采在网络飞扬

　　小学语文课程标准指出现代社会要求公民具备良好的人文素养和科学素养，具备创新精神、合作意识和开放的视野，具备包括阅读理解与表达交流在内的多方面的基本能力，以及运用现代技术收集和处理信息的能力。日新月异的网络时代必将给小学语文教学的阅读方式、写作方式带来深刻的变革，也对小学作文教学提出了新的挑战。作为现代小学语文教师，我们要积极探索将先进的教学思想与多媒体信息技术相结合的教学形式，建立让学生自主、合作、探索、创造的学习环境，有效地运用网络这一互动媒体开发学生的潜能，为作文教学注入新的内涵，让作文与网络同行，使作文教学改革出现一个前所未有的质的飞跃。

## 一、情景交融，教学手段网络化

我们利用作文教学光盘等多媒体教学软件，建立了小学生习作训练的新体系与新秩序。通过创设生动形象、丰富多彩的小学生生活情境、实物情境、艺术情境、语言描述情境等，激起学生的好奇心和审美情趣，以及愉悦的情感反应，使作文课堂教学出现生机勃勃的景象。

### （一）创设情境，提高习作兴趣

运用直观、形象、新颖、感染力强、可控性强的多媒体，调动学生观察、思维、联想和想象等智力因素以及动机、兴趣、情感、意志等非智力因素参与习作活动，形成最佳心理状态。

### （二）提供素材，丰富习作内容

运用先进的多媒体技术，突破时空限制，将人、事、景、物等生动形象地展现在学生眼前，为学生提供习作素材，解决"巧妇难为无米之炊"的问题。让学生感到有话可说，有话可写。

### （三）强化观察，突破习作难点

根据认知规律，小学生还不能系统化地观察，也不易分清主次，往往注意了各种无意义的表征而忽略了有意义的特征。运用多媒体辅助手段就能够解决作文教学的重点、难点，引出学生思维的难点，厘清学生的思路。但在运用过程中要力求画龙点睛，绝不单纯地为用而用。

## 二、沟通交流，作文方式网络化

抓住校园网开通个人空间之契机，引导学生学会在网上直接输入作文，利用校园网上传作文，在校园网内共享、鉴赏、评点。在四通八达的网络快车上拓展全新的作文交流渠道、交流方式，让学生由"会作文"走向网络上的"互荐互赏作文"，充分体验被关注被赞赏的愉悦。

在网络环境下，教师通过电教控制平台与学生相互交流。学生在教师集体或个别辅导后，可以自主习作，也可以向老师、同学请教，还可以借助作文网络资料库学习，随后在计算机上击键成文，并利用校园网上传自己的作品。当学生在学校网站看到自己的作品时，自信心和成就感便会油然而生。在此基础上，引导学生利用校园互鉴互赏、相互评点，共享资源，互促互进。

### 三、自主作文，共享方式网络化

21世纪是一个网络化的时代，习作共享方式也应该实现自主开放。学生家庭千差万别，家庭条件参差不齐，学生在家里完成的习作可以自己上传到学校网站个人空间，方便大家留言评点，也可以通过家庭与学校的互联网上传到教师邮箱，老师批阅后上传到学校网站作文专栏。如果家中计算机不能上网，可以用优盘拷给老师批改，家里没有计算机的同学还可以请家长、亲朋、老师或同学帮助解决。

### 四、范围开放，题材选择网络化

在网络环境下，习作过程应该是全体学生积极参与的全方位的开放过程。

首先，要将习作范围向社会生活全方位开放。教师不能仅仅局限在教材单元内的习作要求上，应把学生的视野引向万花筒般的社会生活，让他们关注、调查、分析、思考社会热点问题，增强社会责任感，进而增智广识，提高洞察力、判断力和思维力。

其次，把作文的主动权还给学生。作文选题面向学生的生活、思想、认识、情感、志趣以及知识水平，打开写作主体的封闭式的"思维黑箱"，注重写作主体的个性张扬。让学生在自愿的基础上，发掘潜能，培养兴趣，在现实世界、内心世界和网络虚拟世界三维世界里自由走笔，倾诉自己独特的生活感受，深刻的人生感悟，崭新的科学认知，难忘的情感历程，奇异的梦幻境界，点亮生活的多彩光柱。

## 五、愉快反馈，评改方式网络化

对学生习作的精批细改，已经不再是教师的个人"专利"，应实现习作评改的多渠道开放。可以采取习作者自评、同学之间互评互改、任课教师评改、家长评改、亲友评改等多种评改方式。还可以通过组织征文比赛、鼓励网络投稿、举行优秀个人网络作品集的展示和评比等丰富多彩的形式充分展示教学成果。通过不同层面批改和交流渠道的开通，为学生习作提供快捷、愉悦、满意的反馈，让学生充分享受写作的乐趣，体验成功的快乐。

基于网络环境下小学作文教学能积极引导学生主动实现写作过程的自主收集、主动表达、互动交流、合作探究、丰富表达与多元评价，有其特有的前瞻意识、技术优势和时代特征。随着信息时代的发展和进步，作文教学网络化的发展趋势是不可抗拒的。我们应该对它加以科学的研究，让更多学生的自信在键盘上流淌，灵感在指尖激荡，文采在网络飞扬！

### 附二：学生许新雨的部分网络习作

### 今晚，我哭了

许新雨

今晚，我哭了，哭得很伤心。其实我也不想哭，但是，我的眼睛不争气，泪水哗哗地流了下来。

我想起了我的母校——洪楼二小，想起了我的老师，想起了与我走过六年风雨历程的同学（学前班到五年级）。记得当时我妈妈在洪楼二小上班，我便早早地上了学前班。从那时起，学前班的老师们让我懂得了很多知识。后来，我跨入一年级，老师们教给了我许多做人的道理。在母校的六年中，我从一个无知幼稚的孩童逐渐成长为一个懂事的少年。

在洪楼二小的六年夯实了我的文化基础，洪楼二小让我懂得了友谊的真正含义。友谊是真诚的帮助，友谊是细心的呵护，友谊是不可随意虚掷的，需要好多人一起来维护，友谊的感觉既温暖又感人。记得有一次，上美术课时，我忘带橡皮了，老师一向严厉，上课不让借任何东西。但是，马骏驰却借给我橡皮，甘心为我"挨批评"，我非常感动。

还有一次，我的单元测试考砸了，同学们知道了，没有取笑我，更没有放弃我，主动帮我复习功课，结果在同学的帮助和我的刻苦努力下，我在期中考试中取得了优异成绩。这些事情虽小，但使我感受到了友谊的温暖、友谊的珍贵。

想起了我的母校，想起了我的老师，想起了我最珍贵的友谊，我想哭，想放声大哭。哭着哭着，泪眼模糊中一张张熟悉的笑脸，一张张看了六年也看不厌的笑脸浮现在了我的眼前。

文章被以下用户所推荐：

Prettysky cloudxu1 yxwb HAHA67

## 儿子哭了

### ——妈妈回《今晚，我哭了》

发布时间：2008-4-11 12：44：00 心情随笔 | By：蓝枫（我的网名）

晚上，老公值班，我下班回到家做好饭和儿子一起吃了倒头便睡。大约1小时后忽然醒来，看到儿子房间的灯还亮着，便喊："许新雨，许新雨，干什么呢？还不睡觉！"连喊几声后，终于从房间里传出不耐烦的声音："写东西呢！"我想：难得儿子有这自觉性主动写东西，写吧！于是我带着几分欣慰闭眼又睡。

又过了1个小时左右的光景，许是母子之间的心灵感应吧？我从迷迷糊糊中醒来，儿子房间的灯依然亮着，看看表此时已经 11：40 了。这次我有些沉不住气了，再不睡觉明天起床成问题！我一骨碌爬起来大步流星走到儿子房间想大发雷霆，谁知，推门一看，眼前的景象出乎我的预料！儿子正倚在床头上抽泣。

长大后很少哭的儿子今天怎么了？我静下心来问："儿子，怎么啦？"我把声音放柔和了。起初儿子不想说话，但禁不住我再三追问，他终于开口了："我想起了二小的老师和同学。"看这局势我得发挥我做思想工作的"优势"（多年带高年级班主任养成的习惯）了，毕竟是我"一意孤行"把儿子转到洪三小来的。

记得当时，在三小遇到了教儿子的老师来校参加活动，顺便了解了一下儿子在校的表现（我是一个失职的母亲，即使在洪二小工作时也不常关心儿子的学习，总是把工作放在第一位，忽视了对儿子学习的指导），从老师的口中我意识到了儿子的表现不容乐观。在这之前，儿子也曾经跟我谈起我调出洪二小后他的失落："妈妈，我每次走到三楼想进教导处时，看到坐在你座位上的不是你了，我就有点儿不对劲儿。"我明白他所说的"不对劲儿"是一种怎样失落的感觉。知子莫如母啊！那时心里也隐约有一种让儿子转学的萌动，但没有做出最后的决定。儿子都六年级了，教他的老师都不错，他和二小的老师同学已经有了五年多的感情了，这时转学对他未必有利。可后来的一件事使我终于做出了儿子转学的决定。吃上小饭桌的他，中午在外边和一帮小伙伴除了玩还是玩。平时由于各忙各的我很少和他打照面，作业做得失去了章法，学习成绩直线下降。当了解到这一情况后，我再也沉不住气了，狠狠地教训了儿子一番，转还是不转？我给了儿子两天的思考时间（周六、周日，周一作决定！），结果，周日儿子毅然答应了转学到洪三小。

儿子来到洪三小后受到了领导师生的欢迎，都给予他诸多的帮助和关爱，致使他在各个方面都有了明显的进步。对他影响最大的是那次运动会被大队辅导员王丛丛老师选上当升旗手。回到家一脸的兴奋，不停地跟我讲王老师到他班里选旗手的过程，还认认真真地按照王老师的要求反复练习"用力一甩"的动作。他在学校丰富多彩的活动中得到了锻炼，提高了综合能力，随着年龄的增长他逐渐懂事了。

他逐渐学会了自己照顾自己，回到家先写作业，写完作业看书，时不时地还自己做饭，好几次因为我和他爸晚上加班自己煮方便面或煮"另类面条"。学习上他也在逐渐入门，经常向我传达他受到老师表扬的信息。面对他各方面的变化我很知足。

经过盘问我才知道儿子哭是因为放学后他到二小给同学送《毕业留念》去了，故地重游，触景生情，想起了在二小的点点滴滴，忽然萌生了回二小的念头。针对他的思想状况我和他聊了很长时间，首先我肯定了他的这种想法很正常，然后我又从"人生变幻无常"的角度给孩子讲我们应该学会以变应变，而且人生没有不散的筵席，即使你再回到二小，也不过还有两个多月的时间就小学毕业了，届时又会面临和三小老师同学的别离之苦。我们母子第一次像朋友一样站在"成人"的角度去谈人生的好多事。懂事的儿子最终还是同意继续留在三小不再转回去，他说只不过是随便说说而已。

儿子这种恋旧的感觉我也常有，自从2007年8月17日来到新单位洪三小后，一直小心谨慎不在各种场合把单位名称说错，我努力的效果还不错，一个多学期以来没有犯过这样的"错误"。今天我受儿子的影响，在本校区运动会动员会上竟然说成了"努力为洪二小增光添彩"，同学们马上异口同声地给我纠正！我连说"对不起"。

恋旧，是人之常情，祝愿儿子在今后的人生路途中学会面对随时都可能出现的各种挫折，在一次次的历练中逐渐长大！

（备注：此文在洪家楼第三小学网站博客中发表后得到了学校老师的广泛关注，老师们的劝慰，使儿子很快调整好了自己的情绪，并感受到了三小的关爱。以下是部分老师的"回复"，在此我代表儿子，代表我全家向关心儿子成长的同人们表示衷心的感谢！）

Re：今晚，我哭了

[2008-4-11 22：13：29|By：cloudxu1]

外表坚强的男子汉会如此情感细腻，为你与同学纯洁的友谊感动！

以下为 xvxinyu234 的回复：

谢谢！

Re：今晚，我哭了

[2008-4-13 20：28：34|By：yxwb]

男儿有泪不轻弹，只是未到伤心处。

男人哭吧，哭吧，不是罪！

真的没想到，外表坚强的许新雨竟然有如此丰富细腻的情感世界！

我也为你这份真挚的感情所感动！

非常抱歉，当初答应陪你一起打乒乓球的，半年多了，一直没有兑现，改天咱俩切磋一下球技如何？

Re：今晚，我哭了

[2008-4-14 9：06：58|By：kuailefeixueer]

为你与同学的这种纯真的友谊而感动！

Re：今晚，我哭了

[2008-4-14 13：53：27|By：sunny0707]

就让晶莹的泪水浇灌纯洁的友谊吧！如此，友谊之花会更灿烂！相信你会在回忆中慢慢长大，成为真正的男子汉！

## 爱的力量——观《暖情》有感

发布时间：2008-3-9 20：51：00 情感天地 |By：xvxinyu234

今天，我们全家一起看了《暖情》这部电影，非常感人。

影片讲了一个名叫冬冬的孩子，妈妈下岗，靠爸爸一个人的工资维持整个家。一天，爸爸也突然下岗了。妈妈就跟一个朋友去大连不管他们了。

东东和爸爸想妈妈，就踏上了去大连的寻母之路。在大连，爸爸只能靠收废品和扫马路来挣钱，还要和孩子一起寻母。一天，冬冬发现了一个钱包，打开一看，里面有很多钱。这可是能让他们不再天天辛苦的希望啊！但他和爸爸没有要，而是物归原主。他们的事迹在电视上播出时被妈妈看到了。她悔恨交加，终于想通了，于是，冬冬又有了一个完整的家！

看了这部电影，我觉得我和冬冬差距非常大。我有一个完整的家，父母都有工作，也都很爱我，要什么就有什么，而我却没有冬冬懂事。是什么促使他非要找到妈妈呢？我觉得，应该是爱，爱是天底下最神奇、最温暖、最珍贵的东西。孩子爱父母，父母也爱孩子，这才是一个完整的家，但是，有的父母放弃了自己的家人，放弃了爱，难道爱是这么容易被摧毁的吗？不是这样的，应该从自己身上找找原因，家里缺谁都不行，孩子是家里的希望，爸爸是家里的顶梁柱，妈妈是家里的"主要人物"，缺一不可。

希望那些没有完整爱的家庭，能让爱早日回归，重新拥有一个充满爱的完整的家！

此文章被以下用户所推荐：

Prettysky yxwb HAHA67

Re：爱的力量——观《暖情》有感

[2008-3-9 22：26：49|By：prettysky]

聚父母孩子的合力所产生的爱，他的力量是巨大的。

Re：爱的力量——观《暖情》有感

[2008-3-10 16：20：13|By：maxiuping]

有的父母放弃了自己的家人，放弃了爱，难道爱是这么容易摧毁的吗？这句话问得好。我们都相信：爱的力量坚不可摧！

韩芳老师回复：

你又一次被电影剧情所感动。我没有记错的话，这是你继《阳光天井》以后的第二次感动吧！你道出了残缺家庭孩子的心声，也给部分"自以为是"的大人们敲响了警钟。

附三：师生"宅"家一起当主播

## 师生"宅"家一起当主播

疫情当前，老师当主播，天经地义。让我们小学生也当主播，是不是有点"过"啊？

牛！牛！就是这么牛！我们的语文老师牛得不得了！经常布置新奇的作业："声"援武汉、网晒"我"的一天、网络辩论、网络联欢、今天"我"掌勺、春游踏青……这不，又心血来潮，让我们都当网络小主播啦！

播啥？老师可不管，只管让你自己想。老师为布置这项作业也是煞费苦心啦！2020 年 2 月 24 日布置作业让我们"想"：如果让你当某电视台或网络平台栏目主持人，你准备给自己的节目取什么名字？并想想第一期的主持内容，提前在心里谋划谋划，明天写出来。

想就想，这可难不倒我们六·二中队的队员们，这是孙老师的一贯作风，我们已经习惯啦，何况这种作业也是我们最喜欢的！所以心里都有自己的"小九九"。

从一年级开始孙老师就让我们上讲台讲这讲那的，自己想怎么讲就怎么讲，只要是正能量的东西都可以，我们的胆子早就练出来啦！

2 月 25 日，按照孙老师的"谋划"开写呗！因为早有"预谋"，所以写稿子也不是啥难事儿。大家都根据自己感兴趣的领域到处搜罗资料，现在网络这么发达，收集资料小 Case！

汇总资料变成自己的主持稿，我们也不觉得难。刚刚举行完题为"小学生戴电话手表的利与弊"网络辩论会，你们是不知道啊，我们各个口若悬河、滔滔不绝！不管正方还是反方，谁怕谁啊？

写完主持稿，老师让我们发到 QQ"老师助手"里，每完成一项作业老师会给一朵小红花。虽然我们嘴里都说："这么大了还得小红花？拿我们当小孩儿啊！"可是说归说，其实心里还是挺在乎的！写得好的话，说不定老师还会另外奖励一朵小红花哩！

我们知道，写完了就得录。好多学有余力的同学早就开始对着镜子拿捏表情，练主持词啦！都希望镜头前的自己完美些。

同学们变换着解数，用各种招儿把自己拍得美美哒！个别同学还故意变换语言节奏和声调让自己的主持风格个性化。你还别说，我们面对镜头，一次比一次轻松自如，一次比一次落落大方，这也是孙老师 2 月 26 日布置的录制要求啊！

"希望这次比前几次表现轻松自如，大方有风度。"

我们不负师望，开设了五花八门的主播栏目：疫情之声、新闻直播、主持人大赛、文坛诗骨、教你做美食、挑战自我、美食风暴、舞蹈之声、海洋世界大揭秘……我印象深刻的是司响同学主播的节目取名"'响'说"，用自己的名字取题，是不是很有创意啊？

好！好！好！不说了，快点儿看看历城区文苑小学六·二中队队员们的主播风采吧！

"快乐小主播"路毓璇和张嘉韵同学有机会和孙老师"同台竞技"（三人的主播内容发在同一篇微信公众号文章里，一篇文章里只能发布三个视频）。路毓璇和张嘉韵主播的栏目分别是《海洋大揭秘》《均衡搭配饮食》。

瞧瞧！瞧瞧！我们这群小"魔王"是不是有点儿太"疯狂"？这怪不得我们，是孙老师先"狂"，我们才"疯"的！

孙老师百忙之中在抖音上开设《蓝枫家教》栏目，率先当网络主播，给我们的家长上课！真想让家长都好好去听听孙老师的《给孩子留点"空白"》《别把孩子当"猫"踢》等家庭教育微课，学点亲子相处之道，别让我们这些小"神兽"们太压抑，别把亲子关系搞得太紧张，给我们"神兽"留点儿喘息余地！难道不是吗？家长好好学习，"神兽"才能天天向上啊！

这个假期，非同一般。我们在小学阶段的最后一个寒假延期开学，在家的日子有点儿长，但有老师隔屏的陪伴，我们倍感温暖。相信这段宅家学习的日子，会永远铭记在我们心中，因为这是一段特殊而又美好的回忆！

【活动反思】

"宅家主播"活动激发了学生的创作热情，纷纷从不同的视角谈自己感兴趣的话题。主播节目众彩纷呈：《旅游达人》《文坛诗骨》《教你做美食》《主持人大赛》《海底大揭秘》《均衡搭配饮食》《疫情之声》《动物世界》《美食风暴》《新闻节目》《"响"说》《网络时代》《我要挑战》《朋友》《新冠肺炎病毒》《诗情画意》《感恩老师》……不少同学取了很有创意的名字，比如司响同学主持的《"响"说》，以自己的名字取题，李赫齐同学竟然从每位学科老师的 QQ 相册里找了许多代表性的照片，逐一表达对老师的感恩之情。

同学们的主播内容视野开阔，天文地理、人文科学，从古到今，从国内到国外都有涉及，用自己的"口才"阐释了自己对"社会主义核心价值观"的理解。从收集素材、整理素材、汇集成文、流利表达等系列过程中，经历整个道德实践过程，胜过师长一味说教。

"宅家主播"活动紧紧抓住实践这个基本环节，有针对性地让学生去经历、去感悟，把基本的做人做事的道理转化为青少年的内在品德，使道德教育在具体的道德实践活动中完成，达到了让学生自我参与、自我娱乐、自我教育、自我体会、自我提高的目的。

传统的道德教育往往凭借"我讲你听"单方面的生硬灌输，靠枯燥的说教来"包打天下"。实践证明，这种被动式的德育形式极大地妨碍了学生自觉自愿精神和主体意识的形成，违背了自主学习论等教育理论。

新课改倡导自主合作探究式学习，把学生放在主体地位上，培养其自主学习能力是现代教育的重要任务。"宅家主播"活动有效地践行了自主学习论。自主学习论是一种与知识经济时代、与现代学习社会相适应的教育理论，要求学习者首先使自己成为主宰自己的主体，才能实现自主发展。"宅家主播"活动让学生通过实践，对客观世界做出客观正确的评价，从而对自己的道德行为进行自我激励、自我控制、自我调节，有助于形成正确的道德观念，提高道德素质。

第三章　基于核心素养的语文教学实践

# 第一节 "群文阅读"教学实践

## 一、初识群文阅读

2017 年 9 月 22 日，我在洪楼小学听了河北省石家庄市兴华小学聂艳华老师的一节《你是儿歌，我是诗》群文阅读课，受益匪浅。关于群文阅读，在这之前只是耳闻，这次现场观课使我真正走近了群文阅读。

常人眼中的语文教学，是扎扎实实地学习语文课本中的每一篇课文，从字词句段篇到过程方法、情感态度价值观。一学期下来我们所教给学生的仅限于课本中的 30 篇左右的文章，即便是在课堂教学环节中进行课外拓展，也只是浅尝辄止。

群文阅读讲究在较短的单位时间里针对一个议题，进行多文本的阅读教学。它是在特定主题的引导下广泛阅读，通过阅读积累，拓展学生的知识点和阅读量。

阅读能力是现代公民必备的基本能力。要发展学生的阅读能力，只能通过大量的阅读，群文阅读让课内大量阅读有了有效的实施路径。

在《你是儿歌，我是诗》这节课中聂老师先让学生自主探究。老师给出五首儿歌，让学生自主选择两首，自主选择音乐配乐朗读，学生在选择音乐的过程中发现了儿歌的特点，在一遍又一遍地诵读中找到了儿歌让学生开心的密码：押韵、短小整齐、简单直白、有画面感。然后老师又出示两首儿童诗，生读、师读，让学生对比师生读的有什么不同，同学们很自然地总结出了儿童诗的特点：不一定押韵、句子长短不齐、有味道、想象力丰富。最后老师让学生进行想象练习,出示课件"月牙"让学生大胆想象，先说后写，把自己的想象写在纸上，做到了读写结合，体现了部编教材视角下的语文教学要重视知识的建构与应用这一要义。

就这节课的题目来看就很有趣,借鉴了"你是风儿,我是沙"这句歌词，明确儿歌和儿童诗是两种不同的题材,同时又蕴含着两种题材之间的必然联系，这就应了群文阅读的内容特点：同类异质。教师利用灵活多变的教学方法，引导学生对两种题材的"异质"进行了有效探寻，这样的学习过程要求师生具备"第三只眼"，才能多角度地发现和领悟，使学生的创新思维得到训练。

要想有效地组织群文阅读教学，要求教师用"第三只眼"慧眼识文，从茫茫文海中寻找"同质"文章。需要教师阅读大量的文章，筛选其精华用于群文教学。教师在寻找、阅读的过程中丰厚了自己的文化底蕴。而学生在教师精心选择的"群文"中必须通过"第三只眼"变换不同的角度，"横看成岭侧成峰"，多角度思维，以更客观、更全面、更透彻的眼光看问题。显然,这样的教学对于师生综合素养的提升是大有裨益的。"第三只眼"是通往深层内在与高层意识的门路，对于群文阅读来说培养的是学生高阶思维能力。在群文阅读中学生可能表现得不如常规教学那样热闹，然而老师提出问题学生纷纷举手，没有磕磕碰碰，顺畅如流的课未必是好课，在课堂上学生能静心思考，有深度地思考，才能让学生的思维真正活跃起来。

聂老师的这节课是一节异常成功的群文阅读课，教师步步深入地引导孩子们认识儿歌与儿童诗的不同，进而明白了儿歌与儿童诗的各自特点。教学中教师通过让学生们进行大量的朗读感悟，又通过对比以及反复的思考研究，总结出了两种题材的不同之处。

从这节课上我看到了群文阅读对学生语文综合素养提升有不可替代的作用，在兴趣的驱使下，我开启了群文阅读的研究旅程。

## 二、探究群文阅读

群文阅读怎么教？抱着求知的心态不断地学习与思考，对此有了大体的了解与认识。

### （一）什么是群文阅读教学

群文阅读是一种特殊的阅读教学形态，是中小学语文教师在常规阅读教学活动基础上的创新。其理念是语文教师遵循阅读教学原则，以接受美学理论为指导，在特定的时间和环境中将一组文章以一定的方式组合在一起，指导学生阅读，在阅读中发展出自己的观点，进而提升阅读和思考能力。

群文阅读教学就是师生围绕着一个或多个议题选择一组文章，而后师生围绕议题进行阅读和集体建构，最终达成共识的过程。群文阅读教学的优势体现在：通过比较，学生自己会有所发现，利用群文反复练习多个议题的文章能够促发学生真正的思考。

### （二）群文阅读教学原则

在群文阅读教学中，必须坚持一定的原则，才能实现预期的教学目标。

#### 1. 创新原则

要坚持创新的原则，就是要把创新意识和有效的创意都融入群文阅读教学中去，让群文阅读能够在创新中不断完善，在创意中让学生享受到阅读的乐趣。

#### 2. 实效原则

要坚持实效应用的原则。实效就是要让群文阅读教学真正达到提高小学生语文水平的目的，达到懂得阅读、学会阅读的目的。

#### 3. 以点带面原则

要坚持以点带面的原则，因为以点带面可以实现"一文带单元""一篇带多篇""一本带多本"等多项教学目标和教学策略。

### （三）群文阅读策略

在小学语文群文阅读教学中，需要采取相应的教学策略和教学方法加以辅助，才能确保群文阅读教学的成功。

### 1. 默读和浏览策略

群文阅读要区别于单篇阅读。单篇阅读更侧重于精读，而群文阅读多采用默读、浏览、边读边思考、略读的方式进行。让学生在有限的时间里阅读群文，没有必要把过多精力放在体会、咀嚼、品味语言上。默读、浏览，侧重于信息处理。在教学中，要想锻炼并且提升学生的默读、浏览水平，课堂里提出方向明确、高质量的探究性问题是关键。

### 2. 小组对话和讨论策略

群文阅读课堂教学应以学生为主体，小组合作、分组讨论、分享对话等读书会形式的学习，应该成为课堂教学的主要方式。分组讨论的有效性取决于三点：第一，讨论的问题要开放、多元，每个学生都可以有自己的角度，要有可参与性，每个学生都可以补充、发表自己的观点，有话可说。第二，师生讨论、对话过程中，教师对学生的回答不作简单的对与错的判断，而是充分鼓励、引导、点拨、启发，给学生创造坦率、自由、富有探索性的氛围。在整堂课里，老师要充分展现出高超的与学生"对话"的技巧和智慧，方能调动学生思维的积极性。群文阅读对教师教学方法措施的要求比较高。要用真诚的、充满尊重与爱的引领逐渐让师生对话层层深入，学生思维不断被激活。第三，学生需要具有一定的讨论技巧。通过讨论交流，能够拓展群文阅读的深度和广度。在整堂课上，教师要着力培养学生善于倾听、愿意分享的习惯。

### 3. 比较阅读策略

"比较"是群文阅读用得最多的阅读教学策略：横向比较，纵向比较；比较相同点，比较不同点；比较内容方面的，比较表达形式方面的……"比较"可以让学生在阅读中有所发现。

### 4. 探究性策略

群文阅读不光是要读，而且还要思。如果仅仅是加大了阅读量，而没有通过比较、猜测、推论、反思等方法对文本进行探究性思考，这样的群文阅读活动显然是流于形式的。祝新华教授在他的《六层次阅读能力系统及其在评估与教学领域中的运用》一文中,把阅读能力分为六个层次:复述、解释、重整、伸展、评鉴、创意。不少阅读教学都是在复述、解释上下功夫,略微涉及重整能力的训练,对后三种能力的培养则常常忽视。这就让学生的阅读能力总在浅层次的能力系统中徘徊。群文阅读教学着力于学生深层阅读能力的培养。

聂艳华老师那种充满思维含量的课堂,正是当下不少语文课堂所欠缺的。这样的阅读会影响孩子的一生,这样的阅读才能为孩子的未来发展奠基。

### 三、问道群文阅读,创生多维好学堂

2017 年 12 月 8 日,有幸赴重庆市人民大礼堂参加了第七届儿童阅读与语文创意教学观摩研讨活动。来自全国 26 个省市 3500 余名教师因群文阅读而聚。本次活动以“群文阅读:基于统编语文教材的课程探索”为主题,活动口号是:群英荟萃,守正创新展群文风采;群贤毕至,含英咀华谱阅读新篇。

与会专家如云,11 位来自重庆、四川、贵州、湖南等地的教师展示了风格各异的群文阅读课。课堂教学立足研讨活动主题,从课外拓展、教材 1+X 和整本书导读单个切入点进行了精彩的课程探索。

### 第一天 群贤毕至,论剑会堂

第一天我们首先聆听了邓心泉、臧永清、刘涛、王雁玲、钟燕、陈云龙、宋乃庆七位专家的致辞。著名儿童阅读推广人,语文阅读研究专家,树人教育研究院院长王雁玲,在致辞中历数七年群文阅读取得的成绩,称群文阅读教学是静悄悄的革命,向与会教师发出呼吁:将群文阅读的种子带回各自学校,让它生根、发芽、开花、结果。中国教育学会会长,重庆市教育学会会长钟燕对群文阅读的意义做了深入阐述,最让我们记忆深刻的一句话是:“参与群文阅读,孩子们会看到更多的可能性。”教育部基础教育

课程教材发展中心课程处处长陈云龙强调：群文阅读既是一种理念，也是一种方式，更是一种表现形式，群文阅读是应语文教学需要而产生……

西南大学教授、博士生导师，教育部西南基础教育课程研究中心主任宋乃庆指出：群文阅读发展迅速，因为它抓住了三个关键：中小学生素养、语文核心素养、PISA（国际学生评估项目），在这样的背景下产生。它通过对教学内容的改变，引发课程教学方式、学习方式的改变，也引发我们语文老师教学方式的改变。

专家致辞后，观摩了两位语文教育专家的群文阅读课。第一节是四川省教科院小学语文教研员刘晓军执教的《美食背后藏着什么》。教学从生活实际中孩子们爱吃垃圾食品这一现象出发，关注学生身心健康，呼吁孩子抵制垃圾食品。选文从正面选取《花边饺子里的爱》《百姓最爱食豆腐》《狗不理》三篇文章展开教学，关注了中国传统文化的教育。

第二节是台湾著名语文教育专家李玉贵执教的《走进主角的内心》。选择《狐狸阿权》《花木村和盗贼》两篇长文，引领孩子走进故事主人公的内心。在教学过程中李老师特别重视学生倾听能力的培养，一次又一次在教学中停下脚步提醒学生学会倾听。

最后是专家现场对话。王林、刘晓军、李玉贵三位专家在第一天活动结束前进行了长达 20 分钟的现场对话，对话内容直指两人的研究课。刘、李两位专家认真反思了自己的课堂教学，阐明设计理念的同时，也总结了课堂教学中的不足，专家王林老师给予二人客观公正的评价。在一问一答的过程中，让我们看到了大家风范。

随后，来自祖国各地的教育专家纷纷登台，仁者见仁，智者见智，用不同的方式呈现了自己对群文阅读的理解，大会堂里充满了论剑的味道。

### 第二天　群英荟萃，各显神通

当天的 10 位竞课老师逐一登台，各个自信满满，镇定自若，彰显了名师沉着大气的课堂教学风采。

贵州省吴堃老师执教了《走进哈利·波特》。吴老师以《哈利·波特与魔法石》这本小说为例，通过读书名、读作者、读封面、读主要内容、读目录等流程帮助学生掌握读整本书的方法。在精彩片段赏析中引导学生发现魔幻小说的特点，引用电影片段与文本对比，突出了群文阅读的特点。

广东省许利平老师执教了《有趣的改编——武松打虎》。许老师选用小说《武松打虎》，山东快板《武松打虎》，评书《武松打虎》，京剧剧本《武松打虎》四篇文章，引导学生运用速读、批注、比较、交流等方法，感知同一故事用不同体裁表达的不同效果。

辽宁省李莹老师执教了《童趣》。以《表里的生物》《冬阳·童年·骆驼队》《挖荠菜》三篇文章组文，体会不同作者笔下不同的童趣，鱼骨形思维导图式板书设计巧妙。

湖南省黎柏良老师执教了《奇妙的数字》。课上黎老师借助《雪花》《七个阿姨来摘果》《数青蛙》《数字的挑战》四篇文章，引导学生发现数字的作用，同时培养孩子的思维能力，整节课孩子兴趣盎然。

河北省聂艳华老师再次在会上执教《你是儿歌，我是诗》。聂老师采用给诗歌配乐的方式，引导学生将《小蚱蜢》《妹妹的红雨鞋》《谁的耳朵》《月牙》《大年初一扭一扭》五首儿童诗、儿歌分成两类，进而对比分析使学生发现儿歌、儿童诗的特点，引导学生创编，课堂节奏明快、结构清晰，结尾展示孩子们创编的小诗歌，展现了学生独具魅力的创作风格，尤为引人注目。这是我第二次听聂老师的课，较上次在济南市历城区洪家楼小学上的那次又有了很多改进。

广西壮族自治区邓嘉予老师执教了《生活中的非连续性文本》。这是一节独树一帜的群文阅读课，邓老师选择了生活中大量的非连续性文本进行探究，注重学习方法的引领，让每位学生学有所得。

重庆市马春梅老师执教了《古代笑话中的人物刻画》。选择《打半死》《固执》《燃衣》《吝》四篇文章，让学生在读、议、填中体会古人的幽默，在比较阅读中总结古代塑造人物的方法，教师幽默风趣，随机让孩子用重庆话读文，别有一番滋味在心头。

甘肃省何晓英老师执教了《别样的愁绪》。教师选择《乡愁》《不朽的失眠》《虞美人·春花秋月何时了》三篇诗文，在对比赏析中了解愁绪，品味愁绪，引导学生从文本中发现和感悟愁的意象和内涵，鼓励学生做一个阳光、自信、乐观的人。

重庆市刘悦老师执教了《古诗中的动与静》。课堂上教师引导学生读《敕勒歌》，发现动静之美，再读古诗《出郊》《绝句》，感受动静之美，通过任务单发现动静结合的规律，最后以《夏日荷塘》写诗句、排诗序，让诗动起来。教学设计巧妙，学生思维激活，台下观众啧啧称赞。

黑龙江省张聪老师执教了《文章的线索——物》。张老师巧妙选文，以童话《卖火柴的小女孩》，小说《金钱的魔力》，散文《火车上的茶杯》来探究物象线索的分布特点及不同作用，构思巧妙，语言表达精准，不时赢得阵阵掌声。

这些课例主题各异，形式多样，有的是文体主题，有的是作家主题，有的体现人文主题与语文要素双主题，有的是群媒阅读，有的借助群文导读全书，有的读写结合，还有的采用1+X教学方式……形象生动地展示了群文阅读多元化的教学范式，给与会者留下了深刻印象。

上午、下午各有一组专家深度对谈。上午对谈的专家是：黄国才、陈翎、方东流；下午对谈的专家是：倪文锦、魏小娜、李海容。他们针对群文阅读中一些焦点问题、模糊问题及课例中存在的问题进行了解答，他们观点明确，表述清晰，专家引领如醍醐灌顶。

### 第三天　卓尔出群，守正创新

第三天上午，四川省眉山市东坡区东坡小学的覃开成老师执教了《东坡望月》。他是11位竞课教师中唯一一位男教师，他以《东坡望月》为议题，组合《江城子·乙卯正月二十日夜记梦》《卜算子·黄州定慧院寓居作》《东坡》《水调歌头·明月几时有》四首古诗词，抓住描写月亮的句子，感悟"月亮诗词"里的东坡情怀。他充满磁性的声音，拨人心弦的诗词诵读，巧妙的引领点拨，层层深入的教学设计，吸"粉"无数。

课后是我们耳熟能详的备受尊敬的统编小学语文教材主编之一，全日制义务教育语文课程标准专家组核心成员崔峦老师在热烈的掌声中登上讲台，作了题为"群文阅读再出发"的报告。

报告从"群文阅读从哪里来""群文阅读现在进行得怎么样""群文阅读要往哪里去"三个方面加以阐述。报告着重阐述了群文阅读现状及作用：群文阅读致力于阅读教学的增量提质，它改变了语文教学的格局，改变了读得少的现象，提高了阅读的速度和效率，发展了学生的思维。还对群文阅读组文成群的思路做了深入浅出的细致说明。整场报告既有理论高度，又有技术层面的指导，层次鲜明，掷地有声，给大家留下了极为深刻的印象。三天的观摩学习，深化了我们对群文阅读的认识。

### （一）问道群文阅读

#### 1. 群文阅读的特点

群文阅读，就是在语文课堂上围绕一个议题选择一组相关联的文章，引导学生围绕这一议题展开自主阅读和集体建构，最终达成共识的过程。学生在阅读、思考、交流中能够发展自己的观点，进而提升阅读能力和思考力，并能进行多方面的言语实践。它是拓展阅读教学的一种新形式，关注学生的阅读数量和速度，更关注学生在多样文章阅读过程中的意义建构，对全面提高学生的语文素养具有十分重要的意义。群文阅读教学既是对阅读教学内容的突破，也是对传统教学思想的创新。群文阅读倡导几个关键词：选文、议题、集体构建、共识。

（1）选文

所谓选文，就是依据教学需要围绕议题选择的一组文本。选文可能是文学性的，如小说、散文、诗歌等；也可能是实用性的，比如应用文等。

一组选文的最大特征就在于它们之间有着共同的议题，围绕着议题可以展开阅读教学。选文的方式有很多：

①以"表达方式"为线索确定主题进行选文。

如刘悦老师群文阅读课《古诗中的动与静》，黑龙江省张聪老师执教的《文章的线索——物》，重庆市永川区兴龙湖小学马春梅老师执教的《古代笑话中的人物刻画》，还有东坡小学罩开成老师执教的以古诗意象为主题的"东坡望月"。让学生在阅读中接触各种表达方式，达到灵活运用并能模仿，写作难题自然会迎刃而解。

②以"体裁"为线索确定主题进行选文。

如广东省许利平老师的群文阅读课《有趣的改编——武松打虎》，将《武松打虎》的不同艺术表现形式，评书、戏剧、山东快书版的同题作品汇集起来让学生解读，思考其特点，最终尝试选择自己喜欢的艺术表现形式进行改编训练。让孩子们在疑惑、好奇、不解、轻松而又充满挑战的氛围里，发现了改编的许多"秘密"。广西壮族自治区邓嘉予老师执教的《生活中的非连续性文本》，把大家容易忽视的应用文题材归类教学。还有我本人非常喜欢的河北省石家庄市兴华小学聂艳华老师执教的《你是儿歌，我是诗》，也是以"体裁"为线索确定主题进行选文的。

③以"文章内容"为线索确定主题进行选文。

以"文章内容"为线索确定主题可以有很多种方法。如湖南省黎柏良老师执教的《奇妙的数字》一课，将童谣中的数字谣归并研读。

④以"人文主题"为线索确定主题进行选文。

如辽宁省李莹老师执教的《童趣》，"人文主题"的范围广泛，又可以细分为不同的主题。以阅读为主题的"我爱阅读"；以文学名著为主题的"名著之旅"；以诚信教育为主题的"以诚待人"；以环境教育为主题的"人与动物"；以爱的教育为主题的"母爱""父爱""人间真情"等。

⑤以"作品人物"为线索确定主题进行选文。

如贵州省吴堃老师执教的《走进哈利·波特》等。

由此可见，在选文角度上可谓是"横看成岭侧成峰，远近高低各不同"。

（2）议题

在群文阅读中，议题就是一组选文中所蕴含的可以供师生展开议论的话题，一组选文中可以具有一个或者多个议题。议题的最大特征在于可讨论性，也就是说议题给予读者一个思考和赋予意义的空间，让读者可以在这个空间内发挥自己的创造性，充分与文本对话，从而形成不同见解。

（3）集体建构

所谓集体建构，就是在个人智慧的基础上，不事先确定议题的答案，师生一起共享智慧，在共享中逐步构建文本的意义，在教师、学生和文本的视野融合中形成共识。

（4）共识

要求教师在教学过程中，压制自己总想告诉学生"标准答案"的冲动，虚心倾听来自学生的意见和智慧，然后通过不同意见之间的对比分析和学生一起取得对知识的认同。在寻求共识的过程中教师、学生和教材三个主体的意见都得尊重。

（二）为什么要进行群文阅读

1. 丰富学生的阅读经验，提高学生的阅读能力

阅读是所有课程的核心和基础。教育研究者也发现，儿童的阅读能力与未来的学习成绩密切关联。学生的阅读经验越丰富，阅读能力越高，越有利于各方面的学习。

2. 顺应信息化时代的要求

在知识爆炸的年代，我们每个人每天都会接触到大量的信息，书架上名人推荐的书籍，朋友圈里刷不完的消息，收藏夹里读不完的文件，还有互联网平台上眼花缭乱的新闻资讯……

随着信息化时代的到来，对学生阅读能力的要求越来越高。它要求学生掌握信息、分辨信息、筛选信息、整合信息并吸收信息。当前的小学语文教学改革，需要从改变阅读材料和阅读策略两方面入手，加大课堂教学

容量，提高阅读教学效率。

### 3. 新课标对语文教学的要求

语文课程标准一方面提倡学生广泛阅读，如在"教学建议"部分，提出"要重视培养学生广泛的阅读兴趣，扩大阅读面，增加阅读量，提高阅读品位。提倡少做题，多读书，好读书，读好书，读整本的书。关注学生通过多种媒介的阅读，鼓励学生自主选择优秀的阅读材料"。另一方面，还特别强调学生学习方式的转变，"积极倡导自主、合作、探究的学习方式"，教师要"精心设计和组织教学活动，重视启发式、讨论式教学"。

### 4. 弥补语文教材内容的局限

目前国内使用的语文教材，大都按主题设计单元，每个单元三四篇课文，可视为另一种形式的群文阅读。不过，这种单元主题安排内容的方式，在教学中并没有很好实施，大部分教师仍然是按一篇一篇课文顺次教学。而且，教材的单元多为人文主题，如"环保""爱""自然"等。而单元中的课文，同质性较高，题材和体裁比较单一，很难进行真正意义上的群文阅读。

### （三）群文阅读的核心价值所在

### 1. 群文阅读改变的是教和学的方式

群文阅读要改变的并不只是学生的阅读材料，更重要的是要改变教师的教学方式，并由此改变学生的学习方式。学生在母语学习中，仅仅围绕语文教科书为中心的封闭教学空间是难以发生学习方式上的重大转变的，把更多的群文引入课堂中，语文课堂将不再延续原有高耗低效的教学方式，教学效率会大幅提高，教学的有效性将得以加强，学生的阅读习惯更容易养成。

当然，群文阅读并不是要取代语文教材的教学，而是对教材教学的有力补充。教材仍然是最基础、最重要的教学资源。我们还要依靠教材让学生掌握基础知识和基本技能。群文阅读不是排斥我们现有的语文教材，而是基于统编语文教材课程理念的教学方式方法的有效探索。崔峦教授在报告中也真诚地告诫大家：倡导群文阅读的同时，不要走进淡化单篇阅读的误区，要牢记单篇阅读仍是基础。

**2. 群文阅读是传统阅读教学的纵深发展**

在日常教学中，我们都发现群文阅读在孩子思维品质的培养上有着独特作用。福建省普通教育教学研究室小语教研员黄国才老师把群文阅读与国际国内一些先进的教学案例进行横向比较，发现群文阅读其实与我们所认可和提倡的综合性学习、探究性学习的理念不谋而合，它们都需要通过学生收集整理信息，并且学会灵活运用信息。群文阅读的理念，并不是新生事物，而是众多学者，众多具有先进教育理念的教师一直在尝试的教学方式，我们现在聚焦群文阅读，是将它更加精细化、步骤化，以便推动语文教学的纵深发展。

**（四）创生多维好学堂**

**1. 课堂建构**

群文阅读课堂颠覆了传统阅读课堂，告别了面面俱到的细致和透彻分析，以学生为本"提出议题—阅读思辨—建构意义"来实现课堂学习方式的改变。

（1）提出议题，让学生读有所依

有了议题，学生的阅读就可以有的放矢。一般来说，议题分为比较性议题、迁移性议题和冲突性议题。

比较性议题，就是通过对一组群文的内容和形式进行异同比较，发现规律，获得知识的议题。动物一组群文《白鹅》《白公鹅》《猫》《母鸡》，可以提出这样的议题：比较阅读群文，看看作者的构思、描写手法和情感表达有何异同？

迁移性议题，就是从一篇文章习得方法后迁移运用到其他文章的议题。群文"借物喻人"一组，先让学生阅读《落花生》，习得借物喻人的方法后，再引导学生阅读其他三篇，提出议题：群文中哪些段落也运用了借物喻人的手法？这对于文章的表情达意有什么作用？

冲突性议题，就是将文本中与学生的认知有冲突的观点提出来，开展讨论交流的议题。蒋军晶老师在引导阅读"创世神话"群文时，提出"创世神话是先人的想象，不是科学，为什么今天我们还要读？"这样的议题，能激发学生的探究欲望，通过交流，学生明白：任何事物都有其多面性，我们要学会用不同的视角去看待不同的问题。

当然，议题还可以由学生自己去寻找。我们可以让学生主动去发现群文之间的内在联系，及时加以提炼。这样，有利于推进学生阅读能力和思考力的发展，激发学生深入探究的愿望。

（2）阅读思辨，让学生读有所悟

课堂上，按照怎样的方式阅读群文，才能取得最好的效果呢？采用"类推式"阅读、"层推式"阅读和"回推式"阅读都是可行的。

"类推式"阅读。先读一篇，再读一组，让知识或技能的"点"在一篇带多篇的比较阅读中，得到反复验证，最后架构起自己的知识体系。群文"游记"一组，先指导阅读《颐和园》，师生共同画出游览路线图，再指导学生阅读《记金华的双龙洞》《雁荡行》《雨中登方山》，自己画出各篇的游览路线图，思考作者是怎样生动描写景物的。学生在举一反三的阅读实践中，巩固了移步换景、定点观察和把景物描写具体、写生动的表达方法。

"层推式"阅读。五年级群文《地震中的父与子》（精读）《慈母情深》（略读）《"精彩极了"和"糟糕透了"》（精读）《学会看病》（略读）《剥豆》（选读），先让学生读一篇，再读一篇，然后一篇一篇地读。通过这种"层推式"的阅读，在学生头脑中就很容易建构起这样的概念：父母的爱就是为孩子不辞辛劳的奉献和不求回报的付出；就是对孩子一如既往的鼓励和时时刻刻的严格要求；就是为了培养孩子独立，创造锻炼机会时的"绝情"和为了给予孩子信心，时时处处瞻前顾后、小心翼翼的言行。

"回推式"阅读。先让学生阅读群文，对主要内容、表达形式、精彩片段、心中疑惑等做适当批注，讨论交流后，整合大家的意见，再让学生阅读这组文章，集中精力进行精彩欣赏和疑惑解答，让学生的语文阅读能力在"回推式"群文阅读的实践中不断提升。

（3）建构意义，让学生读有所得

群文阅读的课堂需要引导学生进行多视角审视，全方位探究，实现知识的完整建构和主题的顺利升华。集体建构以参与者的不同意见为基础，以对他人意见的倾听、认同和接纳为核心，以形成共识为目标。

群文阅读的优势体现在：通过比较学生自己会有所发现，利用群文反复练习，多个方向的文章能够促发学生深度思考。

佐藤学先生的著作《教师的挑战：宁静的课堂革命》中有这样一句话：教师的责任不是进行"好的教学"，而是实现所有儿童的学习权利，尽可能提高儿童学习的质量。

教学的本质不仅是展示教师的才华，更重要的是促进学生的发展。热热闹闹、掌声雷动的课不一定是好课，有特色、符合课改方向的课才是好课。环环相扣、天衣无缝、一帆风顺的课不一定是好课，磕磕碰碰、一波三折、柳暗花明的课才是好课。教师提出的问题都能回答，这节课还上它干什么？真正的好课提倡学生应该带着问题走进教室，带着更多的问题走出教室。

**2. 课堂特点**

群文阅读所打造的多维课堂以学生主体、探究讨论、阅读策略、深度思考为关键词。

（1）学生的课堂

学习是学生建构知识的过程，教师应该更多关注学生的学习而不只是自己的"备课"，传统的"备课"虽然也谈到"以学定教"，但在实际课堂中，却常常是教师"走教案"。教室是学生的舞台，而不是教师的舞台。教师在设计任何教学活动时，都要问自己：学生能理解吗？学生会如何去思考并回答？有没有另外的可能？群文阅读希望突破传统语文课堂"教师讲一学生听"的课堂模式，把阅读的自主权还给学生，把课堂变成学生的舞台，让教师成为学生学习的引领者和陪伴者。

（2）探究的课堂

群文阅读的每一个单元设置，都带着阅读目标和要求。群文阅读的学习任务和传统教科书中的习题或课后思考题有本质的不同。教科书课后的习题，常常把课文切割成语言理解片段，提出的问题学生不感兴趣且不容易回答。群文阅读后的探究问题，会把学生还原为读者，设想一位读者在阅读时，他会有哪些困难，有哪些想法。因此，群文阅读的单元设置角度是多样的。

（3）讨论的课堂

没有讨论的课堂是沉闷的。群文阅读的课堂最怕的是学生的观点一致——"异口同声"，所以，教师要鼓励学生进行逆向思考。群文阅读的课堂常使用的词汇是"聊一聊""说来听听"，在轻松的词语背后是教师对讨论的引导。所以，在群文阅读的课堂，教师要学会使用这样的一些课堂引导语，为了让讨论更加深入，教师要学会提问，提出有讨论价值的问题。

（4）阅读策略的课堂

阅读策略是"学习者为了达到预期的目的或目标而选择和掌握的有意识的行为"，只有掌握了阅读策略，学生在阅读时才能举一反三，成为卓越的阅读者。涵盖了预测、图像化思考、推论、联结等内容的阅读策略，对教师来说是相对陌生的。配合各种阅读策略，教师要设计出有趣的教学活动。群文阅读的课堂，并不是完全放手让学生自学，而是在有限的时间内教给学生真正有用的阅读知识。

（5）思考的课堂

群文阅读认为，语文课要传授给学生思考的技巧。在传授思考技巧时，有两个环节必须把握：一是教师要改善课堂提问的质量，引导学生高层次的思考；二是要鼓励学生学会提问，教师要帮助学生练习如何提出一个好问题。群文阅读的课堂，强调教师要做示范，把思考的过程展示给学生。同时，群文阅读要求教师掌握一些新鲜的理解文本的方法。

群文阅读的课堂，在给教师带来前所未有的机遇的同时，也带来了新的挑战，需要教师不断学习充电，更新自己的知识结构，紧跟时代步伐，广泛阅读学习归纳总结，掌握多种教学方法，才能够轻松驾驭预设与生成相得益彰的群文阅读课堂。

### 3. 课堂类型

群文阅读主要有单元整合型、1+X 拓展型、综合探究性、书屋推介型等不同类型的课型。

（1）"单元整合型"的群文阅读课

我们的语文教材，每个单元都配有一定比例的精读、略读和选读课文。不同类型的课文相互交融，为群文阅读提供了很好的素材。

（2）"1+X 拓展型"的群文阅读课

这里的"1"就是指一篇课文，"+X"是指由一篇课文带出的群文。"1+X 拓展型"的群文阅读，实现了从课内阅读到课外阅读的顺利链接，丰厚了学生的文学底蕴。"1+X 拓展型"群文阅读课基于教材，又跳出教材。

（3）"综合探究性"的群文阅读课

综合性学习，犹如闪亮的星星散落在教材这片湛蓝的夜空中，特别引人注意。课标对每个学段的综合性学习都提出明确要求，在教材的编排上可见一斑。《轻叩诗歌的大门》以教材提供的"阅读材料"为出发点，让学生阅读，了解古诗与现代诗歌的不同特点；让学生收集同一题材不同诗人的群诗，感受不同诗人各异的表现风格；让学生收集同一诗人不同题材的群诗，如《春夜喜雨》《春望》《江畔独步寻花》《望岳》《茅屋为秋风所破歌》《闻官军收河南河北》，感受诗人精练凝重的语言，体会诗人忧国忧民的情怀……

（4）"书屋推介型"的群文阅读课

"课外书屋""阅读链接""资料袋"等板块，或以背景资料，或以阅读推荐，或以文本补充等形式零星穿插在教材中。课外，可以动员学生根据自己的喜好，自由选择其中的书籍进行阅读；课内，可以开展"读书推介"活动。可以介绍作品的主要内容，可以鉴赏有趣、动人的细节描写，可以交流自己的读后感受，也可以阐述自己推荐的理由……从课内到课外，从几篇文章的阅读提升到整本书的阅读。

**（五）实践群文阅读。**

群文阅读研究，我们一直在路上。我从 2006 年开始主持的"十一五"市级青年教师专项课题《小学语文综合性学习研究》以及我在"十二五"期间主持的区级重点课题《小学语文综合性学习策略研究》与群文阅读的理念相吻合，群文阅读和语文综合性学习在学习方式上有异曲同工之妙。我想这也是我初识群文阅读就"一见钟情"的缘故吧。

学校语文组的老师中第一个上群文阅读公开课的是胡程程老师，她执教的课题是《寓言故事中的"对比"》，胡老师根据寓言的对比特点自由组文，选取了 4 篇具有对比特点的寓言故事组文研讨，采用了一篇带多篇的形式进行群文教学。她精心选材、认真备课、精心打磨，当时重庆树人教育研究学院的专家司体忠老师来校听课评课，他说这节课是最近听到的最像群文阅读课的课。

从重庆参加会议回来，我们一行四人就着手准备要么上课，要么积极撰写参会感悟，积极传播重庆会议上收获的先进理念和群文阅读课堂教学实操经验。

2017 年 12 月 21 日，语文组进行了第二次群文阅读教研活动，梁婷婷老师呈现了一堂二年级群文阅读课《童趣·童谣》。梁老师带领学生阅读多篇包含"童趣"的童谣，选用不同的趣读方法趣读童谣，引导孩子们在朗读时进行动作表演，帮助孩子感受童谣的不同韵律。孩子们对童谣表现出极大的兴趣，现场朗读气氛活跃，学习兴趣盎然。

随后语文教研组组长傅婷婷老师也尝试了群文阅读的公开课，我在全区群文阅读教学研讨活动中作了《问道群文阅读，创生多维课堂》的专题报告。在这之前我们语文组也进行了诸多相关探索，2017 年下半年我申报了学校微课题——《小学语文发展性阅读策略研究》，在我看来群文阅读就是针对学生终身发展的发展性阅读策略。

2018 年下半年，学校部分班级使用了群文阅读 1+X 配套教材。课题实验组的老师们按照群文阅读教学理念指导自己的教学行为。所教学生随着阅读量的日渐提升，习作水平得到了快速提高，在济南市"小红花征文"等活动中，获奖人数超过了学校总参赛人数的半数以上。

群文阅读实践与研究，丰富了语文教学体系，创新了语文课堂教学形式，提高了语文课堂教学效益。

**附一：研究团队成员梁婷婷老师的群文阅读教学设计**

## 《童谣·童趣》教学设计

### 【教材分析】

《童谣·童趣》是一节以"童谣"为主线的群文阅读课。选取了《一二三四五》《什么弯弯》《野牵牛》三首童谣。这三首童谣分别是数字谣、问答谣、锁链谣。

### 【学情分析】

二年级学生经过一年的语文学习，一方面对语言文字充满新奇、喜爱之情；另一方面，对文字世界还十分陌生，缺少良好的学习习惯。面对反差，处理不好会挫伤学习积极性。因此根据学生的认知特点，以朗朗上口的童谣入手，引导学生体会语言，培养语感。但童谣不能通过教师的传授去实现，而是通过学生对文本的朗读，自己感悟，内化成个人独有的阅读体验。

### 【教学目标】

（一）认识"数字谣""锁链谣""问答谣"，感受童谣的种类丰富之趣。

（二）了解拟声词，学会童谣的多种读法，感受童谣内容和音韵之趣。

（三）尝试创编童谣，感受童谣的想象之趣，激发学生童谣学习之趣。

**【教学重点】**学会童谣的多种读法，感受童谣的内容和音韵之趣。

**【教学难点】**尝试创编童谣，感受童谣的想象之趣，激发学生童谣学习之趣。

**【教学方法】**

引导学生用拍手法、动作法、合作法将童谣读得更加有滋有味，从而增强学生阅读童谣的兴趣。

在教学活动中有机渗透一些德育点。比如弘扬中华传统童谣，传播中华文化；在学习《野牵牛》这首童谣时教导孩子们要做有决心、有毅力的当代小学生；在学习《什么弯弯》这首童谣时向孩子们介绍广西壮族对山歌的传统文化，加强孩子们民族融合，民族团结的意识。

**【教学用具】** 多媒体课件、视频

**【教学过程】**

**一、出示视频，初识童谣**

（一）师：同学们，你们知道什么是童谣吗？今天，老师带来了一个有趣的视频（播放视频）。简单总结：童谣就在我们的生活中，有些就在我们身边，就在我们的校园里。

（二）师：视频里的女生读的《拍手歌》你听过吗？她忘词了，你能帮她补充一下吗？

总结：这就是童谣，在我们日常生活中处处可见，给我们带来了很多快乐。今天梁老师和大家一起探寻童谣之趣，好吗？（出示课题）

**二、讨论交流，探索读法**

出示童谣《一二三四五》：

一二三四五

一只小鸟叫喳喳，两只青蛙叫呱呱，

三只小猪哼哼哼，四匹小马呱嗒嗒，

五个娃娃笑哈哈，分吃一个大西瓜。

（1）师：同学们，想读一读吗？自读这首童谣，要求读流利，字音准确。

（2）师生齐读童谣。

师：有没有什么方法让读童谣变得更有意思？

（3）小组合作学习。

品读童谣《一二三四五》，小组讨论用什么方法可以将童谣读得更有趣。

（4）小组汇报交流。

组内选出代表发言，说出方法并带领小组成员用这种方法读童谣。根据小组发言，教师引导学生体会这样读童谣的好处。（根据同学们的发言，随机板书读童谣的方法。）

总结：同学们太厉害了，用自己发明的方法来朗读，让原本简单的童谣变得这么好玩，看来只要肯动脑，就能将学习变得乐趣无穷。

### 三、仔细观察，感受押韵

（一）师：请同学们观察这首童谣中每一行的最后一个字的拼音，你发现了什么？

总结：每一行最后一个字的韵母相同，让童谣更加朗朗上口，富有节奏感和音乐美，这就叫作押韵。

（二）再次齐读《一二三四五》，感受节奏美。

### 四、寻找规律，认识数字谣

（一）师：下面我们换个角度看看，观察童谣每一句话的第一个字。

（二）师：包含了这么多数字的童谣，我们给它取个名字吧，想想看，取个什么名字好呢？（根据学生的回答总结板书。）

（三）师：这种类型的童谣有很多，比如我们做游戏时说的童谣，我们听奶奶爷爷说的童谣，从课外书中看到的童谣，谁能背诵一首或更多首？（让学生背诵生活中喜闻乐见的数字谣。）

师总结鼓励：同学们好厉害！能说出这么多数字谣啊！

## 五、运用方法，再读感悟

（一）师：老师又带来了两首有趣的童谣，大家按照阅读小贴士提出的要求读读吧。（出示"阅读小贴士"：用今天所学的方法读童谣，选择你最喜爱的方式读出来。）

现在大家先自己读两首童谣，读完后和自己组里的小伙伴交流交流吧！

（二）师：出示第一首童谣《什么弯弯》，这首童谣，你想用哪种方法读？

### 什么弯弯

什么弯弯在天边？月亮弯弯在天边。

什么弯弯在眼前？眉毛弯弯在眼前。

什么弯弯头上过？梳子弯弯头上过。

什么弯弯在水边？船儿弯弯在水边。

（三）师：仔细观察一下，看看这首童谣有什么特点呢？

（学生回答：有问有答。）

师：给它取个合适的名字吧。（教师相机板书。）

（四）师：其实，这是广西壮族的民间山歌，它是山民们隔着好几座山对唱的山歌。现在请同学们看视频，看看广西壮族的小朋友们是怎样对山歌的。

（五）对山歌好玩吗？想试一试的同学请起立！老师有个小小的约定，我们这么多人，如果都一起大声喊的话，会震得周围同学的耳朵不舒服。所以我们装作大声的样子，嘴里发出小小的声音，好吗？现在让我们把手拢起来，让声音更立体、更好听。

师生分角色，生生分角色表演"对山歌"。

师：问答童谣用对山歌的方式读出来，感觉有趣吗？

（六）下面这首童谣更有趣，你想用哪种方式读。

野牵牛

野牵牛，爬高楼；

高楼高，爬树梢；

树梢长，爬东墙；

东墙滑，爬篱笆；

篱笆细，不敢爬；

躺在地上吹喇叭：

"嘀嘀嗒！嘀嘀嗒！"

（七）德育渗透，升华情感。

1.师：通过读这首童谣，你能感受到什么？（学生自由回答）

2.师：希望同学们都能成为有决心、有毅力的好孩子。

（八）认识锁链谣的特点

1.让学生观察，自由谈发现。教师肯定学生的观察与发现，如果学生没有发现重点，教师相机指导：老师在读的时候发现这首童谣有一处有趣的地方，看课件（出示将两个"高楼"标红的课件）仔细观察，看看你发现了什么？（学生自由表达。）

2.师：通过几个词语的连接，整首童谣像一条环环相扣的小锁链，给这样的童谣取个名字的话，你想让它叫什么？（相机板书"锁链谣"。）

（九）师：既然是锁链谣，我们就不能让这条小链子断掉，谁想一起接读这首童谣啊？想接读的同学请举手，我按照举手的先后顺序找几名同学合作读。每人读一句，一定要集中注意力，不要让读书的接力棒掉地上哦！

（十）师：通过读这首童谣，野牵牛给你留下什么印象呢？（学生自由表达。）

师总结：这首童谣用首尾相连的方法为我们展现了一个胆小又懒惰的

牵牛花，真令人哭笑不得。

## 六、趣味尝试，创编童谣

师：刚才我们读了那么多童谣，其实我们自己也能创编童谣。不信？试试看！老师带来了两组还没完成的童谣，分别是《什么圆圆》和《做习题》，先来观察一下，它们属于什么类型的童谣？

（一）什么圆圆

什么圆圆挂天上？

_____。

什么圆圆能盛菜？

_____。

什么圆圆 _____？

_____。

什么圆圆 _____？

_____。

（二）做习题

小调皮，做习题。

习题难，画小雁。

小雁飞，画 _____。

_____ 爬，画 _____。

_____，画 _____。

_____，吓一跳。

没文化，怕动脑，

看你怎么学得好。

师：下面请同学们自主选择一首创编，创编完后读给组内小伙伴听，小组成员互相欣赏，并根据老师课前发给大家的《童谣创编评价表》评选出小组内最优秀的作品。

## 七、总结升华，德育渗透

师：今天我们一起学习了童谣各种各样的读法（板书：趣读）还有童谣不同的类型（板书：趣名），其实童谣家族成员不止这三种，还有……（课件出示更多的童谣名称。）

童谣经过千锤百炼，代代相传，是民间文化宝库中的璀璨明珠，是中华民族的传家宝。希望同学们在课下继续收集童谣，诵读童谣，传播童谣。

【板书设计】

童谣·童趣

| 拍手法 | | 数字谣 |
|---|---|---|
| 动作法 | （读）趣（名） | 问答谣 |
| 合作法 | | 锁链谣 |

【教学反思】

本堂课选取了三篇有趣的童谣,分别是《一二三四五》《什么弯弯》《野牵牛》。课堂伊始，教师为同学出示了两段童谣视频，一个关于传统文化，一个关于孩子们的日常生活，极大地激发了孩子们的好奇心。紧接着引入童谣，用拍手法、合作法、动作法引导孩子趣读童谣，通过读童谣，引导孩子认识了数字谣、问答谣、锁链谣这三种类型的童谣。反复读，反复体会，激发孩子们读童谣的乐趣。加入了多种形式，比如向孩子们介绍广西壮族对山歌的形式，请孩子们用对山歌的形式读童谣，妙趣横生。最后带来了两首未完成的童谣让孩子们自主创编，发挥想象力。尽管孩子们在课堂上思维活跃，表现出了极大的兴趣，但本节课还有诸多不足之处，比如教师在时间把握、预设和生成等方面还需要历练，课堂驾驭能力还有待提高。

附二：研究团队成员王翠珍老师教研活动感悟

## 群文阅读，阅读教学的春天

——研究团队成员王翠珍老师教研活动感悟

近期，学校的语文课堂被一个叫"群文阅读"的词语充盈，带着一丝好奇，跟随学校的老师走进了梁婷婷老师的课堂《童谣·童趣》。不同于常规的语文课，梁老师先选取了一首学生喜闻乐见的童谣，然后巧妙地点拨，引导学生挖掘出不同的读法，体会童谣内容之趣和朗读之趣，随后拓展阅读两首其他类型的童谣，丰富学生的认知，最后创编童谣，发散学生思维。一堂课下来，学生读了三首童谣，创编了两首童谣，阅读量是常规语文课的好几倍。我被它的大阅读量所吸引。能在课堂上加强对课外阅读的指导，培养学生的阅读兴趣，扩大学生的阅读面，增加阅读量，不正是我们语文课标所倡导的吗？

所以当沐工作室有群文阅读教学研讨活动时，我与同事一同前往，去寻求更多的关于群文阅读的知识。

4月的天气已经温暖了许多，双语学校四楼的多媒体教室也一样温暖，大家齐聚一堂，渴望在群文阅读教学的课堂中寻求自己想知道的答案。三位老师为我们展示了精彩的课例，或是温婉如水，或是方法引领，或是独具匠心，高潮迭起，精彩不断。梁婷婷在之前试讲的基础上又进行了教学的再设计，导课更加贴近学生的生活，课堂上更多的时间留给孩子，注重倾听学生个性化的发言，学生在老师的引领下畅所欲言，尽情释放童真童趣。这不就是以学生为中心的课堂吗？相信孩子一定会在老师甜美的笑容中与童谣结缘，并深深地爱上童谣。

其他两位老师也是各有千秋，连老师引导学生在字里行间体会一波三折的精妙之处，季老师则通过人物关系让学生迅速把握故事的主要内容，短短的课堂 40 分钟，学生阅读到了更多相关联的文章。想来群文阅读之魅力也就在此吧？

如果说三节课是范例，那孙校长的介绍就是引领。群文阅读教学，是教师在一个单位时间内指导学生阅读相关联的多篇文章。它是拓展阅读教学的一种新形式，更关注学生的阅读数量和速度，更关注学生在多种多样文章阅读过程中的意义建构，对全面提高学生的语文素养具有十分重要的意义。它与课标"重视培养学生广泛的阅读兴趣，扩大阅读面，增加阅读量，提高阅读品位"的理念不谋而合。

孙科长也讲到，关于群文阅读不要窄化地理解，它就是达到目标的手段。教学目标一定要抓住重点，突出要点，把握难点。突然想到几年前我们在孙科长的引领下编的《日诵日新》，围绕一个主题选编内容，不就是对单元主题内容的拓展吗？学习完教材中的课文，阅读《日诵日新》中同一主题的文章，不就是开展群文阅读吗？想来，我们一直在做，只是没有意识到这就是群文阅读，或者是有些拓展的内容放到了课下，我们没有在课堂上专门拿出时间组织开展。

特级教师蒋军晶老师在《语文课上更重要的事》一文中，谈了从单篇到"群文"，其实是在努力改变阅读。从这篇文章中我们可以了解到群文阅读意味着"教"的改变。因此，课堂上我们老师不能再喋喋不休，而应该更加关注学生在学习中的体验。留给学生更多的时间，让学生自己读，自己思考。群文阅读教学为学生提供了更多的阅读机会，坚持做下去，岂不是真的为学生的学习增值？

让孩子踏上阅读快车道，更加自主、愉悦的阅读、理解、发现是我们语文教学努力的方向，相信群文阅读会为我们带来阅读教学的春天。

# 第二节　母语环境下的童诗童谣教学实践

## 一、"母语环境"的内涵及重要意义

### (一)"母语环境"的概念及内涵

母语在最普遍的意义上是指本民族的语言，一般是指第一语言，即一个人最初学会的语言。亲近母语，从字面上讲是让我们怀着赤子之心去吸收母语、了解母语、热爱母语，从而使我们的精神与智慧得到无限的升华，使我们的肉体与灵魂诗意地栖息。

很多年来，小学的母语学习被等同于"语言训练"。所谓语言训练，普遍的做法是学习教科书，每周七八节语文课，每篇课文3课时左右。学生大量的课外时间花在了做各种各样看拼音写词、组词、解词、造句、改病句、改错别字之类的习题上。阅读是母语课程的核心环节，是最重要的言语实践活动。母语教育应为儿童提供适合、丰富、优质的阅读课程，通过讲述、指导诵读、精读和略读，从读中学习表达方式，并创设适宜的情境让儿童进行分享和交流，让学生充分浸润在母语环境中。

### (二)"母语环境"的价值及重要意义

"母语环境"旨在构建儿童阅读生态，培养孩子对母语的亲近、热爱之情，全面提高儿童的语文素养和人文素养、科学素养，培养未来有根的中国人。"母语环境"儿童诵读课程是基于儿童本位的实践性诵读课程，以儿童的认知水平和理解力为基础，以适合儿童诵读的古今中外经典诗文为内容，以儿童的诵读体验为过程，以儿童的语言发展和精神成长为目标。

"母语环境"是一项重要的教育课题，是每一位小学语文教师都应当重点关注的教学方向，它是一项关系到民族文化传承和发展的伟大工程。

## 二、童诗童谣教学的基本理念

中国被称为诗的王国。从先秦到明清，诗歌见证了中华民族 5000 年的文明历程；诗是浩瀚的中华文化的厚重载体。童诗童谣教学的基本理念就是基于儿童的认知水平和生命感受，以其精神成长为目标构建的适合儿童诵读的课程。主要包括以下几个重点内容：首先，课程的设计要做到回归儿童，以儿童为本位，从儿童的认知特点出发，以儿童的语言发展和精神成长为目标，重视儿童的生命体验和个体感悟。其次，要回归经典，大浪淘沙始见金，传统文化中也有精华和糟粕，要选取真正有意蕴、有趣味，值得涵咏记诵的作品，让孩子在诵读中滋养心性，积累语言。最后，在具体的教学方法上要积极倡导诵读涵咏，汉字是形、音、义三要素统一的文字，非诵读涵咏不能解其意味。我们的祖先早就发现了"诵读涵咏"与母语特点之间的适切性。我们应积极倡导通过各种形式的诵读来加强学生的记忆，同时培养学生的语言感受能力，做到熟读成诵。

## 三、相关研究综述

近年来，国内小学语文关于开展童诗教学策略的研究也是层出不穷。如诸暨市滨江小学开展的《让童诗走进小学语文课堂的实践研究》课题，主要研究将儿童诗引入小学语文课堂，通过诗教与语文的结合，营造一个诗意课堂，以提炼学生的语言，发展学生的创造性思维，让学生在诗的氛围中成长。胡丽平老师开展的《童心晶莹，童诗飞扬——小学生儿童诗创作的策略研究》课题侧重研究从学生本能的兴趣和趣味出发，对学生进行儿童诗的写作指导。浦江平安中心小学《让孩子提笔写诗——儿童诗的创作指导的实践》主要从课外走向课内，积极开展童诗创作指导，并进行专题研究。《让孩子的童年充满诗情——课外阅读中强化"古诗文诵读、儿童诗创作"的实践研究》课题主要研究在推进学生课外阅读这个共性的基础上，强化古诗文诵读和儿童诗创作，形成学校的特色课外阅读。

我们所倡导的"母语环境下的童诗童谣教学实践"，旨在通过儿歌诵读和童诗欣赏活动，充分挖掘童诗童谣的有利因素，对学生进行童诗仿写的写作指导。意在通过研究激发学生诵读和欣赏童诗童谣的兴趣，丰富语言积累，学会用诗歌的语言和形式进行写话，让诗歌的语言在孩子们幼小的心灵中生根、发芽、开花、结果。

## 四、童诗童谣课程设计的思路和特点

童诗童谣课程设计的基本思路在于引导孩子们日有所诵，引领孩子亲近经典，感受经典文本的音韵、节奏、趣味、内涵，争取熟读成诵，不断丰富、积累语言，涵养美好的心情。具体有以下两个方面值得特别注意：一是要对童诗童谣课程的教材实行精选，根据实际情况编排经典诵读的内容，注意儿童的年龄特点，循序渐进地编排。不可低估孩子的能力，但也不要将过于艰涩的内容以及不符合现代教育理念的篇章硬塞给孩子。二是要促使学生持之以恒，通过各种形式的读来加强孩子的记忆，同时培养孩子的语言感受能力。

## 五、童诗童谣教学对教师的要求

作为一名语文教师，自身应该具备良好的母语素养。语文教师应该着力锤炼自己的语言、文学素养，然后才是教育素养、教育方法。"善于引导，积极沟通"是教师在童诗童谣教学过程中应当持有的基本态度。教师对学生的诵读要抱着欣赏的态度去积极聆听，了解学生的诵读内容和学生的经验以及感觉，从而实现和孩子们的无障碍交流与沟通。教师要抱着欣赏每一位学生表现与潜力的态度去评价每一位学生的表现。

## 六、兴趣是童诗童谣教学的关键

著名科学家爱因斯坦曾说过："兴趣是最好的老师。"对于童诗童谣教学活动的开展同样如此。在新课标中也明确指出，增强学生学习童诗童谣的兴趣，提升学生自主学习的热情，由原先的"被动学"模式向"我要学"模式转变。这是新课标对于童诗童谣教学方向与目标的基本要求。这表明，对童诗童谣的兴趣是学生在童诗童谣教学活动中实现可持续发展的前提。从这个意义上来说，培养学生对童诗童谣的学习兴趣是童诗童谣教学的首要任务。

## 七、童诗童谣的教学实践

童诗童谣以其内容浅显易懂、想象力丰富、韵律感和趣味性等优势，在训练孩子的识字和写字能力、阅读与写作能力中发挥着重要作用。小学童诗童谣教学应有一个引导学生经历识别、品味、感悟的欣赏过程，引导学生关注童诗童谣在众多文学体裁中别具一格的表达形式，独特的思维特性和极具张力的内心世界。然后通过朗读、阅读、背诵、仿写等过程，实施童诗童谣教学。

### （一）导入实践

导入时争取用最少的语言、最短的时间将儿童的注意力集中起来，使儿童能够快速地投入到学习任务中去。导入要讲求科学性，力求创新性。

#### 1. 图画导入

教学时借助课本中的插图和多媒体图片等，将内容和图片相结合，引导孩子观察和想象，这种导入法比较直观，有助于儿童理解课文。比如《秋天到》这首儿童诗，正值秋天来的时候，秋天的景色和夏天有明显的不同，教学时请孩子们观察课本上的插图，或者对比夏天和秋天的图片，让孩子们对秋天有一些直观的了解。

#### 2. 歌曲导入

语文教材中许多课文与音乐相联系，或者课文本身就是歌词，教学时课堂中就不可或缺的有音乐参与，以期营造适合的课堂氛围。《小小的船》《小小竹排画中游》《快乐的节日》等歌曲，轻松愉快，教学前，先播放相关歌曲，让孩子们静静地听、轻轻地唱，以此将孩子们引入情境。

### 3. 情境导入

小学教材中的儿童诗，有的描绘了优美的景色，有的讲述了动人的故事，还有的蕴含着深刻的道理。这一类儿童诗，通过描述精彩的画面，进行声情并茂的表达，以期激发孩子的学习兴趣。比如教学《小小竹排画中游》时，多媒体呈现美丽的水乡风景图，配乐《小小竹排江中游》，在缓缓的音乐声中，教师描述："孩子们，今天我们要去一个美丽的地方，想知道是个怎样的地方吗？我们一起去看看吧！"（板书：小小竹排画中游。）

### 4. 故事导入

故事富有趣味性，能瞬间抓住儿童注意力和好奇心。借用故事的形式，将故事与教学内容相结合，选取与文本的中心思想、具体情节等相契合的故事，制定科学的导入线索，利用倒叙、插叙、顺叙或者是设疑的形式，展开故事讲解，也可以即兴表演，从而激发儿童学习兴趣和创新思维。在授课前，老师抓住儿童好奇心强、爱听故事的心理，则更容易将儿童带入课堂情境之中。儿童诗中的童话诗、叙述诗都适合故事导入。学习《假如》时，讲述《神笔马良》的故事，故事讲完，转到课题："如果你有一盒像神笔马良一样的彩笔，你会做什么呢？今天我们一起学习《假如》。"

### （二）朗读实践

朗读是语文教学的重要任务之一，教师应当根据儿童各方面特点，采用多样化的措施引导儿童去朗读。

### 1. 重视范读

在范读的基础上，让儿童入情入境。小学语文课堂的儿童诗教学有些小节是需要以读代讲的，教师的范读不到位，会影响学生对诗歌内容的理解，无法深刻体会作者要表达的感情。教师要熟练掌握朗读的基调，范读前要提醒儿童不能单纯地听，而要边听边想象，在听的过程中理解整首儿童诗的内容。如《柳树醒了》这首儿童诗，教师要结合内容，轻声细语，读出各种动作的状态，读出语气词的温存，读出春天的新气象，带领学生欣赏诗歌中的美丽景象。

## 2. 注意韵律

儿童诗读起来特别好听，这跟儿童诗重视押韵有关。整齐的韵脚就像是一件缝制精美的衣裳，令人一见倾心，从而百读不厌。课堂上可以反复诵读，品味因押韵带来的声音之美。如《一株紫丁香》全诗押的是"ian"韵，字里行间充满了天真烂漫的儿童气息。学生不能轻易发觉这一规律，教师可以在让学生反复诵读之后，引导发现：先让学生把每行的最后一个字圈出来，再连着读读，然后说说发现了什么。学生会发现，除了"伴"字的韵母是"an"外，"前、倦、脸、甜"的韵母都是"ian"。教师告诉学生，大家发现的这种现象，在诗歌中就叫"押韵"，这是大部分儿童诗的特点，能让诗句读起来格外顺溜、好听。最后还可拓展朗读几首有押韵特点的儿童诗，借以强化学生对押韵现象的认识。

实践证明，当学生对儿童诗的押韵现象有了初步的认识后，不但有助于读好诗歌的节奏，而且还能增强熟记、背诵诗歌的能力。

### （三）理解实践

阅读教学时，为保障学生的理解，教师要提前做好功课，精心设计教案。课堂教学中要有亲和力，还要妙用奖励，促使儿童努力向前，从而获取学习预期的满足感。《秋叶飘飘》中诗人把秋叶比作学生喜爱的"蝴蝶""小鸟"，又用"舞"字描绘出秋叶飘落时的动态之美，还说秋叶是"秋姑娘发来的电报"，在教学时播放的动态视频或课前带学生到校园观察秋叶飘飘的景象，有利于学生理解。

比如教学《雪地里的小画家》时，播放冬眠的知识，引导学生观察直观的画面，帮助孩子突破重难点，顺势引导孩子说说这些小动物的脚印像什么。通过多媒体呈现脚印与图画的对比图，轻松突破难点。

### （四）仿写实践

#### 1. 生活经验仿写

如《风》，全文三小节，但是每小节遵循一个规律："谁也没有看见过风。但是……的时候，我们感觉到有风了。"儿童根据平时经验的观察，加上自己的体验和理解，很容易完成仿写，比如，"红领巾飘起的时候""沙子飞进眼睛的时候""风筝飞上天的时候"，都是有风的标志，结合自己的想象力，风可以"游戏"，可以"跳舞"，只要想象合理，都不失为好的仿写。

### 2. 词语仿写

先说后写，说写并重。例如仿写重点词，《我家住在大海边》中关键词是"住在"，教师引导："你还知道谁住在那里？"学生就可以运用"住在"练习仿写。

### 3. 发散性思维仿写

在执教《比尾巴》一课的仿写实践中，这样设计："今天老师还带来了另外几种动物朋友（出示：小马、兔子、大象、小猫、猴子、小狗的图片），它们看到比尾巴这么有趣，也想来相互比一比，不过，它们比的不是尾巴而是耳朵。"

师生合编儿歌：谁的耳朵长？谁的耳朵短？谁的耳朵遮住脸？兔子的耳朵长，马儿的耳朵短，大象的耳朵遮住脸。谁的耳朵尖？谁的耳朵圆？谁的耳朵听得远？小猫的耳朵尖，猴子的耳朵圆，小狗的耳朵听得远。

学生仿写，要给予及时的反馈与指导。要立足于学生的实际情况，不能求全责备，要尊重、理解、鼓励孩子求真，让学生在赏识评价中完成仿写训练，让孩子有成就感。孩子们完成仿写后，教师鼓励孩子大胆交流，或大声朗读，或小组合作交流，把自己的作品读给别人听，取长补短。对优秀的或有代表性的作品，可进行全班展示，让孩子们体会到成功的喜悦。

# 第三节　小学语文教学中学生思辨能力的培养

在语文学习过程中，小学生的思辨能力是提高学生语文核心素养的一项重要能力，它对于推动学生的不断发展具有重要作用。在阅读教学中对学生的思辨能力进行培养，是语文教师提高教学有效性的重要措施。

## 一、小学语文思辨能力的概述

### （一）思辨教学的含义

思辨教学，指的是语文教师将"批判性思维"贯穿于语文教学过程中，培养学生以新的读写理念、学习方式掌握语文知识和内容。在阅读教学中，思辨教学的方式，要求学生自主进行阅读，更细致地说，是要求学生通过自我思考来进行阅读，要求学生将自身的知识经验、情绪体验等与阅读的文章相结合，寻找自身与文章的共鸣之处，要求学生在阅读中进行自我思考、敢于质疑且用事实求证，培养和提高自身的逻辑推理能力，并以此确立最合理、最标准的判断和观点。

### （二）思辨教学的作用

思辨教学，实质上就是使学生获得"批判性思维"。对于小学生而言，批判性思维能够使他们的创新思维得到培养，能够帮助他们造就独立健全的人格，能够激活他们的批判精神，并不断提高他们的生命质量。对于小学生常因对教师的敬畏，而不敢对教师提出质疑，使学生的学习积极性受到限制。思辨教学能够在一定程度上解决这一问题，让学生在大胆质疑的过程中收获更为广泛的知识。

## 二、思辨能力培养的策略

### （一）语句的多样评鉴

在阅读过程中，学生接触最多的就是字词和语句，教师可以充分利用这些字词和语句来对小学生的思辨能力进行培养和提高，要求学生对文章内容进行多角度的欣赏与评鉴，拓宽学生的思维广度，提升学生的语文素养与学习能力。思辨能力的培养和提高，离不开教师对学生自主思考能力的培养，利用教材中的课文要求学生对语句进行欣赏和评鉴，能够使学生的分析、思考能力在阅读过程中有效提高。

### （二）留白的多维想象

如果说，要求学生对课文中的语句进行品鉴，是对"思"进行训练，那么要求学生对课文中的留白进行想象，就是对"辩"的培养。留白是我国艺术作品创作中的一种常用手法，美术作品中南宋马远的《寒江独钓图》、音乐作品中琵琶曲的"别有幽怨暗恨生，此处无声胜有声"等，均是留白的艺术体现。留白的存在为观者、听者、读者提供了丰富的想象余地。在语文学习中，留白也处处可见。利用课文中的留白，使学生在思辨思维的基础上发挥自身的创新思维，并以此不断促进学生对课文内容的理解，能够使学生多重受益。

### （三）主旨的多重分析

培养学生的思辨能力，教师还可以要求学生从多个角度对课文的主旨进行探索，使学生能够以一种批判性的思维来对既成的、固定的文章主旨进行判断，并形成自己的理解。

主旨作为文章的核心，展示着一篇文章的魅力，更体现着一篇文章的价值，要求学生从多个角度对文章的主旨进行分析，能够使学生在思考、答辩中提高自身的答辩能力，从而推动语文学习的长足发展。

## 二、语文课堂小型辩论的组织

语文课堂教学往往需要考虑如何组织课堂辩论。一般可以组织大规模的辩论赛、"问答式"辩论，以及小型辩论赛。小型辩论赛在平时的课堂上比较适合，既能有效地活跃语文课堂，激发学生学习兴趣，还能有效地培养学生研读辩难的能力，是很有价值的。所谓小型课堂辩论，就是介于辩论赛和讨论之间的一种活动形式。那么，如何组织小型课堂辩论活动，才能使其更有效地发挥作用呢？

### （一）选题

组织辩论，选题很关键。针对小型课堂辩论的特点，选题不宜太艰深，但也要有一定的深度，以便学生有阅读研究的兴趣。因此，选题范围最好是跟课本紧密联系，比如挖掘人物形象的差异性，对文章感情基调的争鸣等。选题还应力戒单调平淡，一定要能够激发学生探究的欲望，而且结论一定要多样化，唯其如此，才会有辩论的可能。

所谓牵一发而动全身，选择辩题，首先考虑能否激发学生探究争论的兴趣，有兴趣有热情，是课程得以深入实施的前提。辩论的选题可以由师生商量确定，也可以采取征集的方式，让学生自主选题，采用多数学生喜欢的话题作为辩题。

**(二) 策划**

确定好辩题，由学生自主表决观点，按照观点异同，将全班学生划分成若干小组，每个小组要确定一名组长，负责本组辩论活动过程中研读、交流、讨论和总结等组织工作。

小组合议采取课上集中与课下随机相结合的方式。课上时间最好打破座位限制，各小组成员集中在一起，各抒己见，畅所欲言。因为是小型辩论，故只需安排一个课时的合议，未竟问题，需要学生利用课余时间随机探讨。在课堂合议和课下交流时，各组学生可以针对疑难问题与教师交流，教师予以适时指导。

通过合议，每组选出学生做代表，准备在辩论课上独立陈述本组观点，要求只许列讲话提纲，不许照本宣科。代表的选定，可以采取自愿与公决相结合的方法，提倡由本组最需要锻炼也最想得到锻炼的同学担纲，不能只选最擅长表达的同学。

**(三) 辩论**

准备工作全部就绪，小型课堂辩论就该拉开帷幕了。

**第一步：条分缕析。**

各小组陈词者按照抽签所定顺序上台陈词，每位选手陈词时间要有规定，如果分组较多，可以规定在 2 ~ 3 分钟，这个环节时间控制在 8 ~ 10 分钟为宜。代表陈词时，要求条理清晰、有理有据、口齿清楚。其余同学，要认真听取各组陈词，并摘要做好笔记，以备下一个环节之用。

可别小看这个陈词过程，这是观点交锋的第一步，也是后面热烈辩论的基础。因为每个代表都是集中陈述本组观点，这些观点是主要辩驳的对象，是靶子。课堂上往往新见迭出，思路大开。

**第二步：融会贯通。**

各组陈词结束后，全体同学按照就近原则，与自己的前后左右之邻座自由交流对各组代表陈词的评价，要求逐一点评，力求得出深入新颖的认识。这个环节，也要有时间限制，可以安排 5 ~ 8 分钟。采取小组集中探讨与个人分散交流结合的方式。再者，课堂是要有节奏的，这个步骤，是前后两个环节之间的缓冲，好比一首歌曲的过门。

**第三步：质疑问难。**

针对各组代表陈词的内容，结合个人的理解认识，在刚刚与同学一起融会贯通的基础上，学生自由发言，可以批驳某位或者某几位陈词者的观点，可以附议，也可以独出新见，提出前所未有之见解。这个环节，是课堂最精彩的一个环节，活动的主体是学生，教师也要发挥及时引导的作用，以使论辩高潮迭起。

以上三个步骤的主持工作，可以由教师完成，也可以由语文课代表来做，更提倡大家集体竞选主持，应视班级具体学情而定。如果初次搞这种活动，建议教师主持为好。

最后，在课堂还有 5 分钟左右时间之际，教师将此次小型辩论活动做一个现场的即时点评，要有针对性，从发掘闪光点入手，对于所辩论题目的不同看法，教师可以表达自己的个人观点，但是，站位要与学生平等，切不可教训学生。因为，辩论的目的在于丰富的过程而非唯一的结论，这应是辩论的原则。

小学生的想象力颇为丰富，小学语文教师对其进行思辨思维的培养，不仅时机恰好，还能够在规范的方式指导下获得高效。在思辨教学过程中，教师要充分尊重学生，尊重学生的知识经验和能力发展水平，在以新课改为指向，以促进学生核心素养提高为目标的原则引导下，对学生的思维、精神等进行塑造，使学生的好奇、兴趣、质疑等心理活动获得发展，促进学生的健康成长。

## 附一：学生观辩论会感悟

### 精彩的辩论会

蒋凯瑞

学了《乌塔》一课，语文老师说举行一次"小学生可不可以独自去旅行"的辩论会。这节课，我们的辩论会如期举行。

"丁零！丁零！"悦耳的上课铃声响了，同学们有的大汗淋漓地进来了，准是上操场打篮球去了；有的兴高采烈地进来了，肯定是课间玩游戏玩得很高兴；有的还在说着什么……

早已等候在教室的语文老师大步迈向讲台。她短短的头发，隐隐约约地看见几根白发，大大的眼睛炯炯有神地看着我们，手里拿着语文书。"上课！"她的声音总是那么严肃而又温柔。

同学们正在跃跃欲试。有的清清嗓子，为即将开始的辩论会做准备；有的拿出他们事先准备好的辩词津津有味地读着；还有的窃窃私语起来，赶在辩论之前就亮出了自己的观点。

辩论会开始了，按照老师的要求男生暂且为正方，观点是：小学生可以独自去旅行。反方自然是我们女生了，观点是：小学生不能独自去旅行。双方各执己见，互不相让，尤其是那几个"犟眼子"此时感觉是英雄终于有了用武之地，大家争论得不可开交，最后孙老师条分缕析地结束了本次辩论会。

目前，孩子独自一人去旅行不切实际。原因如下：

第一，四年级的孩子有的还不到 10 岁，很少出远门，缺乏旅行经验。

第二，年龄小缺乏应变能力，遇到特殊情况往往会手足无措。

第三，安全没有保障。小学生单独出门旅行存在较大的安全隐患。乘车、行走、吃饭、住宿等缺乏自理能力。

第四，提倡多参加类似旅行团、夏令营、冬令营等集体外出活动锻炼自己，逐渐形成独立能力后再谈独自旅行事宜。

就这样我们的辩论会暂告一段落。同学们大都还沉浸在刚才激烈的辩论氛围中。有的同学此时已经口干舌燥，他们在辩论中表现最精彩！

叮零零！又一段优美铃声响起，送来了快乐的课间十分钟，同学们像往常一样各自做起了自己喜欢做的事情。

【孙老师点评】本文从生活实际出发，有选择地写了一天当中印象最深的事情——精彩的辩论会。在叙述中采用了首尾照应的写作技巧，用词贴切，生动形象，自然流畅！


**附二：辩论会实录《小学生上网的利与弊》**


## 辩论会实录《小学生上网的利与弊》

### ——历城区洪家楼第三小学2009级三班王同学辩论会实录


主席：尊敬的各位来宾大家好！欢迎大家来倾听我们的辩论会，本次辩论会的主题是"小学生上网的利与弊"。

首先有请正方辩友作自我介绍。

谢谢正方辩友！

有请反方辩友做自我介绍。

谢谢反方辩友！

现在我宣布：洪家楼第三小学五年级三班辩论会现在开始！有请正方

一辩陈述自己的观点。

正方一辩：谢谢主席！各位老师、同学、对方辩友，大家好！

人类将步入信息时代，网络如洪流般介入我们的生活。小学生上网是利大还是弊大呢？我方坚信：小学生上网利大于弊。原因很简单：网络资源全世界共享，它就像一个聚宝盆，你可以从中最快地查找学习资料，可以学会更多课外知识，促进思维的发展，培养小学生的创造力。上网还可以超越时空，在网上接受名校的教育，有什么问题，你尽可以随时通过"百度"等查找。而且互联网上的交互式学习、丰富的三维图形展示、语言解说等多媒体内容，使得学习变得轻松、有趣，这是任何课本都不可能具备的优点。

反方一辩：谢谢主席！各位评委老师、同学们，大家好！刚才对方辩友津津乐道网上教育，但网上教育不过是商家夸大其词的炒作罢了。不仅在中国，即使在美国权威杂志《今日美国》的调查表明：86%被调查的教师、图书管理员以及计算机管理人员相信，孩子们使用因特网不会提高他们的课堂成绩。

刚才对方辩友滔滔不绝，无非是向在座各位展示网络在信息交流方面的快捷与方便。但我奉劝对方辩友对小学生上网可不要雾里看花，我愿借对方一双慧眼，把网络的利弊看得清清楚楚、明明白白、真真切切。

正方二辩：各位老师、各位同学、对方辩友，大家好！首先我想指出对方辩友在刚才陈词时犯的一些错误。首先，对方辩友，说美国有86%的教师、图书管理员经过调查发现，孩子不能通过网络来提高成绩，可是我要问对方辩友，现在成绩能代表素质吗？我们国家现在正在推行素质教育，如果你们光讲成绩，那岂不是又回到了应试教育的死圈子里了吗？

在信息时代里，网络与素质教育可以说是一家人，其原因是网络可以打破时空界限，可以实现在任何时间、任何地点互动交流，网络对我们的学习帮助很大，目前出现了"网上远程教育"，小学生可以通过网络周游全球各地名牌学校，访问著名的图书馆，查询任何所需资料，足不出户就可参加学习研究，有了问题可以随时通过 QQ、微信等方便快捷的方式请教老师，还可以通过视频身临其境地接受全面教育，所以说上网好处多多。

反方二辩：各位评委、各位同学，大家好！刚才对方辩友说上网可以查资料，但是小学生上网就是查资料吗？对方把"上网"等同于"网上教育"，这不是明摆着的漏洞吗？你对许多小学生沉迷于网上聊天、网络游戏，又作何解释呢？这就是所谓的"教育"吗？目前网络还有许多弊端：第一，网上安全问题，黑客、病毒和网上欺诈到处都有；第二，网络存在传播色情暴力等不良信息的问题；第三，形形色色的信息污染和垃圾泛滥，就在对方辩友慷慨陈词的两分钟里，全球主要网站已经被黑客入侵了近 2000 次，全球互联网计算机可能已经被最新病毒感染了 170 万台次……还有，据一项调查显示，不少小学生成了小"网虫"，沉湎于网络，将 90% 的时间用到网络游戏上，做了网络的俘虏，痴迷于网络不能自拔。有的学生不仅耽误了学习，甚至走上了犯罪的道路。早在 2000 年 4 月《广州日报》上就报道过，一名 12 岁的小学生为了"随心所欲"地上网玩网络游戏，竟然杀害自己的表姐，以达到占有她计算机的目的。在这些事实面前，对方辩友还认为小学生上网利大于弊吗？

正方三辩：我们所处的是一个知识经济的时代，信息正在以前所未有的速度膨胀和爆炸，未来的世界是网络的世界，要让我国在这个信息世界中跟上时代的步伐，作为 21 世纪小学生的我们，必然要更快地适应这个高科技的社会，要有从外界迅速、及时获取有效科学信息的能力，具有传播科学信息的能力，这就是科学素质。而互联网恰恰适应了这个要求。邓小平爷爷生前不是也说过吗，计算机要从娃娃抓起！

我国许多省市区，为了快速提高教育质量，花很多钱为中小学建立互联网教室，普及计算机互联网知识，推动中小学生家庭上网，实现远程教育与知识共享，为中小学生提供免费的网上课内外辅导，培养中小学生学习和应用信息、技术的兴趣与意识，培养学生获取、分析、处理信息的能力。再看看我们身边，学校的网站不正搞得红红火火，我们的校长、老师不也倡导大家去学校的网站建博客写日志加强交流吗？我们通过撰写博客日志不仅和老师同学交流了感情，还提高了语言表达能力。这不说明小学生上网有利吗？所以，我再一次强调我方观点：小学生上网利大于弊。

反方三辩：大家都知道，小学生的自制力差，极易沉浸到网络虚拟空间中不能自拔，一旦回到现实社会就会产生孤独感，患上"网络疏离症"，成天高唱：网络是我家，我的眼里只有它。这样对心理就会造成严重危害。同时在生理上小学生正处于快速发育时期，他们一上网就是四五个小时，不仅眼睛超负荷运转，危害视力，也使得脊椎变形，真可谓鞠躬尽瘁，死而后已！

所以网络的这么多弊端与网络在信息交流方面的快捷性、方便性这一利相比，难道不是弊大于利吗？

主席：在刚才的规范发言中，双方辩手可以说是胸有成竹，志在必得。接下来我们将进入考验个人应辩能力的自由发问阶段，请大家领略一下辩手的锋芒与睿智。除反方三辩的时间有限制外，其他队员用时均为1分钟，先请反方三辩提问，时间为20秒。

反方三辩：刚才对方辩友举了我校网站的例子，可是网络论坛里有许多信息垃圾。请问对方辩友，如何解决小学生自制性差，容易受网络负面信息影响的问题呢？

正方三辩：请对方辩友注意，任何新生事物在它开始阶段都必不可少带来一些问题，但我们必须看到这些事物它们发展的前景和总趋势，请问对方辩友你是否承认在信息时代网络是一种重要的工具？请正面回答是或不是。谢谢！

反方一辩：对方辩友刚才或许没听清楚，在一辩陈词中我方已指出网络是一种重要的通信手段，还指出了网络的问题，说明了小学生上网弊大于利，难道对方辩友没有理解吗？请问对方辩友，在网上这种虚拟空间中，人与人之间的交流往往带有假面具，这与水中月、镜中花有什么区别？请正面回答！

正方一辩：在网上交往真的没意义了吗？那怎么会有那么多人上网呢？请问对方辩友，如果小学生上网是弊大于利的话，那么国家怎么会把上网这个课程安排到小学计算机课程中来呢？

反方二辩：如果真像对方辩友所说的话，那么国家为什么要禁止小学生进入地下网吧呢？再请教对方辩友，在小学生上网利和弊兼有的情况下，你是如何判断利大于弊的呢？

正方二辩：我认为利是主流，弊只是在网络刚刚产生时不可避免地出现一些问题，刚才一辩、三辩已经反复强调，可见对方辩友没有理解。请问对方三辩，计算机上网作为一门课程是否需要学以致用，是否要把上网知识付诸实践？

反方三辩：是要付诸实践，但我们所说的上网并不是指所有的人，我们的前提是小学生。小学生的判断力和自制力比较差，对网上的信息垃圾他们能够正确处理吗？刚才对方辩友无法回答判断利弊大小标准，我现在告诉大家，首先，网络问题与其方便性和快捷性相比是弊大于利。其次，小学生自制力、判断力差的弱点与网络问题是不可调和的固有矛盾。所以我方再次强调，小学生上网弊大于利。谢谢！

主席：双方都能言善辩，接下来在自由辩论阶段大家将会欣赏到更为惊心动魄的较量。双方必须交替发言，各队累计用时为4分钟。先请正方发言！

正方一辩：对方辩友始终没有弄清楚小学生群体的特殊性。小学生处在学校教育背景下，在老师的指导下，在家长的管束下，这难道还不能避免那些弊端吗？

反方二辩：刚才对方辩友说小学生在学校是受教育，那么他们是否真的对网上信息有正确的判断力呢？今天中午，中央电视台《今日说法》刚刚播出一条新闻，说的是在河南商丘刚破获的一起叫"少妇美女"色情网站的报道；其中每天访问该网站的有5700人左右，而其中50%以上是中小学生。难道这就是对方辩友所说的"判断力"吗？

正方三辩：对方辩友犯了一个以偏概全的毛病。访问该网站的 5700 人中有 50% 以上是中小学生，这样只有 2500 多人访问色情网站，而全国中小学生又有多少人呢？这样我们就可以否认中小学生上网的所有好处吗？

反方一辩：对方辩友要知道我们只是了解一部分的材料，还有许许多多的色情网站没有查出来！

正方二辩：我也想告诉对方辩友一则材料，在杭州有 93% 的小学生能够控制住自己，不去看那些不健康的网站。

反方三辩：对方辩友刚才强调小学生在家里受家长的管束，但是"网虫"们由于家里严格的经济控制，就欣然地前往地下网吧，到了地下网吧还有谁来约束呢？

正方一辩：难道他们吃喝拉撒都在地下网吧吗？他们最终不是还要回到家和学校吗？

反方一辩：错了！好多网吧为了赚钱，支持小学生上网。在暑假期间许多小学生不听家长话，私自泡网吧，不回家吃饭，不回家睡觉，就是因为那些老板供他们吃、供他们喝。他们甚至在网吧里住下来，好几天不回家呀！

正方二辩：请对方辩友注意，这些网吧不是我们提倡的正确的上网方式，这只属于极个别的问题。不能以偏概全，谢谢！

反方二辩：对方辩友要知道，目前为止大多数的高水平黑客都是求知欲望强，计算机水平高超，但内心变质的中小学生。

正方三辩：对方辩友应该承认上网可以受到教育吧。而且我方不否认网上有可能受到其他污染，但是我们讲的是利大于弊嘛！

反方三辩：我们并没说上网没有利呀！

正方三辩：我们恰恰强调的是上网利大于弊！

反方一辩：是有利也有弊，但我们辩论的前提是小学生上网，小学生的弱点与网络的问题它们之间的矛盾是很难解决的，所以……（反方时间到）

正方一辩：对方辩友注意，小学生上网在现阶段，主要是把网络作为学习工具与通信工具，而弊端只是旁枝末节的关系。

正方二辩：我方一而再，再而三地强调学校、家长对于小学生的教育很重要，可对方辩友就是置若罔闻呀！（正方时间到）

主席：谢谢各位辩手，刚才的自由辩论，可以说是针尖对麦芒。接下来我们来听听双方四辩是如何来总结陈词的。

反方四辩总结陈词：谢谢主席！各位评委、老师、同学们大家好！下面我将系统地陈述小学生上网所造成的种种弊端。

第一，网上的信息良莠不齐，经常上网获取那些零散和不系统的知识，不但不会提高小学生的能力，反而会比以往退化，而且还有不少小学生，因为无法处理过量的信息而产生信息焦虑等症状。此外，据英国的米德塞克斯大学的蒂姆莱贝教授统计，网上非学习信息有 47% 与色情暴力有关，小学生一旦接触到这些信息，那后果将不堪设想。

第二，由于网络对小学生具有无限吸引力，所以导致很大一部分小学生沉溺于网络，从而患上"网络上瘾症""网络疏离症"等新型的精神性疾病，这些"网虫"们不与家人和同学沟通，脱离现实生活，完全是一群只会走程序的机器人。

第三，网络语言的大量使用弱化小学生的民族文化素养。网络语言的日益增多。如果仅仅是在网上使用倒也罢了，这些语言还经常被用在作文和日常对话中，往往让老师和家长一头雾水，不知所云。这些乌七八糟的网络语言使得许多小学生兴趣转移，忽视了规范的语言文字的学习，而且网上的错别字、病句随处可见，小学生长期与这种语言环境接触，不受影响才怪呢。最后，我提醒对方辩友不要对大量事实听而不闻。在大量事实面前我方再次强调：小学生上网弊大于利！

同学们，面对我们的伙伴自投罗"网"，而一"网"情深，为避免"网"事不堪回首，我们呼吁该下网时就下网，清清爽爽好时光。

正方四辩总结陈词：谢谢主席！对方辩友、老师、同学，大家好！我方三位辩手已经在前面用大量的事实根据充分论证了我方观点，听了对方辩友的陈述，下面我来进一步阐述我方观点。

第一，小学生上网是时代发展的必然，是现代素质教育的产物。

众所周知，没有比脚更长的路，没有比人更高的山，没有比互联网更广阔的空间，面对知识的宝藏，我们不能敬而远之，束之高阁，否则，我们错过的不仅是知识，而是民族的振兴。

第二，网络可以使我们与世界走得更近，打破国界界限，打破了文化羁绊。无论在世界哪个角落，我们都可以指点江山，激扬文字，我们要让全世界人民听见中华少年前进的脚步声。

第三，网络可以使我们开拓视野，更新观念，取长补短，激发创造力。闭门造车，造不出现代强国；画地为牢，画不出七彩蓝图。远离网络、鼠目寸光的做法已经落后了。我们新时代的小学生再也不能落后了！因为落后就要挨打。

时代在发展，人类在进步，我们遨游在神秘莫测的网络世界中。轻点鼠标，我们可以探求文化的宝藏；轻点鼠标，我们可以了解七大洲四大洋；轻点鼠标，我们可以满足求知的欲望。当然，我方也不否认网络存在弊端。因为任何一个新生事物都有利有弊，但正如我方辩友所证明的，如果人们更广泛接触到的是事物有利的一面，我们又怎能说是弊大于利呢？这就像吃鱼一样，我们有时会被鱼刺卡住喉咙，但我们能仅因为这几根鱼刺就说吃鱼弊大于利吗？不能。因为鱼刺卡喉咙只是偶然，如果小心，就可以避免；但只要我们吃鱼，就一定能得到营养。说到这儿，对方辩友是否已经有所不安了呢？我知道你们为什么不安，因为你们手中的好多想战胜我方的辩论材料就是从网上下载的，现在却在这儿大谈特谈小学生上网弊大于利，好个"卸磨杀驴"，好个"过河拆桥"呀！

最后，我们呼吁天下的父母和老师，不要把我们小学生网民一网打尽，因为我们一"网"情深！谢谢！

### 附三：网络辩论会"小学生戴电话手表的利与弊"

## 网络辩论会"小学生戴电话手表的利与弊"

### ——文苑小学 2014 级二班学生网络辩论会纪实

每当开学季，家长们都为自己的孩子购买各种学习用品，除必需的书包、文具、课外书以外，还会为孩子添置一件新装备——儿童电话手表。它具有强大的语音、定位等功能，能够随时随地了解孩子的位置并与学生保持联系，受到家长和孩子的普遍欢迎。不过也有家长对电话手表的使用存在质疑，认为没有必要，一定程度上弱化了孩子的安全意识。大家对此，观点不一。

### 肖琪瑞：小学生戴电话手表利大于弊

大家好！我叫肖琪瑞，我的观点是：小学生戴电话手表利大于弊。

随着科技的发展我们的世界多出了很多关于高科技的东西，其中有一样就是电话手表。

很多家长认为戴电话手表会影响我们孩子的学习，但也有很多家长认为带电话手表可以让自己和孩子随时交流更方便。

首先，如果上学的时候忘带什么东西，可以直接用手表给家长打电话，把东西及时送到，如果同学也忘带了，可以把电话手表借给同学联系家长也把东西及时送过来，以免耽误正常上课用。这样既省去了去传达室或往老师办公室打电话的时间，还可以增进同学之间的友谊。

电话手表还有一个好处，就是当遇到不会的问题时，可以向"小度"请教，这样即使老师没空，我们不用找他们，也能直接知道问题的答案。

对于有的同学上课玩手表这件事情，可以让他们的家长把他们的手表调成上课禁用模式。如果这样，他们还是玩的话，可以用班规来对上课玩手表的同学进行统一惩罚。

针对戴手表互相攀比这种不良风气，可以举行"禁止互攀，身心健康"主题班会，打击这种不良风气。

## 秦铭悦：小学生使用电话手表弊大于利

大家好，我是秦铭悦。我认为小学生使用电话手表弊大于利。

第一，电话手表容易分散注意力。电话手表里面有许多功能，比如可以下载许多小程序，这些程序会让你在上课时不自觉地看手表，有没有人给我发信息啊？我的游戏更新了吗？情不自禁地去想这些问题，就会分散注意力，使听课效果大打折扣。

第二，造成不必要的浪费。如果你的电话手表被妈妈设置了上课禁用，不会出现第一种情况，只能看时间的电话手表和单纯的手表有什么区别吗？完全可以带一个手表啊，为什么要花那么多冤枉钱呢。再说在学校里，都有严格的作息时间表，上下课时都有铃声提醒，根本不用我们太过关注时间。

第三，容易产生攀比现象。电话手表型号各异，版本不同，价格功能也有区别，如果一群人聚在一起，手表有价值几百元的，也有价值几千的，也有没有电话手表的。这就有了攀比现象。有电话手表的瞧不上没电话手表的，电话手表便宜的羡慕电话手表贵的，会影响同学之间的团结。一旦电话手表造成了攀比现象，同学之间就会因谁赢过谁，谁的手表比我贵而闷闷不乐。为了让自己的电话手表脱颖而出，而开口向父母索要更好的电话手表，增加家长的负担，甚至有可能爆发冲突，使孩子和家长之间感情不和睦。

综上所述，我认为小学生使用电话手表弊大于利。

### 曲华政：小学生使用电话手表利大于弊

我认为小学生使用电话手表利大于弊：

电话手表对小学生的影响，是因为使用不当造成的。电话手表的使用是为了打电话，其他功能的开发也是为了使电话手表变得智能，而不是为了让使用者分散注意力。只要使用得当，完全可以避免。

从家长的角度出发，既然让孩子用上了电话手表，肯定是担心孩子的安全，既然如此，利肯定大于弊。

……

孙老师：孩子们的观点五花八门，关键是看自家孩子是不是自律，自律的孩子咋都行。不自律就和玩手机差不多，或多或少会影响孩子的注意力。买还是不买？戴还是不戴？每个家庭视自己的实际情况决定吧！

# 第四节　小古文教学实践研究

## 一、课题研究背景

### (一) 网络用语泛滥影响语言文化传承

网络用语，是随着网络不断渗入我们日常生活中而兴起的现象，从早年间的火星语到各种流行语，都是从网络上衍生、传播，并慢慢流传到生活中的。

网络传播的力量是巨大的，许多新词汇在网络中被发明出来，并大范围流传。有些新发明的词表达新的意思，从"你妈妈喊你回家吃饭"到如今的"我也是醉了"，从"虽不明，但觉厉"到"挖掘机哪家强"等；有些是将原本的词语发音不标准化产生新词，达到一种可爱好玩的效果，如

"肿么了""童鞋"等；还有一些则是网络上常见的不文明用语、脏话的变身版，不堪入耳。

这些来自网络的用词，不仅在生活中泛滥，在学生作业中也被学生广泛运用，老师们在批改学生语文作业的时候，发现许多学生遗忘了中华民族五千年流传下来的那些优美词汇，而是在不明其意的情况下时使用大量的网络用语。

这些网络用语，对于正在生长期的未成年人来说，其吸引力要远远大于学校中学习的固有优美词组，长此以往难免会影响他们的健康成长，去精华取糟粕，更将对我们的语言文字传承、发展带来不可估量的破坏。

为了让具有悠久历史的小古文不被现在的网络语言所掩盖，为了让小学语文教学和初中的教学衔接得更紧些，为了让学生传承中华民族 5000 年的灿烂文化，成为修身养性、提升人格的有效载体，我校语文组开启了小古文教学实践研究之旅。

### （二）新课程标准的相关要求

新课程标准对文言文教学提出了新要求：学习中国古代优秀作品，体会其中蕴含的中华民族精神，为形成一定的传统文化底蕴奠定基础，理解古诗文内容价值，从中汲取民族智慧。

### （三）顺应教育的新形势

历城区教育教学研究中心倡导小古文阅读教学。要求根据小学生身心发展特点，选择浅近易懂、有故事、有情趣的文言短文，让学生诵读，积累语言，培养语感。

部编本语文教材，换掉了约 40% 的课文，文言文比例大幅提升。较之以前的人教版教材，小学 6 个年级，古诗文总数增加了 55 篇，增幅高达80%;总计 124 篇，占到了全部课文的 30%。这是自白话文兴起后百余年来，语文教材中文言文所占比例最高的一次。

增加文言文的比例，其实是回归国风本质的一个举动。2018 年宣布的高考语文分值增加，现如今语文课本古诗文比例再次飙升，让国人正视语文、正视我们的国文。

中华民族上下五千年，诗词歌赋浩如烟海，传统文化博大精深。腹内草莽，必然不能口吐莲花。《中国诗词大会》舞台上，选手出口成章的背后，正是从小的阅读背诵与长年的储备积累。这是浸透在血液之中的古文积淀，也是传统文化内化于心的表现。让孩子在诗书雅乐的环境中成长，中华民族文化方能生生不息，才能更有底气增加文化认同与文化自信。

## 二、统一研究领域现状与研究的价值

很长一段时间里，小学语文课本中涉及的文言文篇目极少，语文教学质量监测中也少有相关题目，导致了小学阶段的古文教学研究长期处于空白状态。小学语文老师们喜欢探究识字写字的教学，现代文阅读的教学以及习作的教学，鲜有老师对小古文教学方法进行研究。

作为母语教育的语文课程，担负着培养具有中华民族文化之根的现代公民的使命，学好文言文对形成小学生积极健康的价值观具有重大意义：拯救国宝，培养小学生对文言文的鉴赏意识；夯实文言文根基，培养汉语言文字素养；增强文化意识，传承中华文明；启迪智慧，提升听说读写语文基础学力；开发精神宝库，弘扬和培育民族精神；汲取精华，发扬光大中华民族传统美德；陶冶性情，完善人性，净化灵魂，提升人格。

## 三、"小古文"相关阐释

小古文因其篇幅较短、浅显易懂、富有情趣，所以是适合儿童阅读的。但对于小学生来说，小古文毕竟是一种陌生的课文，因此选择最好读最有趣的小古文，用最好玩、最轻松的方式来学习，让学生毫无负担地获得纯正的文言文启蒙，必须关注小古文的特点：

小：篇幅短小，内容浅显，易识易懂。

古：古风古韵、文字隽永、典雅简俗。其独特的语言仍潜移默化地影响着一代代人，其语言规律仍让人耳目一新。

文：文章结构布局谋篇毫不含糊。古文虽然短小，但其表达更有节奏和音韵。如"人之初，性本善。性相近，习相远。苟不教，性乃迁"（《三字经》），三字一顿，节奏鲜明。

## 四、小古文的课堂教学策略

小古文具有篇幅短小、字义晦涩、含义深刻等特点，小学生要准确掌握和理解其含义有一定的困难，为激发孩子们学习小古文的兴趣，提高课堂教学效率，需要以下几种教学策略。

### （一）激发兴趣，树立信心

小学是古文教学的起步阶段，所以我们应该选择朗朗上口，适合诵读，内容有趣，孩子们乐于阅读的短小的小古文。如："黄白二猫，斗于屋上，呼呼而鸣，耸毛竖尾，四目对射，两不相下。久之，白猫稍退缩，黄猫奋起逐之，白猫走入室，不敢复出。"（《猫斗》）此文虽然短小，但描写形象生动，内容非常有意思，也贴近孩子的生活，孩子们边读边想象，容易和生活场景联系在一起。在刚接触小古文的时候，此类的文章更能激起孩子们的兴趣。

孩子们从小就接触寓言故事、成语故事，所以我们选择他们耳熟能详的这些故事的小古文版本，如《刻舟求剑》《守株待兔》《愚公移山》等。孩子们利用自己对白话故事的熟悉，最大限度地降低了理解难度。通过轻松自在的诵读，孩子们就不会对小古文有畏惧排斥心理，反而能激起他们的兴趣，树立起他们学习小古文的信心。

### （二）书读百遍，其义自见

俗话说，"书读百遍，其义自见"。每次遇到小古文，首先让同学们自己读一读，而不是解一解。初读时孩子们会觉得拗口难读，所以对其要求只要读正确就可以，不用拔得太高以免适得其反。如当孩子们接触《杨氏之子》时，要求读正确，读得字正腔圆即可。孩子们并不喜欢长时间的朗读，因此我们就得想方设法利用零星时间，积少成多。孩子们的兴趣在于读，而不在解上。

读，这一环节，要突出一个"细"字，着眼一个"实"字，不能像小和尚念经似的敷衍了事，必须力求"读懂文义"。如《伯牙绝弦》，先让学生自由读，猜猜古文大概意思是关于什么的，孩子会说关于弹琴，关于音乐的，这时再让同学们读一读，看看文中出现了哪几个人物，他们是什么关系，这样同学们在读中很快就知道主要写了"俞伯牙"和"钟子期"两个人物，他们是好朋友。这样一来孩子们在读中自然而然感受到了古文的内容，再让他们试着和着《高山流水》的音乐有感情地朗读，根据自己的语感抑扬顿挫地读，在音乐声中感受"峨峨兮若泰山""洋洋兮若江河"。我还让孩子们在读中感受"伯牙善鼓琴，钟子期善听""善哉，峨峨兮若泰山"中两个"善"字的不同。此外，"文白对读"也是一种很好的学古文的方法，在读小古文之前先读白话，利用学生对内容的了解，快速把握文言文的大意，读起来更有自信。

**（三）粗知大意，合作交流**

"粗知大意"符合小学生的认知心理，他们的认知是整体性的，并不像我们成人。孩子们是"把新知作为整体，迅速地纳入他的认知体系而掌握到它们的整体特征"。

文言文的一个重要特点就是单音成义、单字成词，教学时，只让学生认识字，能根据注释及工具书推测出词句的大致意思，不苟求精益求精，如《杨氏之子》中"为设果，果有杨梅"。教学中不必要直接、机械地告诉同学们这是省略句，而是让其反复读，联系上下文说说意思，读得多了自然能明白，丝毫不影响他们的理解，这样可以让同学们更有兴趣投入小古文的学习当中。

由于个别学生理解文言文难度较大，所以在教学中可以运用分组合作探究的教学方法。如在学习《杨氏之子》时，让孩子们在小组内借助注释和工具书理解文章内容，由小组长分配好每个人的任务，"梁国杨氏子九岁，甚聪慧""为设果，果有杨梅""儿应声答曰：'未闻孔雀是夫子家禽。'"

由四人合作，其余两句分别由两位同学合作完成。这样既减轻了同学们的学习任务，又在交流讨论中加深了印象。若在词句理解上有分歧，就倡导大家一起讨论交流，避免教师的"一言堂"。如"果有杨梅"，有的孩子易理解成"果然有杨梅"，不要马上给出判断，而是让其他同学说说他们是怎么理解的，并说出理由，同学们很容易领会这里的"果"指的是水果，和"为设果"的"果"意思相同，鼓励大家在小组间互助、合作、协同攻关。

### （四）学以致用，享受成功

孩子们有很强的模仿力，他们也乐于模仿，所以当他们用"未曾""数日""未闻""甚好"等文言用语时要及时鼓励。在小古文教学的课堂教学中要经常安排各种类型，不拘形式地写。如在学完《杨氏之子》后提问，"若孔君平不姓孔而姓黄，那杨氏子还会说'未闻孔雀是夫子家禽'吗"，孩子们异口同声回答"不会"，接着问"那他会怎么反问黄君平呢？""未闻黄瓜是夫子家果。""未闻黄豆是夫子家豆。"孩子们七嘴八舌。这样既可以使课堂具有趣味性，还可以让孩子们在轻松的氛围中感受杨氏子的聪慧，掌握文言用法。再如学完《两小儿辩日》后和孩子们一起读，师读"孔子"部分，男女生分读"两小儿"部分，在熟读的基础上按小组来表演更有助于学生的理解和运用。当然，古文教学不能只关注课内，还要让孩子们读课外《小古文100篇》中的古文，让学生们看多篇小古文后，尝试仿写，让同学们在仿写中体味小古文的奥妙与乐趣。

总之，小古文教学是语文教学中的一项特殊内容，有其独特之处。在教学中，我们应结合具体的教学内容和学生认知水平，采用适当的教学策略，教给孩子们方法，让他们乐中学、学中乐，学有所得。

### 附：文苑小学四年级学生小古文仿写作品选登

#### （一）朱宸同学古文体自我简介

吾姓朱，名宸，字方圆。九岁有余，嗜书如命，偏爱史类。吾自幼好读，尤为尊崇范蠡、苏秦、张仪等名士。其史波澜壮阔，惊险刺激。每每为之担忧，屡屡化险为夷。

天色渐晚，吾乃沉迷于其中。母唤，吾充耳不闻。母怒！夺书而扔至墙角，命吾洗手餐也。吾遂去。

饭中，吾仍念念不忘书中内容，故慢。父怒！曰："洗碗去也！"吾不服驳之，遂操大棒揍吾矣。

呜……

俄而，吾从之。

### （二）曲华政同学小古文作品选登

#### 1. 田间捕鼠

田野旁，捕鼠忙。汝布阱，吾守望。

#### 2. 城间蜃楼

城间蜃楼，高达百米，城中矗立。楼边商家数户，中含商店，人来人往，时多时少，欢喜而归。

#### 3. 杨柳

居处多杨柳，春间飞絮。东风吹来，如临冬日飘雪。

### （三）陈鲁阳同学小古文作品选登

#### 1. 自我简介

吾姓陈，名鲁阳，十岁有余。琴棋书画，无一精通，故乏味。视书为至宝，偏爱史。

入夜，捧书而不闭灯。父捧家法而至，夺其书，闭其灯，命吾休息。

父去，开灯复读，细品至二更半。入定时，方闭灯而息。四邻噪声不断，辗转难眠，欲捧书复读，恐惊父母。

#### 2. 音乐会

广场上，音乐会。汝跳舞，吾唱歌。

#### 3. 训练场

军营里，训练场。汝射击，吾扔雷。

4. 飞燕捉虫

乡村田坝，一双飞燕。夺其害虫，云中高歌。

**（四）张嘉韵同学小古文及词作选登**

1. 月季

月季盛开，微香四溢。其苞如瓶，花瓣如圆月。其花色或红，或粉，或黄，或白。茎带刺，叶带锋。一枝多朵，一株多枝。

2. 汲水

森林中，水井旁。汝提桶递于吾，吾汲水传于汝。汝进屋倒水，缸满。

3. 乡村即景

农村老家，大屋小楼。河边生柳树，枝叶茂盛，风中飘荡，扫水起漪。蜻蜓一双，振翅低飞，忽急忽慢，沾水点点。

4. 杨絮

园中多白杨，初春结絮。纯洁如雪，东风吹，雪花飞。

5. 树

土中栽树，三秋壮大。树干直立，枝叶茂密。叶如圆，根似须。根入深土，吸取养分，次春繁花似锦。

6. 如梦令·雨

天浮丝廖夕烟，日沉只道昏倦。复看云深处，细丝却没( mò )白鹭。难言，难言，听雨惜别房檐。

# 第五节　课本剧在小学语文课堂教学中的实施与探究

## 一、问题的提出

审美理想和艺术活动是人类最基本的精神追求。随着时代的发展、文化的积淀，人们的审美情趣越来越广泛，越来越浓烈。特别是属于民族特色的、易于凸显个性的艺术形式，越来越繁荣。正如大诗人、哲学家尼采所说："有人的地方就有表演。"

面对新一轮语文课程改革，如何让学生在不同内容和方法的相互交叉、渗透和整合中开阔视野，提高学习效率，以获得现代社会所需要的语文实践能力，这是个纷繁而严峻的课题。

有语文老师反映：课文已经分析得很细了，学生还是听不懂，不喜欢听。有一些学生语文考试成绩优异，可一到使用语文知识技能的实际场合就束手无策。过多的课堂讲授和"填鸭式"的教学方法，极大地限制了学生的思维和创造能力。因此，"把课堂的主动权交给学生"成为教改的突破口。

适时把课本剧引入语文教学，让学生成为语文学习的主角，深受师生的青睐。学生在编演课本剧过程中，展现丰富的创造力，确立自己在语文实践活动中的主体地位，改变以往以教师为中心的教学模式。我们在实践中意识到，在基础教育阶段的语文教学中，运用演课本剧这一教学形式，有利于引领语文教学走向生活、走向互动、走向整合、走向智慧。

## 二、理论依据和意义

我国古代伟大的教育家孔子早在两千多年前就十分重视艺术教育，他认为艺术教育可以作为人格修养的手段，乃至作为人格完成——达到"仁"的境界的一种功夫；艺术教育可使蕴藏于生命深处的"情"得以发掘出来，使生命得以充实。从某种意义上看，课本剧以及学生演剧也当被视为艺术教育。

近代教育家陶行知先生更是推崇"教学做合一"。他说："教学做是一件事，不是三件事……做是学的中心，也是教的中心。"他指出"只有手到心到，才是真正的做"。陶行知先生认为，"做"是教学工作的核心，而学生演课本剧就是"做"的一种具体表现。苏联著名教育实践家和教育理论家苏霍姆林斯基在帕夫雷什中学担任校长的几十年里，亲自为学生制定并实行了一套全新的学生作息制度，其中有一条就是让学生在晚间进行各种文娱活动。他认为，学生拥有可以自由支配的时间是促使其个性发展的重要条件。其中的"个性发展"与我们当前提倡的素质教育不谋而合。

语文素质教育是以培养学生正确地理解和运用祖国语言文字，养成学习语文的良好习惯，开拓学生的视野，发展学生的能力，激发学生热爱祖国语文的感情，培养高雅的艺术鉴赏情趣和热爱祖国、热爱社会主义的感情为目的的教育。语文素质教育具有广泛性，它除了身体素质和劳动素质外，还包含培养人的思想政治素质、道德素质、现代人格素质和智力素质、审美素质等多方面素质的一种教育体系。它对于全面提高学生各方面的能力，培养适应社会主义现代化建设需要的新型人才，具有十分重要的作用。

### 三、概念的界定和文献综述

课本剧是选取语文教材中的有关内容，经过戏剧形式的再创造，集创作和表演于一体的儿童戏剧。课本剧对小学生来说是一种很有吸引力的文艺形式，它不但丰富了孩子们的业余文化生活，而且对学生思想品德的教育和其他综合素质的培养，起着课堂与书本不可比拟的作用。课本剧的排练与表演，是一种语文课外活动，是语文教学的延伸与发展。

新语文课程标准根据时代的发展，以全面提高学生的语文素养为出发点，对语文教学提出了一些新的要求："语文课程还应重视提高学生的品德修养和审美情趣，使他们逐步形成良好的个性和健全的人格，促进德、智、体、美的和谐发展。"在重视"知识和能力""过程和方法"的基础上加强了"情感、态度、价值观"这一重要维度的教学目标。要体现这三个相互渗透、立体上升的立体化教学设计理念，特别是要把隐性的要求渗透到教学过程中，靠教师的烦琐分析或"满堂灌""满堂问""满堂练"是不能奏效的。因此，应强化语文教学的实践性，把语文知识与生活实际结合起来，把语文技能与具体生活实践活动结合起来，在实践中真正提高能力，而课本剧就是一种有价值的语文实践。

## 四、研究内容和目标

语文教学的价值在于唤醒师生的生命感、价值观。本研究旨在通过引导师生自编、自排、自演课本剧,进而营造一种民主平等的教学氛围,建立一种和谐融洽的新型师生关系;激发学生学习语文的兴趣,提高学生的语文素养和语文创新能力;培养学生的团队合作精神和集体荣誉感,通过活化作品的人物,提高师生的审美情趣和鉴赏能力。

## 五、研究原则

### (一)民主性原则

教师应发扬教学民主,善于倾听学生意见,放手让学生讨论、争论、辩论。学生说错了,绝不讽刺挖苦;学生与自己有不同意见,甚至顶撞,绝不强制压服,努力营造一种宽松、和谐、各个跃跃欲试、人人各抒己见的口才训练氛围。

### (二)层次性原则

口才训练是一项系统工程,须从学生实际出发,按年段分解训练目标,组织训练活动,形成由低到高、由易到难、由简单到复杂的口才训练序列。如从说好一段话到叙述事情、讲述见闻再到出口成章;从说准到说顺、说细再到说完整。既要适当降低坡度,夯实各阶段口语基础,确保目标到位,又要逐步增加难度,让学生跳一跳摘到桃子。通过及时调控,使层次环环相扣、步步深入、渐入佳境。

### (三)科学性原则

训练不仅要使学生言之有物、言之有序、言之有理、言之有情,还要教给学生说的方法,使学生逐步掌握举例子、打比方、列数字、引用名人名言、历史典故等表达技巧,旁征博引,使论证逻辑严密、充分有力。

### (四)全面性原则

训练以听说读写能力为基础,又要立足于听说读写综合能力的提高。

要使它获得最佳效果，结出丰硕果实，须注意四个结合。

（1）语言与思维训练、内容与形式训练互相结合，互相渗透。

（2）听说读写训练互相结合，互相促进。

（3）课内打基础，课外求发展，分散训练与集中训练相结合。

（4）因材施教与全面提高相结合，力求形成全方位、多触角、多形式的训练体系。

### （五）示范性原则

教师应加强语言修养，有意识地磨炼自己的语言功夫，讲究句式的选择、词语的锤炼，使自己的语言清晰流畅、形象生动、妙语连珠、扣人心弦，给学生留下深刻印象，发挥潜移默化的示范作用。

## 六、研究方法、步骤

### （一）实物演示情境

即看实物说话、看模型说话、看图片说话、看场景说话及观察大自然说话。

### （二）角色模拟情境

让学生扮演生活中的实际角色，如接待客人、探望他人、求助别人、购买物品，在适当场合说出最适当的话。

### （三）信息交流情境

以日常生活为素材，组织学生自发聊天，如"街谈巷议""说三道四""海阔天空"等，让学生畅所欲言，侃侃而谈。

### （四）表演情境

主要指课本剧表演。

### （五）影视评说

看百片、读百书，以课本剧表演形式展现，举办口头影评、书评或观后感等交流活动。

第一阶段：组织发动及理论学习阶段

利用教研活动时间针对"课本剧"研究的意义、方法、策略、评价以及课本剧的特点等问题进行专题研讨；组织引导学生阅读课本剧对课本剧的特点有感性认识，进而激发创作课本剧的热情和兴趣。

第二阶段：课本剧剧本开发研究阶段

组织师生对现行语文教材进行系统梳理与学习，根据课文及剧本创作的要求进行设计与写作。

1. 师生讨论：在深入研读课文、把握人物的基础上对"情节"进行梳理和适当调整，使剧情相对集中，人物形象相对突出。

2. 教师示范：教师向学生介绍由课文改编成剧本的范例。

第三阶段：创作排演阶段

1. 导演（教师、学生代表）说戏：推荐演员，解说剧情及台词。

2. 演员排戏：小组中担任角色的学生在"导演"的指导下训练台词，让小组中的同学一起听，并作必要的改进。

3. 教师协调：教师及时协调解决学生排演中的问题。

第四阶段：总结阶段

1. 将实验回归理论层次，据所得实践积累，深入研究、充实、修改方案。

2. 成果鉴定，完成实验报告。

## 七、研究预期成果

（1）激发学生对语文学习的兴趣。

（2）加深学生对课本内容的深刻理解。

（3）提高学生口语交际能力和写作能力，培育审美素质，强化合作意识，提高学生的语文综合素养。

（4）进一步培养学生的创新能力。

**附：课本剧《林黛玉进贾府》**

## 《林黛玉进贾府》课本剧

备注：学习了《凤辣子初见林黛玉》一课后，在班级掀起了读"红楼"的热潮，读懂以后，成立剧组，排演自己喜欢的章节，《林黛玉进贾府》是其中之一。

**第一幕 初进贾府**

人物：贾母 林黛玉 王夫人 刑夫人 王熙凤 探春 迎春 惜春 老嬷嬷 五个丫鬟 鹦哥

（屋外，下轿子后）

丫鬟一：（急忙笑迎上来）刚才老太太还念呢，可巧就来了。

丫鬟二：（忙过来迎接林黛玉）姑娘走好。

丫鬟三：（向其他姑娘喊）林姑娘来了，林姑娘来了……

丫鬟四：（向屋里喊）林姑娘到了……

（林黛玉进屋后）

刑夫人：（搀扶着老太太）老太太，林姑娘来了，好不容易见面，就高兴点吧。

贾母：（抽泣后，看看林黛玉，又望望刑夫人，指给林黛玉）这是你大舅母。

林黛玉：（欲跪拜，但被扶起）大舅母。

贾母：（看看王夫人）这是你二舅母。

林黛玉：二舅母。

贾母：这是你先珠大哥的媳妇珠大嫂子。

林黛玉：（亲切地）大嫂。

贾母：（注意到黛玉只带了两个人来，于是命鹦哥做黛玉的丫鬟）鹦哥，以后你就服侍林姑娘吧。记住：要像待我一样待她。

鹦哥：是。

贾母：（对鹦哥吩咐道）快去请姑娘们都来，今日远客才来，可以不用上学去了。

鹦哥：是。

（三"春"来后）

惜春：（热情地）可把你盼来了，一路上累了吧？

王夫人：（忙过来给黛玉介绍）这是你迎春姐姐。

林黛玉：姐姐。

迎春：妹妹。

王夫人：（转向探春）这是你……

林黛玉：二舅母，我属羊。

王夫人：那就是探春妹妹了。

林黛玉：（看了探春一会儿）妹妹。

探春：姐姐。

王夫人：这是你惜春妹妹。

林黛玉：（笑着）妹妹。

惜春：（握住黛玉的手）姐姐。

王夫人：来，大家都坐吧，别站着了。

贾母：（看见黛玉，再次伤感起来，感慨地对黛玉说）我这些儿女里，最疼的就是你的母亲了。但她却先舍我而去，还未能先见上一面，今日见了你，怎能让我不伤心！（说完，又呜咽起来。）

王夫人：（走过来，摸摸黛玉的头）这孩子，看起来有不足之症，常吃什么药？为何不急于治疗？

林黛玉：我自小就这样，从会吃饭起就吃药，直到今日未曾间断。请了很多名医修方配药，皆不见效。那一年，我三岁时，听说来了个癞头和尚，说要让我去出家，我父母婉言拒绝了。他又说："既然舍不得他，只怕她的病是一生也不能好的了。若想要好，除非从此以后总不许再哭；除父母之外，凡有外姓亲友之人，一概不见，方可平安了此一世。"他疯疯癫癫的，说了这些无稽之谈，也没人理他。如今还是吃人参养荣丸。

贾母：正好，我这儿正配药丸呢，叫他们多配一料就是了。

王熙凤：（未见其人，先闻其笑声）哈哈哈哈……我来迟了，不曾迎接远客。

贾母：（待黛玉拜见王熙凤时）你不认得她，她是我们这儿有名的泼辣货儿，南省俗谓"辣子"，你呀，就叫她"凤辣子"吧！

探春：（见黛玉不知所措，前来告诉她）这是琏嫂子。

林黛玉：（笑着）嫂子。

王熙凤：天下真有这样标志的人物，我今儿个可是头一回见呢！况且这通身的气派，竟不像老祖宗的外孙女儿，倒像是嫡亲的孙女儿，怨不得老祖宗天天口头心头一时不忘。只可怜我这妹妹如此命苦，怎么姑妈偏就去世了！（说完，便用手帕拭眼泪。）

贾母：快别说了，我刚才好，你倒招我。你妹妹远路才来，身子又弱，也才劝住了，快别提了。

王熙凤：（讨好地说）正是呢！我一见了妹妹，一心都在她身上了，又是喜欢，又是伤心，竟忘记了老祖宗。该打，该打。（接着，忙携黛玉之手。）妹妹几岁了？妹妹在这儿不要想家，想要什么吃的、玩的，尽管告诉我，丫头老婆子们对你不好了，也只管告诉我。（又冲婆子们）林姑娘的行李可搬进来了？带了几个人？你们赶快打扫两间下房，让她们去歇息吧。

王夫人：凤丫头，月钱放过了没有？

王熙凤：（得意地）早放完了。刚才带着人到楼上找缎子，找了半天，也并没有见到昨日太太说的那样的，想是太太记错了？

王夫人：没什么要紧，也该随手拿出两匹来给你这个妹妹裁衣裳，等晚上想着叫人再去拿吧，可别忘了。

王熙凤：这我早料着了，知道妹妹这两日到，我已预备下了，等太太回去过了目好送来。

贾母：（冲林黛玉）去见见两位舅舅吧。

邢夫人：那我带外甥女过去，倒也方便。

贾母：也好，你也去吧，不必过来了。

邢夫人：是。（于是带着黛玉，与众人告辞后离开了。）

林黛玉：（向贾母辞别）我去了。（向王夫人）告辞了。

邢夫人：（领着黛玉）走吧。（出了房门，命令一丫鬟）去书房请大老爷。

（邢夫人府中）

丫鬟：（回来后）老爷说了，连日身上不好，见了姑娘彼此倒伤心，暂且不忍相见。劝姑娘不要伤心……

邢夫人：（冲丫鬟）去吧。（转过身，握着黛玉的手。）你大舅说得好，跟着老太太和舅母，如同家里一样。若有什么委屈，只管说，莫把我们当外人。

林黛玉：（站起来）告辞了。

邢夫人：吃了晚饭再走。

林黛玉：（笑道）舅母赐饭，本不应辞，只是，还要去拜见二舅舅，望舅母原谅。

邢夫人：那倒也是。

（进荣府后）

老嬷嬷：姑娘，炕上坐。

王夫人：你舅舅今日斋戒去了，再见吧。只是有一句话嘱咐你：我有一个孽根祸胎，是家里的"混世魔王"，今日因庙里还愿去了，尚未归来，晚间你看见便知了。你以后不要理他，你这些姐妹都不敢招惹他。

林黛玉：舅母说的，可是衔玉所生的哥哥？在家时，常听我母亲说，这位哥哥比我大一岁，小名唤宝玉。虽然淘气点，可对姐妹们是极好的。

王夫人：你不知道，他自幼因老太太疼爱，与姐妹们一处娇养惯了。他有的时候甜言蜜语，有的时候有天无日，有的时候呢，又疯疯傻傻，以后你不要相信他就是了。

**第二幕 宝黛初会**

人物：贾　母　王夫人　王熙凤　林黛玉　贾宝玉　三"春"姐妹　奶娘　两个丫鬟

丫鬟一：老太太那里传晚饭了。

王夫人：（携黛玉走到王熙凤屋前，指给她）你看，这是你凤姐姐住的屋子，回来你往这里找她，少什么东西，你只管和她说就是了。

王熙凤：（见黛玉来了，忙拉住她往左边第一张椅子上坐）来，妹妹，请坐。

林黛玉：（推让的）不。

贾母：（见状，忙解释）你舅母及嫂子们不在这里吃饭，你是客，本应如此坐的。（见众人都坐好后，贾母对王夫人、王熙凤及一些丫鬟们吩咐道）你们去吧，让我们自在说会儿话。

王熙凤：（一听老太太这么说，便起身对黛玉说道）我走了，有什么事尽管找我啊。（说完后，转身离去。）

贾母：（众人走后，拉住黛玉的手，问道）都念过什么书？

林黛玉：（小心翼翼地）只刚念了四书，姐妹们都念什么书？

贾母：她们，读的什么书，只不过是认得几个字，不当睁眼瞎子罢了！

丫鬟二：（笑着对大家喊）宝二爷来了……

贾宝玉：（配一块玉上，跪拜）给老太太请安！

贾母：（宝玉来后，命令道）去见你娘，再回来。

（见宝玉回来后，脱了衣裳，笑着说）外客未见，就脱了衣裳，还不快去见你妹妹。

贾宝玉：（作揖后，凝神望了黛玉一阵）这个妹妹我曾见过。

贾母：（拍拍宝玉的肩，笑着）你又胡说，你怎么可能见过她呢？

贾宝玉：虽然没见过，却看着面善，心里就当是旧相识，今日只作远别重逢，亦未不可。

贾母：更好，更好，要是真是这样，就更和睦了。

贾宝玉：（走进黛玉身边坐下，细细打量一番后，试探地问道）妹妹可曾念过书？

林黛玉：（留心地，小心翼翼地说）不曾读，只上过一年学，些许认得几个字。

贾宝玉：妹妹尊名是哪两个字？

林黛玉：（轻柔地）黛玉。

（一边说，一边用手指在手上比画着"黛"字。）

贾宝玉：那……妹妹的表字是……？

林黛玉：（摇摇头）无字。

贾宝玉：那我送妹妹一个妙字，就属"颦颦"二字最妙。

探春：这出自什么典故？

贾宝玉：《古今人物通考》上说："西方有石名黛，可代画眉之墨。"这个妹妹眉尖若蹙，取这两个字，岂不妙哉？

探春：恐怕这又是你的杜撰。

贾宝玉：除四书以外，杜撰得很多，难道我就不能杜撰一个？（转向黛玉，焦急地询问）妹妹有玉没有？

林黛玉：（看看宝玉身上佩戴的玉，思索了一阵）没有。

贾宝玉：妹妹真的没有？

林黛玉：哥哥的玉是一件稀罕物，怎么能人人都有呢？

贾宝玉：（听完，摘下玉，狠狠地朝地上摔去）什么稀罕物，连人之高低不择，还说通灵不通灵呢！我不要这个劳什子了。

迎春、探春、惜春：（忙拉住宝玉）二哥哥，不要！

贾母：（气得轻轻打了宝玉一下）孽种啊！你生气，打人骂人都可以，何苦摔那命根子啊！

宝玉：家里的姐姐妹妹们都没有，就我有，没意思。今天来了个神仙似的妹妹也没有，这肯定不是个好东西，为什么我一定要有这个破石头？

贾母：（拭完泪后，灵机一动，忙哄他）你这妹妹原来也有玉，只是因为你姑妈去世时，舍不得你妹妹，遂将她的玉带去了。这一来尽了你妹妹的孝心，二来你姑妈在天之灵，看着玉就全当看着女儿了。你妹妹说没有，是不愿张扬。如今，你怎么能跟她相比呢？还不快点戴好，当心你娘知道了。

（众人平息下来后，奶娘上场。）

奶娘：老太太，请问林姑娘今住何处？

贾母：今将宝玉挪出来，同我在套间暖阁儿里住，把林姑娘暂且安置在碧纱橱里。等过了残冬，春天来后，我会另作一番安排的。

贾宝玉：好祖宗，我就在碧纱橱外的床上很妥当，何必又闹得老祖宗不得安静呢？

贾母：（想了一想）好吧。

# 第六节 小学语文中的小说教学研究

小说作为一种文学样式，与其他文体相比，小说同诗歌一样富于情感，善于调动各种语言手段，或直抒胸臆，或犀利鞭挞，但其节奏、韵律、意象等形式冲突没有诗歌那么强烈；与散文相比，其语言形式相似之处较多，但一般不像散文那样追求"形散而神不散"；与戏剧相比，两者都注重情节、人物冲突、对话，氛围渲染和心理刻画是重要的表现方式，但两者的表达方式略有不同。小说的对话和心理独白比戏剧更具有艺术性，陌生化程度更胜，因为小说是拿来阅读的，而不是上舞台表演的。总体而言，小说语言在一定程度上，通过塑造形象展示人物心理和个性，来推动情节发展等。因此，小说自身有其区别于其他文学样式的本质特征。

## 一、研究思路与方法

### （一）研究思路

认真梳理小学语文 12 册教材中小说类文本的特点并进行分析，然后梳理小说相关的理论概述，主要包括小说的概念、小说文本的特点以及小说教学的特点、目的和意义。通过文本分析、课堂观察和访谈调查法，力图清晰地呈现小学语文小说教学存在的问题，并进行归因分析。最后，结合相关的理论和具体课堂案例，探求小学语文小说教学的改进策略。

### （二）研究方法

#### 1. 文献资料法

通过登录中国知网查询有关小说教学的相关文献，进行分析和整理，找到现有研究的不足，从而形成新的研究思路，以确保在前人研究的基础上进行创新。

#### 2. 文本分析法

文本分析法是按某一研究课题的需要，对一系列相关文本进行比较、分析、综合，从中提炼出评述性的说明。对小说类文本进行仔细分析，从而对当前小学小说教学的计划安排有一定程度的了解，以更加深入地了解当下小学小说教学的现状，为本研究提供充足的支撑材料。

## 二、研究结果与分析

### （一）小说教学概念

小说教学即教师在课堂上通过解读小说人物形象、抓住小说的故事情节和环境描写来带领学生学习小说，使学生掌握一定的小说学习方法，从而使学生身心得到一定发展。

随着社会经济快速发展，各种科技创新层出不穷，小学生面对飞速发展的多元化时代，他们对新鲜事物的求知欲与好奇心也与日俱增。这对传统的教学提出了新的挑战。传统填鸭式教学已经不适应当前的教学要求。

填鸭式的教学方式会使学生对学习失去兴趣，降低他们学习的积极性。而小说往往因其更具情节性和故事性，能够引起小学生的阅读兴趣，进行小说教学对于提高学生的阅读能力，塑造学生人格具有重要意义。

### （二）小学语文小说教学的教育价值

#### 1. 促进人格塑造，发展个性品质

与其他文体相比，小说具有其他文体不具有的独特优势。首先，与记叙文相比，小说可以想象、虚构。小说的对象是整个人生，作品也是写男女老少，正面反面，写古今中外各种各样的人，而记叙文却要求实事求是，不允许虚构，写的必须是现实生活中存在的真人真事。在人物形象的刻画上，记叙文不要求塑造像小说那样经典的形象，它只要求对人物性格的某些方面作出一些形象生动细致的刻画；在表现主题思想上，记叙文中作者可以很直接地表明自己的观点，告诉学生应该学习什么样的品质，应该塑造怎样的人物性格。学生生硬地接受这些人格品质，时间一久便会产生厌烦心理。小说则是通过完整的故事情节和具体的环境描写来塑造鲜明的人物形象。学生可以通过生动细致的人物形象，从这些人物身上自然主动地发现其身上所吸引他们的某种人格品质，这样会更有利于小学生性格的塑造。

#### 2. 丰富人生体验，陶冶高尚情操

文学是对社会生活的反映，小说的功能就是通过对人物的塑造来反映现实生活的。语文教材中小说类文章，它不仅给学生提供了大量的素材，让学生能够了解方方面面的知识，也能培养他们的多种情感，陶冶他们的情操。

### （三）小学语文小说教学存在的问题

小学语文小说教学在当今语文教学中占有重要地位，同时对学生的人格塑造起着至关重要的作用。通过教材分析、课堂观察和对小学语文教师以及学生调查访谈发现，在当下小学语文小说教学实践活动中，仍然存在着许多问题，它不仅不利于小学语文教学的发展，同时也阻碍了学生核心

素养的发展。

### 1. 文本占比少

在小学语文 12 册教材中，小说占全部的 5.8%。由此可见，相比于其他体裁的课文，小说类文本在教材中所占的比例相对较少。

### 2. 对学生学习要求不当

通过课堂观察发现有的教师在小说教学中存在着对学生学习要求失当的问题，具体表现为两个极端的现象：一方面，教师在小说教学中不爱动脑子、没有充分详细地解读文本，而是按一个统一的套路进行讲授，对学生学习小说的要求较低，没有达到课标上对于小学生学习小说的具体要求；另一方面，有的小学语文教师在小说教学中对学生要求偏中学化。所谓要求中学化，是指教师用对中学生的要求去要求小学生，过度地解读文本，违背了学生身心发展的规律；过度解读文本，指教师对文本的解读过于深刻，不适应小学生的接收能力。

根据课标要求，教师在小说教学中对不同阶段的学生的要求是不同的。在小学阶段，小说教学对学生的要求是让学生初步了解小说作品，能够了解小说的主要内容，体会小说人物性和情节性，感悟小说表达的人格品质。因此，小说教学中可以围绕这几个方面确定小说目标，开展课堂教学。而不是以中学小说教学的目标来要求小学生，或是将目标定为让学生全方面解读小说。

此外，小说学习要求不当还表现在小学生阅读小说上。学生在阅读小说时，哪些小说需要精读，哪些小说需要泛读，这个"度"教师往往把握得不恰当。在教学中，发现大多数教师对于属于精讲课文的小说，还能予以重视，在课堂中能带领学生分角色朗读，抑或小组合作朗读，但精讲的小说也仅仅局限于教材的一篇或两篇；而对于大部分处于略读课文以及课外阅读的小说，大多数语文教师则是要求学生泛读一下即可，没有对其做出明确要求。这种做法会导致学生对小说缺乏重视，在阅读小说中，学生走马观花地浏览一遍，忽略了小说中所蕴含的人物、情节以及能够学习的人格品质和写作技巧，长此下去，学生对待其他文体的阅读也会沿袭这种习惯，这不利于形成良好的阅读习惯。

### 3. 教师对小说文体特征模糊

教师在小说教学过程中，也存在着忽视小说这一特定的文体特点的问题，表现为把小说当作一般的记叙文来教，这就使得小说教学缺少真正的小说味道。更有甚者完全忽略小说区别与其他文体所具有的趣味性，表现为逐段地分析文本，课堂氛围也显得无趣而呆板。因此，在小说教学中注重文体特征是非常重要的。

### 4. 教师小说教学模式单一

所谓教学方法套路化，指的是教师使用大众化的教学方法进行教学不同文体的不同特点，不能采用生动、灵活的方式进行教学。小说人物性和情节性较为鲜明，在进行小说教学时，可适当运用情景教学等多种教学方法相结合，然而，在当下的小说课堂教学中十分欠缺。

要学好小说，对学生的思维概括力、逻辑判断能力、想象力和对课文的理解力都要提出一定的要求。根据儿童认知发展规律，小学阶段的儿童在思维逻辑、想象和对课文的理解力上还都不成熟，大部分儿童不能很好地分析体会小说，需要教师的帮助与引导。

小说是当今社会最重要、最有趣、最富有生命力的一种文学样式。小说教学是小学语文教学的重要内容，它承载了语言、文学的教学功能，同时它又对学生的个性塑造、阅读能力的提升、语文素养的培养有着重要的意义。

因此，在小说教学中，要引导学生把握小说人物形象，学习用语言、动作、心理等细节描写刻画人物形象，鼓励其仿写小说，部分高年级学生完全有能力写出韵味十足的小说。

附：小说《再见，不勇敢的我》续编

## 小说《再见，不勇敢的我》续编

张成成

### 第一章

纳特雷知道自己的妈妈喜欢的偶像是女王，所以纳特雷下定决心对自己说：纳特雷，你是红松鼠中最勇敢的红松鼠！你妈妈喜欢女王，那么你就要当红松鼠中的国王！你要把红松鼠的国家管理得比灰松鼠的国家强大一百倍，这就是你的使命！

一年，两年……纳特雷慢慢地从小时候的胆小幼崽变成了强壮的成年红松鼠。

### 第二章　纳特雷当国王了

有一天，纳特雷从垃圾山上走了，他来到了一座离垃圾山很远很远的一座大山上，他在这座大山上来回走动。忽然他发现了一大片榛子林。纳德雷非常高兴，他爬上榛子树，摘下几个榛子痛快地吃了起来。

这时，纳特雷听到了几阵嬉戏声！他顺着声音跑过去，发现一群红松鼠在快乐地玩耍。这时,这群红松鼠问纳特雷："你是谁？来我们这里干吗？我们正在选国王，难道你是灰松鼠派来不让我们选国王的？你到底要干吗？说！"纳特雷急忙对这群红松鼠说："你们误会了，我是红松鼠，不是灰松鼠，更不是灰松鼠派来的。我是成年红松鼠，是路过的。"这群松鼠说:"我们知道了，加入我们族群吧！"纳特雷说:"好！"纳特雷刚说完，就有三只气势汹汹的大老鼠冲着这群红松鼠跑过来，纳特雷以迅雷不及掩耳之势冲到三只大老鼠跟前，准备决一死战，保护红松鼠们。三只大老鼠见纳特雷来势凶猛，没战几个回合，就抱头鼠窜了。

一会儿，纳特雷见大老鼠走了之后，就去找那群红松鼠了。

纳特雷找到这群松鼠后，就对他们说："你们没受伤吧？"这群红松鼠不约而同地说："我们没有受伤！你关心我们还救我们，所以你就是我们的国王！"

纳特雷双手合十，对着天说："上帝呀，请您转告我的爸爸妈妈说我当上国王了！"

你应该知道：红松鼠最喜欢保护自己的种族，并且会用最好的办法保护自己的同胞。

# 第七节 "快板"让语文教学活起来

为了全面提高学生的语文素养，培养学生自主、合作、探究式的学习习惯，进一步激发学生的创新精神和实践能力，让知识以一种生动活泼的形式被学生掌握，同时实现我国优秀传统文化的体验与传承，将快板引入语文课堂，是对语文教学路径的探索与创新。

快板是一种传统说唱艺术，属于中国曲艺韵诵类曲种。早年叫"数来宝"，也叫"顺口溜""流口辙""练子嘴"，是从宋代平民演唱的"莲花落"演变发展而成。

## 一、可行性分析

部编版新教材中增加了许多中华优秀传统篇目，这些篇目思想精练、语言经典。"快板"作为中国曲艺韵诵类曲种，也是一种经典的传统文化，它讲究吐字归音、用气发声，气运丹田，要"有劲""有味""有韵"，与古诗词朗诵有异曲同工之妙，有利于激发学生学习新知的动力和自我展示的欲望。

## 二、教学方法

### （一）文化氛围营造是前提

兴趣是最好的老师，有兴趣的学习，才能够提升学习的内驱力；有收获的学习，更能提振学习的自信心。将"快板"引入课堂前，首先应在班级营造浓厚的文化氛围，让学生了解曲艺、了解快板，带着无限的好奇开启学习之旅。找一些经典快板段子，让学生观看，一些青少年表演的朗朗上口的素材，学生甚至能即看即学，极大地激发学生的学习热情。

### （二）仪式感是必备环节

"快板"进入语文课堂，带给学生的是满满的新鲜感和优越感，作为班级特色，每次教学开始前，让同学们都会齐打快板，以最佳学习状态投入学习。

### （三）教材及经典诵读篇目是抓手

巧妙利用教材里的古诗词和经典诵读篇目，在日常的快板语文教学中，引导学生借助快板采用多种方式诵读理解，如自由诵读、开朗诵会、演讲等，让学生在反复体验中咀嚼体悟，实现润养身心，化育灵魂，铸造人格的目的。

部编教材的经典篇章无一不是韵律美的典范。学生通过打板诵读，体味诗词的韵律，涵咏歌赋的内涵，在唇齿之间感受到传统文化的韵律美。

### （四）实现运用"快板"高效语文教学，挖掘传统节日文化元素让学习更有趣

在"快板"语文教学过程中，引导学生以多种方法介绍我国传统节日的相关传说与习俗。比如把传统习俗的来历、习俗内容、相关的神话传说编写成快板词进行详细介绍；或者让学生介绍自己家乡过春节的整个过程；各地传统节日流行的儿歌以快板的形式演唱等。使同学们对我国传统节日、传统文化有了新的认识兴趣，自然而然地参与到对传统文化的学习与传播

中去，更好地理解我国传统文化，热爱传统文化。

将快板引入语文课堂，是对语文教学路径的探索与创新，通过各种形式的训练，让学生树立正确的人生观和价值观、大语文观念，能够正确面对传统和未来。语文教学也真正实现从课本生发出去，让学生从经典的传统文化中汲取营养。

### 附：快板教学实践纪实

"小朋友们要记牢，见了老师问声好。思想好学习棒，人人见了都夸奖……"在我班的教室里时常响起清脆悦耳的快板声。

为了吸引同学们的注意力，使之更好地进入学习状态，我千方百计激发学生的学习兴趣。不仅把快板运用到学生行为习惯养成教育中，还把书本上的知识编成一小段贯口或是儿歌，让学生用快板的方式表现出来。例如在学习《景阳冈》这篇课文时，我调动全班学生学习打传统快板《武松打虎》，学生们一下子被这种有趣的方式所吸引，学习兴趣十足。在课堂上我利用网络视频让学生分别看传统快板和现代快板作品，让同学们了解这一地方传统文化，还通过多种渠道邀请山东快板专家和爱好者进校园教学生打快板。学生利用课余时间撰写的作品先后在校园读书节班集体诵读比赛活动中展示。其中《夸夸我们的好文苑》这一作品，在省级比赛活动中展示，荣获山东省教育厅颁发的二等奖。善于把快板教学融入语文教学和各种教育活动中，无形中把优秀传统文化的种子植根于学生的心中，提升了学生的文化自信。

**附：群口快板《夸夸我们的洪三小》**

## 夸夸我们的洪三小

（写于 2008 年 12 月，在历城区洪家楼第三小学工作期间）

甲：2009 新春已来到，

乙：祝贺大家新年好！

合：新年好！我们来自——洪三小，元宵聚会和您聊。

丙：聊什么？

丁：今天不把别的聊，夸夸我们的洪三小。

合：噢——

甲：小鸟窝，挂树上，

女生：谁做的？

合：四二班的哥哥，

乙：还有姐姐，

合：真漂亮！

小鸟叽叽立树梢，

歌声清脆悦耳叫，

与我们同声来歌唱

夸夸我们的洪三小！

丙：夸夸我们的洪三小，

丁：教学楼，真壮观，白粉墙，红瓷砖，崇德尚文求发展。

甲：教室明亮宽又宽，设施完备齐又全，获奖锦旗一面面！

齐：一面面——

男：春天到，

女：环境好，

男：有玉兰，

女：有连翘，

男：有蔷薇，

女：有绿草，

齐：多彩花朵开口笑，

绿荫美景来环绕。

纵观学校新面貌，

师生为您而骄傲！

而骄傲！

乙：百花香，吐芬芳，我们一起再把领导和老师来赞扬！

合：来赞扬！新思路，新思想，新目标，新方向，

为使学校大变样，周密商讨细思量，

找专家，去寻访，谈设计，整日忙，

目标明，心敞亮，为求学校更辉煌！

男合：更辉煌——


丙：草儿绿，花儿艳，园丁辛勤来浇灌，

我们的理想和梦幻，老师真情去点燃。

丁：不急躁，不厌烦，讲道理，勤指点，细微之处想周全。

女合：想周全——


男：上课是否敢发言？

女：身体是否得康健？

男：路上是否能安全？

女：夏天是否能凉爽？

合：冬天是否能温暖？一桩桩，一件件，老师心里总挂牵。

皱纹悄悄爬上脸，黑白头发已参半，积极进取永向前，

无怨无悔来奉献！来奉献——


甲：哎——我校教学之花更鲜艳！

乙：对——更鲜艳！

甲乙丙丁：新课程，新理念，新的教法重实践，

课上自由来发言，积极探索无局限，自主探究思路变，

创新学习我争先，天天愉快没负担！

合：没负担——


甲：大课间，真规范。

乙：昂首阔步永向前！

丙：温馨音乐铃声响，

丁：及时下课不拖堂。


甲乙丙丁：沿着路线下楼梯，站队做到快静齐。

横看成排竖成行，斜成线条不寻常。

齐：不寻常——

伸伸胳膊踢踢腿，

扭扭屁股弯弯腰。

"雏鹰起飞"不可少，

抖抖手啊抖抖脚，

还有我们老师自编自创的健美操。

阳光洒在操场上，

胳臂甩得有力量。

雄赳赳

气昂昂,

师生英姿真飒爽!

甲:真飒爽——

乙:洪三小,

丙:大课间,

丁:彰显特色和亮点。

甲乙丙丁:赢得客人来参观。

三小师生多奇志,

敢叫旧貌换新颜。

合:换新颜——

人之初,性本善,

经典诵读增内涵,

浓浓书香满校园,

精彩活动讲不完。

讲不完——

甲:满树桃李吐芳香,

乙:校园生活喜洋洋,

丙:打起节奏高声唱,

丁:衷心祝愿我校的明天更灿烂!

齐:更灿烂——

洪三小,真美丽,

领导老师和学生,

各个都是好样的,

好样的——

你增砖，我添瓦，

共同努力建家园，

为啥？

因为我们热爱她，

热爱她——

第四章  语文教学思与行

# 第一节　阅读教学

## 第一篇　小学语文高效阅读教学方法

阅读能力是小学生必备的基本能力，阅读能力的培养主要是为了迅速获取有用信息，并使他们在语文学习中更加积极、主动。语文阅读教学中，教师要依据教学要求和小学生的语文学习需求，采用合理的方法，使学生迅速理解文章中的主要内容，体味其所传达的情感，掌握基础写作技巧，使学生在课余时间自觉进行阅读，全面提升语文素养。

### 一、小学语文阅读教学现状

#### （一）教师对文本理解不深刻

阅读教学中，教师主要起引导作用。教师对文本的理解，直接关乎学生的阅读能力及语文学习效果。部分语文教师，受传统教学思路限制，对文本缺乏理解，加之日常工作负担较重，对文本缺乏钻研，导致文本理解不够透彻。教师的文化、观念和思想等，更新过于缓慢，严重影响了语文课堂教学质量。

#### （二）忽视语言积累和表达运用

传统观念认为，语文阅读教学中，一定要理解文本内容，明确文章思路，方能领悟文章的内涵和精髓，忽视了语言的积累、表达、运用的重要性。学生仅理解文章的意思及所要表达的思想感情，而不会对文本中的语言进行灵活运用，或者用合理的语言表达自己的观点和看法，违背了语文阅读教学的初衷。

### （三）不注重学生的个性化培养

作为独立的个体，每一个学生都有自己独特的兴趣和爱好。实际教学中，教师将自己的想法和理念灌输给学生，使学生普遍缺乏主见，不利于培养他们的自主学习能力，课堂参与性不强，忽视了学生的个性，使整体阅读效果不佳。

## 二、高效语文阅读教学方法

### （一）读写结合

阅读教学的目的是培养小学生的语言运用能力和写作能力。小学语文阅读教学中，既要使小学生掌握正确的阅读方法，更要引导他们对文字和思想等进行内化，深刻体味文本的意思、内涵和思想等，对作者的表达方法和技巧具备明确的认知和把握，从而在写作过程中，对这些内容和技巧等进行有效迁移。比如，安排学生依照文本内容进行句子仿写和模拟描写；充分发挥自身想象力，进行文本补充和扩展；进行文本改写，将简洁的古诗词改写成散文或故事等；依照本文写作特点，叙述自己的经历或身边发生的故事；撰写读后感；定期进行写作训练。

### （二）创设情境

近年来，情境教学在小学语文阅读教学中应用比较普遍，既能够激发学生的学习兴趣，又能够构建和谐的师生关系，增强语文课堂互动性，提高阅读教学效率。首先，教师要依据文本内容和课堂教学背景，借助音频、视频、图片等，为学生创设生动的课堂情境，使语文教学更加生动，使学生主动融入阅读教学环境中。其次，学生依据具体情境，自主阅读，加深对文本内容的理解。而教师也要提出相关问题，使学生在阅读过程中，积极思考，寻找正确答案，强化学生对课文的整体认识。从而真正融入良好的阅读情境中，实现语文阅读教学目标。

### （三）创新方法

语文教师要结合学生的学习诉求，对阅读教学方法进行创新，进行课堂教学设计，使学生自觉参与到语文阅读中。教师要着重引导学生进行自主阅读，以对文章内容进行整体性把握。语文阅读能力的培养是一个长期不断积累的过程，教师要改变传统的思维模式，对与课程相关的阅读内容进行筛选，扩展学生的阅读量，以实现阅读知识积累。教师也可进行分组教学，提出问题，引导他们开展组内讨论，激发他们的阅读热情，明确学生的个体差异，培养学生的创造性思维，使他们能够积极表达自己的意见和看法，提升他们的语言表达能力、逻辑思维能力，提高语文阅读教学效率。

**（四）注重体验**

阅读教学过程中，要引导学生采用正确的方法，合理把握文章脉络及情感。语文阅读极具情感性，它充满了活力。通过丰富的阅读训练，使学生合理把握写作情感，具备清晰的阅读思路。教师要将情感体验融入阅读教学中，使学生对文本内容具备深刻的理解和认识。该过程中，教师也要结合课文内容，向学生讲解社会背景、作者经历等，便于学生更好地理解文章内容及所传达的情感，并体会作者的思想感情。阅读指导过程中，教师也要引导学生进行朗诵，通过朗诵来体会作者的感情，从而使他们更好地把握文章内容和脉络，实现小学语文教学目标，为学生营造良好的阅读学习空间。

阅读教学是小学语文教学中的重难点。语文教师要依据小学生的学习要求，改变传统的阅读教学思维和模式，采用正确的教学方法，着重培养小学生的阅读能力、思维能力、创造能力和自主学习能力等。而语文教师也要营造良好的课堂氛围，提高学生的课堂参与性，不断丰富他们的阅读体验和情感体验，提高小学语文教学质量，为小学生未来学习及发展奠定良好的基础。

## 第二篇　新课程理念下的语文课堂教学关注什么

新课程理念下的语文课堂教学应该关注：教师素养、教学设计、教学细节、学生兴趣以及学生收获。然而，在现实的教学实践中却存在着不顾及学生的实际，任性走教学流程的现象。

某老师在《威尼斯的小艇》一课教学中，设计了近期通用的教学环节——小组合作。教师从整体入手让学生边谈边板书出"本文写了威尼斯小艇的哪些方面"后，开始让学生选择自己喜欢的一段进行小组合作学习，在合作之前让学生谈谈自己打算怎样合作学习。这时有一个爱钻死牛角的"个性男孩"举手说"这样选一段学习，我们学到的知识不全面"。显然，他反对老师安排的这种学习方式，并明确谈出了自己的理由——顾此失彼。不知老师是没听清楚学生的本意，还是一种教学机智的体现，总是对学生答非所问。最后僵持到学生干脆坐下不说了，这时老师一脸的释然。

无独有偶，也是在同一活动中，另有这样一个片段：上课伊始，教师出示课题后说："小朋友们，这节课你想学到什么？"学生像开了锅似的，说什么的都有，教师也不置可否，还不断地加以表扬："你们真是爱学习的好孩子！"接着开始让学生读书了，"你们想用什么方法读就用什么方法读！"教室里又沸腾起来了，有的大声读，有的小声读，有的在嬉笑，有的在做"地下活动"……反正教师也不管，好不自在！接下来这样的话语时常挂在教师的嘴上："你想用什么方法解决问题就用什么方法解决问题。""你想用什么方式展示就用什么方式展示。"不管学生发言的情况怎样，是正确还是错误，是精彩还是平庸，教师也只是说："你说得很好""说得很不错""非常有道理""你真棒"……教师从不对学生说"不"。

这两个课例，投射出目前语文课堂中普遍存在着这样几种状态：

一种是"墙头草"。专家说这样教，他就这样教；专家说那样教，他就那样教。就拿"语文综合性学习"来说吧，有专家说"语文综合性学习"刚刚起步，课堂开放得还不够。他们听了马上开放起来，但好景不长，又有专家说"语文姓'语'""'小语'姓'小'"，不要"肥了他人的自留地，荒了自家的责任田"。他们马上草草收兵，又回到原来的轨道上来。就这样，"墙头草"一时倒这边，一时倒那边，人云亦云，毫无个性可言。

另一种是"模仿秀"。聆听了某某大师的课堂教学，从崇拜到模仿，那一言一语、一颦一笑、一招一式都照仿不误。当然，任何技能都是从模仿开始，模仿是创新的基础，教学也概莫能外，但一味地模仿形式，不去思考本质的话，永远得不到教学艺术的真谛。

还有一种是"穿新鞋走老路"。从表面上看，课堂上的学习方式是自主了，学习内容是学生自主选择了，但真正在组织教学时却是按照教师的那一套程序，牵着学生鼻子走，所有体现新课程理念的形式都只是"形式"而已，不去关注学生独特的感受和理解，忽略对学生人格的尊重，这一点从第一个课例中略见一斑，课堂教学成了走程序、走过场。

那么，导致上述问题的根源是什么呢？这主要是"教"的理论与"学"的理论影响着我们课堂教学的价值取向。

"教"的理论主要研究"为什么教"（教学目的）、"教什么"（教学内容）和"怎么教"（教学方法）等问题，力图建构一套关于教师如何进行教学的理论体系。以凯洛夫为代表的一批苏联教育家构建了一个以"教师如何进行教学"的理论体系，对"为什么教""教什么"和"怎么教"进行了细致的研究，研究了不少关于教与学关系的客观规律。但是，凯洛夫的教学理论存在知识本位、教师本位、课堂本位等弊端，严重忽视了学生的主体性，致使本应是生动活泼、充满生机和活力的课堂教学变得沉闷、呆板、缺乏生气。传统的课堂教学基本上是以这种教学理论为指导的，这种教学观念已根植于某些教师的脑中，于是出现了第一个课例的情况。

"学"的理论研究的主要内容包括"为什么学""学什么"和"怎么学"。教学活动的重心从"教"转向"学"，突出强调了学生的主体地位和作用。以杜威为代表的一批理论家把"以教师为中心"转变为"以儿童为中心"，为"如何学"教学理论的研究奠定了基础。这种"学"的理论注重学生在学习中的主体地位和作用，他们对学习的条件、学习过程、学习动机、学习行为以及影响学习的内外因素等进行了深入研究，这对于提高学习者学习的质量和效率有积极意义。但是对教师的作用强调不够，割裂了教与学的有机联系，在一定程度上忽视了教师在教学活动中的地位和作用。近年来，我国的课程改革经过反思，力克传统教学的弊端，吸纳杜威的建构主义学习理论。但是我们有些教师不能领会其精髓，不能从刻板形态中走出来，只是一味地注重形式上的东西，所以才会有第二个课例的情况。

新课程理念下的现代语文课堂教学应该是以师生之间的"对话"为基础，是教师有价值的引导与学生自主建构的有机结合。教师与学生之间不是一种简单给予、接收的关系，而是一种平等、民主、自由、宽容、鼓励与帮助的"伙伴"关系。这里的"宽容"和"鼓励"并不是对学生的放任自流，而是在鼓励学生，激发学生学习积极性的同时，真诚地给予学生以指导和帮助，并为学生的学习和发展指明方向。

## 一、以生为本，让课堂教学返璞归真

课堂不仅是学科知识传递的课堂，更是人性养育的课堂。教师不仅要充分展示教学中的各种道德因素，还要积极关注和引导学生在教学活动中的各种道德表现和道德发展，从而使教学过程成为学生一种高尚的道德生活和丰富的人生体验。这样，学科知识增长的过程同时也就成为人格的健全与发展的过程。

学习是教学的出发点，也是教学的归宿，研究学生的学习情况，才能真正地让课堂教学返璞归真。作为教师，我们想的更多的应该是学生会怎样学，学生会提出哪些问题，学生在自主学习中会遇到哪些困难，在合作学习中会出现什么情况，该怎样组织学习比较切实可行等。让学生作为独立的主体积极参与到教学活动中去，在与教师的相互尊重、合作、信任中全面发展自己，获得生命的价值体验，并感受到人格的尊严。教学的最高境界是真实、朴实、扎实。要真真切切地做到"三实"，需要教师捧出一颗对教育虔诚的心，对学生真诚的心，提倡"简简单单教语文，本本分分为学生，扎扎实实求发展"的回归常态的语文教学。

## 二、对话交往，让课堂教学同构共享

"对话"成为我们课堂教学必然的选择，其原因有三：一是对话教学改变了传统教学过程灌输与被灌输的主客关系，而对话教学是生命主体间的沟通、感悟和融合；二是对话教学体现了以人为本的教学理念，使学习活动成为师生共同成长的关键部分；三是对话教学顺应了开放教学的需要。在课堂教学中，不是用一种观点来反对另一种观点，也不是将一种观点强加于另一种观点之上，而是一种"共享"，是师生之间共享知识、共享经验、共享智慧、共享人生的意义与价值。"交往"是师生之间或是生物之间为了协调沟通、达成共识、共同合作去达成某一个目的而进行的互动交流。因此，课堂教学中，教师仅仅是作为学生学习团体中的一个平等成员，是"平等中的首席"，作为"平等中的首席"，教师的作用没有被抛弃，而是得以重新构建。

## 三、情感体验，让课堂教学灵性闪光

课堂教学不仅仅要使学生有所知，更要使学生有所感；不仅仅是一种告诉，更是一种体验，这是课堂教学改革的一个基本方向。我们要善于挖掘教材的情感因素，把情感点画出来，展示在课堂教学之中，打动学生的心弦，激发学生的情感共鸣，使整个课堂教学情趣盎然。

我们还要发挥教师的情感诱导作用，用自己的真情实感去拨动学生情感的心弦。一句话，上到学生的心里，能打动学生心灵的课才是一堂好课。语文教师要满怀激情，用自己丰厚的语文素养感染学生，让语文课变得有滋有味。

戏谚云："好戏能把人唱醉，坏戏能把人唱睡。"我们的课堂教学何尝不是如此呢？"好课能把人上醉，孬课能把人上睡。"怎样做才能把学生"上醉"而不"上睡"呢？以情感人，以理服人，寓情于理，情理交融。

### 四、主动探究，让课堂教学生机盎然

在新课程理念下，课堂不再是"教堂"，而是"学堂""课堂"这一概念的含义现在已经发生了根本变化：课堂不再是教师一统天下的"讲堂"，不再是教师施展聪明才智的舞台，也不再是知识搬运的中转站。而是联结课内与课外、校内与校外的桥梁，是学生整个学习活动的策划中心，是学生表现自我的舞台，是学生获得知识的加油站，是学生享受学习乐趣、接受情感熏陶的场所，是师生生命相遇、心灵相约的聚集地，是学生生命的一部分。因此，课堂应致力于促进学生完整生命的健康成长。

在课堂上，教师不再是学生的主导，而是向导；教学过程不再是一种知识传输过程，而是一种积极探究的过程。课堂上教师要把学习的知识置于一个问题的情境中，使学生结合自己的原有经验来学习探究新知识，建构自己对各种问题的观点和见解，建构自己所坚持的判断和信念。

### 五、预设生成，让课堂教学相得益彰

预设是很重要的，然而，仅有预设是不够的，因为教学是主体的、能动的、活跃的人的活动，教学的确定性中存在着不确定性，不确定性中存在着确定性，从而构成了师生共同参与、共同创造的空间，构成了课堂教学中的动态生成的美。我们要善于捕捉那些闪动着灵性的生成资源。在课堂教学中，经常根据课堂实际情况，随时"插曲"，往往有意外的收获，比如，为课桌上的"三八线"、前后桌的"边境线"时有争执，此时可以放下手中的课本，给学生讲"六尺巷"的故事，讲罢，让学生围绕"礼让"的问题，自拟题目，写看法、谈观点，习作的结果会让人喜出望外。

课堂教学是师生互动、心灵对话的舞台；是师生共同创造奇迹、唤醒各自沉睡的潜能的空间；是向未知方向挺进的旅程，随时都有美丽的风景呈现。

如何把握好新课程理念下的语文课堂？首先，我们应该拿出一颗对学

生的爱心，带着斯霞老师那样的一份"母爱"走进课堂，爱学生之所爱，乐学生之所乐，悲学生之所悲。其次，我们应该拿出一种平实的心态，像斯老师那样，追求一种古典的心情，让自己静下心来，让自己朴实起来，让自己深刻起来。再次，我们应该拿出一套全新的理念来重构我们的课堂，让生本观念、生命意识根植于我们每一个人的心中。最后，我们应该拿出深厚的底蕴来滋养学生的心田，我们应具有志士"天下兴亡，匹夫有责"的高贵品格；具有仁人"先天下之忧而忧，后天下之乐而乐"的广阔胸怀；具有"谈笑间,樯橹灰飞烟灭"的潇洒自如,让学生于潜移默化中修身养性，发育精神，终生受益。

倘若明白了这些道理，我们只要对文始的两个案例稍作调整，它就会以崭新的姿态出现在师生的面前，那就是实实在在的"真""真"的如一泓清水，清澈见底。

镜头一：

师：看来，你不喜欢这种学习方法，你敢于提出自己的想法，很好。你有更好的方法吗？……其他同学对他的看法有意见吗？没有。那就请用这位小老师的方法学习吧！

这样的调整，使课堂成了学生整个学习活动的策划中心和表现自我的舞台。会让学生感受到对自己人格的尊重，从而体验到学习活动带来的愉悦。

镜头二：

师：请大家把刚才几位同学的说法作一比较，看看谁的说法更好？为什么？这样调整的理由有两点：一是老师没有说谎，没有弄虚作假；二是没有挫伤学生的积极性、自尊心和创造性，并让学生明白"没有最好，只有更好"的道理。

课堂教学先是一门科学，然后才是一门艺术。教学的本质不仅是展示教师的才华，更重要的是促进学生的发展。掌声雷动的课不一定是好课，有特色的、符合课改方向的课才是好课。环环相扣、天衣无缝、一帆风顺的课不一定是好课，磕磕碰碰、一波三折、柳暗花明的课才是好课。

有专家认为，教师的教学能力等于把握教材的能力＋了解学生的能力＋导学的艺术＋人格魅力。我衷心希望，咱们语文教师，能用真实、朴实、扎实的，又充满智慧的教学，带动学生的发展；衷心希望每位老师在学习、借鉴的基础上，不断提高教学能力，和课程改革一同成长。

（此文为历城区新课改读书论坛发言稿，相关观点在 2005 年《中华 21 世纪创新教育论坛》发表。）

## 第三篇 语文教学的"走向"

语文本应是鲜活的，拥有无限的生机与活力；应是朝气蓬勃的，具有无比旺盛的生命力和创造力。我们应还语文以本来的面貌，重构语文教学的新秩序，走向智慧，走向生命，走向对话，走向开放，走向生活，引领语文走回家之路，让学生充分享受语文，享受快乐，享受尊重，享受人生；让语文的魅力吸引学生、迷住学生，使语文成为学生心中那份难以割舍的情愫，那份永久的依恋……

### 一、走向智慧

语文本应是一门充满智慧、充满思想、充满人文精神的学科。而有些教师的语文教学恰恰缺少了智慧，缺乏对学生个性思维的培育，缺失对学生人文的关怀，深陷琐碎分析、理解的误区难以自拔，使其花费时间长，产生的效益却并不理想。实际上，知识并不等同于智慧，知识关注现成答案，智慧则是探究未知世界。语文教材蕴含着丰富的情感因素和深厚的人文精神，需要学生用智慧潜心体验和感悟方可领悟。如果一味地注重对知识的顶礼膜拜，唯课本是瞻，而忽略让学生运用智慧去探究未知的世界，学生将有可能成为"知识的巨人，情感的侏儒"。扼杀的是他们鲜明的个性，浇灭的是富有创见的智慧火花。

语文走向智慧，教师应清醒地认识到，语文教学不能只是知识的简单堆积，技能的重复操练，而应与过程方法、情感态度价值观的培养进行多维整合，促进学生的全面发展。因而，必须超越知识技能的最低目标，关注学习的过程，教给学生学习的方法，重视对学生情感、态度、价值观的引导和熏陶，帮助他们树立积极的人生态度，形成健全的人格。

语文走向智慧，必须以学生为主体，营造自主的学习环境，把学习的主动权交给他们，让他们自觉地学习，自主地探究，享受到自主学习带来的乐趣；必须尊重学生的个性差异，崇尚学生个性的发展，给予自由的思维空间，保证充分的思维时间，使每一个学生在富有个性化的思维中，放飞智慧的翅膀，让"智慧之光"永远闪亮。

## 二、走向生命

我们知道，作品的语言是作者对生活经验的累积与思考，对人生生命的感悟与提升，充满着作者的爱与憎，喜与忧。它已不再是一堆毫无意义的符号，而是强烈地跳动着的生命脉搏，一个个跃动着的生命体。但在平时的语文教学中，我们总以认知、理性来灌输、训练，堵塞生机勃勃生命的成长，单调乏味的分析销蚀师生生命的情趣。因此，语文教学要确立生命意识，关注师生的生命价值，呼唤师生生命的觉醒，走向生命，使语文课堂充满生命活力。

语文走向生命，必须让每一位学生都能亲近作品，真实地感受语言的无穷魅力，自然地走进作者的内心世界，拨动心中那根情感之弦，进行彼此间的心灵对话，与作者情感产生和谐共振，达到"心境合一"。通过这种真实的体验与心灵对话，学生得以品尝生活的不同滋味，发现自己存在的价值和生命的意义，积淀对生命的感悟，从而获得个体内蕴的丰满和生命价值的提升。

语文走向生命，教师要做到"目中有人""心中有人"，用发展的眼光看待每一位学生。在目标定位上，要着眼于发现、发展学生的潜能，着眼于学生个性的张扬，生命的律动，使语文成为学生建构精神生活、提升生命质量的过程。在教学方式上，要不断地激发学生的兴趣，使学生生命的活力在积极主动的参与过程中充分地表现出来。在文本解读上，要珍视学生对文本的独特理解，赋予语文以个性化意义，获得对生命的独特体验和感悟。在课堂处理上，要努力营造轻松和谐、自然生态的教学环境，建立民主、平等、和谐的师生关系，在师生互动中，充分尊重学生作为一个"大写的人"应有的权利、尊严、思维方式和自身的发展方向，让学生享受尊重、享受快乐，得以品味生命的无限魅力；要学会宽容，容纳学生的过失甚至错误，公平地对待每一位学生，让每一位学生在课堂上都享受到生命的尊重，享受到成功的喜悦。

### 三、走向对话

语文走向对话，是因为长期以来，我们似乎一直是课堂的"主角"，唱着"独角戏"，坐着"霸主地位"，掌管着课堂的"生杀大权"，担任着评判员的角色，拥有绝对的权威。其结果是学生唯唯诺诺，对老师言听计从，毫无自由发展的空间，毫无个性张扬的余地，变得越来越沉默，课堂也变得越来越呆板，一成不变，缺乏生机。新课程标准指出："应充分发挥师生双方在教学中的主动性和创造性"，"语文教学应在师生对话中进行"。它为我们确定了语文教学的基本理念——走向对话。

实际上，语文走向对话，意味着师生双方已成了"一个战壕里的亲密战友"，师生关系已成为一种平等、理解、双向互动的人与人之间的关系。课堂上，师生间通过平等对话，达到动态的信息交流。在这种立体的、大容量的信息交流中，实现相互沟通、相互理解、相互补充，充满着灵性的互动。

语文走向对话，将会再现师生共融教学情境的可喜场景。教师通过与学生的对话，能走进他们充满童真和幻想的世界，触摸到他们心灵的脉搏；同样，学生也能走进老师的内心深处，洞察到老师深邃的心理世界。这样，师生间通过心灵的交汇，很容易形成一个彼此相互尊重、相互信任、相互关爱的"学习共同体"，真正达成共识、共享、共进。

语文走向对话，还意味着师生之间对文本的动态建构。教师对文本的阐释已不是最终的权威。学生对文本也会有自己独特的体验和理解，教师为他们提供了一个开阔的想象与创造的空间。师生在平等对话中实现智慧的交锋，迸发出创造的灵感，甄别人间的真善美，涵养双方的道德人格。

## 四、走向开放

长期以来，我们的语文教学总是如"小脚女人走路"般不敢放开，局限在课堂这个狭小的圈子里，隔断与外界的联系，"死教书""教死书""唯书上"成为我们固守的信条。结果可想而知，书本成了学生的唯一，课堂成了学生的全部，语文教学只有走向开放才会有活力。对此，语文课程标准也明确强调："要努力建设开放而有活力的语文课程。"我们知道，汉语不同于其他的语言，汉语言是作为母语来学习的。因此，应根据这个特点，充分利用母语社会背景这一得天独厚的优势，让学生在广阔的母语社会环境中学语文、用语文，走"开放化"的教学之路，构建开放型的语文教学新天地。

语文走向开放，就是要建立起"大语文"的教学观，充分合理地利用除课本以外丰富的语文教育资源，突破封闭的课堂和单一的课本局限，开放课堂与课本，构建起以课堂为主阵地、以课本为基点全面开放的格局。开放课堂，就是不要让课堂再成为教师传授知识的圣殿，而成为师生共谋发展的平台。可以走出去，融入无限生机的大自然；可以请进来，展示自我，展示个性，成为师生共同参与的活动舞台。开放课本，就是通过引进大量鲜活的课外内容，拓宽学生学习语言的渠道，拓展学习语文的空间，让学生习得更多"活化"的语言。开放课本，要立足课本，以课文为线索，由点及面地向课外延伸，引入相同类型的课文来比较学习和阅读，拓宽学习的内容，培养学生举一反三的能力；增加学生的课外阅读量，让他们从大量的课外书籍中汲取丰富的营养，提升文化底蕴；渗透相关学科或其他学科的内容，在知识的相互交叉、渗透和整合中开阔视野，提高学习效率。开放课本，不仅在量上进行扩展延伸，还可超越教材，带领学生对教材的内容做进一步的修改、质疑、再创造，让他们带着问题走向课外，使课外也成为学生获得积极发展的广阔天地。

## 五、走向生活

现代教学研究表明：学生对语言文字的感受、领悟程度往往取决于他们的生活积累。当新知与他们的生活背景接近时，他便会充分调动脑海中储存的相似性模块，联系自己的生活经验去比较、归纳、揣摩、感悟，从而理解语言、积累语言，丰富自己的情感体验。但是，个别语文教学恰恰远离了学生的生活实际，教学内容没有融合鲜活的、丰富的社会生活，造成了教学内容的单调、乏味，语文失去了生活实践的情境和乐趣，学生获得的只能是"屠龙之技"，而非鲜活的生活语言。而且学生所获得的这些语言往往又是零碎的，缺乏活性，很难在生活情境中实现迁移，不能很好地内化为自己的语言。

语文走向生活，是因为生活本是语文的源头活水、绿木之本，生活中的语文资源无处不在、无时不有。因此，应建立以课堂为中心，能动地向学生的学校生活、家庭生活、社会生活等各个领域自然延伸和拓展；打破课堂的界限、学科的界限、课内外的界限，拓宽语文学习和运用的领域，根植于现实生活中，培养学生"留心生活处处皆语文"的意识；积极引导学生到生活中学语文、用语文，并及时更新、调整、补充、重组有关的学习内容，让语文充满生活的气息，成为学生生活的需要。一句话，语文走向生活，就是引领学生做生活的主人，做生活的有心人，让他们随时感受到身边的生活中有活生生的语文存在，随时能从日常生活中体验、品味、感悟语言的魅力，享受生活，享受语文，激发进一步学习语文的乐趣和愿望。

我们只有深入领悟新课程的理念，走向鲜活的语文教学；才能一展语文教学的雄姿。

## 第四篇　课外拓展的"时"与"度"

小学语文课程和教材的改革，强调了师生之间、学生之间的信息交流。行之有效的课外拓展，能够保证良好的信息来源，激发学生的学习潜力，对课堂教学起到促进作用。围绕着小学语文制定多层次、多维度教学目标，采取行之有效的课外拓展方法是非常重要的。

语文课的拓展和延伸，以课本为本，又要高于课本，注重学生语文实践能力的培养。然而一谈到语文拓展延伸，我们习惯于把目光投向课外，语文课堂教学过程本身富含的资源却视而不见了。殊不知，忽视了语文课堂上的种种资源，错过了教学预设之外生成的生活资源，课堂往往会在"拓展延伸"的名义下，又重蹈少慢差费的覆辙。

拓展延伸，自然要延伸至课外。我们不必一概反对把语文课上到马路上、小河边、森林里，也不必一概反对语文课堂上、有歌、有舞、有表演，关键是要看是不是真正地在学语文，是不是有利于学生语文素养的形成与发展，可以这样说，有利于学生语文素养的形成与发展的拓展延伸就是语文教学的拓展延伸。不要为了拓展，将语文课上成绘画课，上成课外活动课等，没了原则和规矩；不要为了创新，囫囵吞枣学习课内知识，忙于拓展中的"表演"和"作秀"，却多了几分浮躁。

拓展延伸要避免形式主义。立足课堂实际，需要考虑时间、场地、情景的限制。否则，再精彩的拓展延伸，也不过是一种表演或作秀。脱离课堂，不与学生的学习生活结合，只能成为空中楼阁、绣花枕头。因而，"课堂作为主阵地"非但没有过时，反而应该获得重视。重视语文课程的深度挖掘，是让现有资源充分合理地优化和配置，从而保证课内课外资源的和谐开发与利用。

那么，如何在语文课堂上进行有效的拓展延伸呢？首先，要适时，就是拓展延伸要控制好时间，不要喧宾夺主。这并不是说课外的东西不重要，而是要考虑到一节课的效率问题。在内容上有所选择，注意把握好一个"度"。拓展有界，延伸有限，向课外拓展延伸过多，让人觉得有画蛇添足之嫌。

新课标指出："教师应创造性地理解和使用教材，积极开发课程资源，沟通与其他学科之间的联系，沟通与生活的联系，扩大学生语文学习的视野，提高学生学习运用语文的积极性，从而丰富语文课程的内涵。"拓展延伸并不一定非要横向拓展，纵向延伸似乎更"以本为本"，容易上出语文课程的内涵来。尤其是在当下快餐文化、娱乐文化此消彼长的情形下，很多学生的阅读习惯和内容已经随时代而潮起潮落，语文教师更有责任引领学生耐下心来，把多少人历经无数次遴选的经典文本读厚、读深、读透。只要用心，即使在常人看来简单的浅显的文本，依然有着咀嚼再三的滋味。食而不化，浅尝辄止，不仅戕害了文本，同时也不利于培养学生良好的阅读习惯。

我在语文教学设计中经常给学生提供"拓展材料"。比如学了《长征》《卜算子·咏梅》后，我打印了毛主席诗词让学生背诵，举行"毛主席诗词朗诵会"和"走近毛主席"专题综合性学习活动，专门从诗词角度研读毛主席，学生表现出极大的积极性。特别是结合学生春游，让其学着用毛主席的词牌名填词，游红叶谷后同学们填了很多词，其中张鸿欣的《清平乐·红叶谷》是这样写的："天高云淡，望断南飞雁，不见红叶心情乱，行程始未过半。崇山峻岭之中，红叶漫卷西风，今日登临此山，快乐胜似神仙。"

学习了《做风车的故事》，认识了世界名人爱迪生。为了让学生更多地了解名人，从名人的成长历程中受益，我根据学校文化墙上张贴的名人画像，设计语文综合性学习活动——我与名人牵手。我还结合本班学生思想实际，设立班本课程——经典名言诵读，旨在通过诵读经典名言，教给学生做人做事的方法，更重要的是涵养人文精神，我共收集100条经典名言，让学生有序诵读，并积极主动地与家长联合，帮助学生践行名言，我还把经典名言诵读纳入期末总评，家长和同学们对此津津乐道。我在给学生提供拓展材料时，做了以下考虑。

一是依据课程标准的要求。深钻课程标准、教材、学生，找准三者的连接点，适当拓展；二是依据学生情况。根据学生的认识水平、心理特征、学习规律定拓展材料；三是根据教学情境。关注课堂教学的生成，随机拓展材料；四是依据教学环境。把教材与环境结合起来，借拓展的内容让学生体会外面世界的精彩，培养学生对美好生活的向往、追求，激发努力拼搏的精神；五是依据教学资源。依据学校、社区的教学资源而定；六是依据教学特长。搞好教学工作的关键取决于教师素质。就素质而言，不同的教师有不同的特长，教师要扬长避短。我喜欢美术和诗词，所以依据自己的教学特长，给学生拓展经典名言、四格漫画等材料，便于学习指导。

正因为对拓展材料做了精心的策划和安排，使得拓展材料得到了合理有效的利用，让学生从中受益，拓展了知识视野，从中找到了求知的乐趣。

记得那次课前，我班小调皮齐齐（化名）走到我跟前毫不顾忌地对我说："孙老师，我最不喜欢上语文了！"

我对这个一年级的小家伙儿无忌的童言很感兴趣，耐心地询问："为什么呢？"

"第一，上语文不讲故事；第二，语文课不放动画片光讲课。"他慢条斯理，我无言以对。好一个聪明的小家伙儿！才上一年级说话如此有板有眼，将来肯定是学语文的料儿！

面对孩子的不讳直言我一点也不生气，反倒十分欣喜。反思自己的语文教学，有很多的缺失。以前我喜欢给孩子讲故事、扯闲篇，可是现在为了赶进度总是害怕课上拓展太多会耽误美好而又宝贵的时光，岂不知这样反而使自己的课堂失去了应有的生机和活力，致使语文课变得生硬而又乏味，难怪齐齐"最不喜欢上语文"呢。

在那堂课上我开始和齐齐较上了劲儿，我用当堂课上学的四个生字

"了""子""门""月"编起了故事，把"了"和"子"演绎成了两个一年级的小同学，"子"上比"了"多的那一横就是"好习惯"，结合齐齐他们平时的表现演绎了许多现实版的故事情节。孩子们听得认认真真，我越讲越带劲儿，最后的结尾我让孩子们帮着续编，大家七嘴八舌、热闹非凡。齐齐脸上露出了开心的微笑……

由此可见：适度的拓展会激发孩子的学习兴趣。不容置疑，在拓展活动中我的担心也是客观存在的，弄不好就会漫无边际，脚踩西瓜皮溜到哪里算哪里。把握好语文课拓展的"度"是值得研究的问题，我在语文教学中努力做到适时、适度。

## 一、语文拓展要恰到好处——适时

拓展性资料作为课内教材的补充、延伸，可以根据课文的内容、类型及教学的需要，把它安排在不同的时段。

### （一）用于新课导入处

在学生学习新内容之前利用拓展阅读作铺垫，会使学生在已有经验和新知识之间建立某种联系，以便尽快进入新知识的学习。这种阅读内容或是对作者的介绍，或是和课文背景、主要人物、主要事件相关的内容，是学生获得知识的基础。更重要的是，这些或生动或真实的材料能激起学生的好奇心，激起他们学习课文的兴趣和欲望，为学习新课增添动力。所以，这类阅读可放在导入新课时。比如在学习朱自清的《匆匆》时，阅读他更多的作品精华段落，能激发学生阅读朱自清作品的愿望。

### （二）用于品读感悟处

学生对课文的鉴赏和感悟，具有很强的个性化特点。在学生的阅读过程中，总是以自己的知识储存，生活经验、认识能力丰富课文的意蕴。教师积极引导学生感悟，在感悟时渗透多种内容，扩大阅读含金量，无疑会有利于学生更深刻地理解课文的内容，在课堂教学环节上播放出精彩的小插曲，有利于阅读感悟。比如，我在进行《开国大典》"中华人民共和国成立了"这一句的感情朗读训练时,我适时播放电影片段,再现历史的史实,学生在视觉感悟中酝酿出了"民族自豪感"。

### (三)用于课堂高潮处

课堂教学高潮是教学中的最高境界,有时豪迈奔放,有时庄严肃穆,有时悲壮哀怨,有时轻松愉悦……它是把学生情感推向顶点的表现,是一种令人如痴如迷的境界。教师要善于在课堂高潮处恰到好处地进行拓展,为学生的情感升华做好相应的铺垫。这样的拓展看似脱离了课文主线,实际上更好地突出了课文主旨,而且还可以推波助澜、层层推进,使学生的心灵产生强烈的震撼。

例如,在教学《一夜的工作》这篇文章时,为了让学生能深刻体会周总理的不辞劳苦,我在学了课文之后引入"总理最后一段日子的工作时间表"。在悲凉的音乐声中,在教师动情的朗读中,学生完全进入了情境。学生深深地被总理的顽强,被总理不顾个人身体健康夜以继日工作的行为而感动,情不自禁地流下了泪水,听课老师也无不为之感动。此时大家内心都充满了对周总理的崇敬爱戴之情。

### (四)用于举一反三处

阅读教学过程中,学生经常会遇到疑难,适时地利用拓展性阅读材料能够很好地帮助学生自主学习,释疑解惑。

在解读千古名句"春风又绿江南岸"的时候,我没有单纯地在"绿"字上做文章,而是设计了想象说话环节:"( )又( )江南岸",让学生仿照诗句展开丰富的想象。一石激起千层浪,由于学生对春天太熟悉了,平时也积累了大量的描写春天的词句,于是他们很快调动了自己的生活体验,唤起相似的记忆,用鲜活的语言,活灵活现地描绘出他们心中江南岸的春天美景:"桃花又红江南岸""蝴蝶又舞江南岸""小鸟又唱江南岸"……

就这样,教师没有多余的讲解,更没有采用花哨的课件,而是采用一次简单的说话训练,让学生在适度的拓展中明白:在春风的吹拂下,江南又显现出一片绿色的、充满生机的景象。

叶圣陶老先生曾经说过："语文教材无非是个例子，凭这个例子要使学生能够举一反三。"所以，一篇课文教好后，学生应当感到意犹未尽，教师要有针对性地向他们推荐相关的课外读物，使学生的学习向课外、课后延伸，并及时地进行反馈、交流。这样，有利于最大限度地去开发课程资源，促进课内外学习和运用的结合，调动学生学习运用语文的积极性，并不断拓展语文学习的视野。

学习林海音的《冬阳·童年·骆驼队》时，我这样拓展：有人这样评价林海音的文章："淡淡的伤感、深深的怀念，静静流淌在字里行间。"本文也有这样的特点，请认真阅读感悟。学完本文以后，我继续引导学生课外阅读其经典之作——《城南旧事》。读完之后专门拿出时间观看了电影，还举行了"我谈《城南旧事》"读书交流会。

语文的外延是社会生活，教师在教学中要有意识地调动学生的生活体验和阅读体验，自觉开发和利用语文课程资源，把语文的触角延伸到课外。拓展的本质是学生的课外语文实践。因此，语文教师要指导学生在课文学习的基础上，把课堂上学到的东西运用到生活中。

## 二、拓展延伸要行之有效——适度

可以说语文课堂教学拓展已经被广大教师所接受，但是由于我们缺乏对拓展尺度的把握和有效拓展的经验，因此在教学中往往会出现一些低效的或者说是无效的拓展。

我在教学《小壁虎借尾巴》一课的时候，曾经花大量的时间引入科学常识，说明壁虎的特点，观察壁虎的捕食录像，了解壁虎的生活习性；在上《荷花》一课，讲到"如果把眼前的一池荷花看作一幅活的画，那画家的本领可真大"一句时，说这个画家就是大自然，然后开始拓展"大自然还画了哪些美丽的图画"等。曾无数次因拓展轨道的偏离，致使文质兼美的课文索然无味，这显然有悖于语文课的初衷……

语文课堂教学就如一道道菜肴，课堂教学中的拓展延伸就如烧菜用的盐，没了、少了，这道菜则给人感觉淡而无味，多了、乱了同样让人无法入口。因此，适量、适度的拓展才是真正的有效拓展。

拓展延伸应该围绕课文的主题和教学目标、教学重点和难点。任何离开课文的拓展延伸都是空中楼阁，不着边际的。为了拓展，将课上到野外去，新是新了，却没了原则和规矩；为了创新，囫囵吞枣学习课内知识，忙于拓展中的"表演"和"作秀"，新是新了，却多了几分浮艳。因此，只有文字才是教学之本，才是语文教学的主要依凭，也才是最好的课程资源。拓展延伸是为深入理解教学内容服务的，不能让内容为拓展延伸服务。正如于漪所说："离开文本去过度发挥，语文课就会打水漂。"所以在对课文拓展延伸时，首要的就是深挖教材、紧扣文本，尊重教材的价值取向。

同时，拓展的内容要符合学生的实际状况，包含学生的生活经验、生活阅历、认知水平、知识积累、学生能力发展水平、地区差别和特征等，做到切合学生实际，因材施教。因此，教师在安排教学内容时要适当变换内容或改变难度，使每一位学生都感到很亲切，都有话可说。每一节语文课，教师都要根据学生的实际情况确立教学目标，而且教学目标的达成情况，也是衡量一节语文课是否成功的重要指标。因此，拓展延伸时教师应注意照顾学生的个性差异，充分考虑不同层次学生的"最近发展区"，多设置一些难度各异的学习内容，多设计一些不同层次的训练项目，以供学生自由选择，各取所需。立足课堂实际，考虑时间、场地、情景的限制。

后来又一次课前齐齐照样黏在我身边，我不经意地问齐齐现在喜欢上语文课了吗？他面带微笑地说："现在我非常喜欢上语文！""为什么？""编儿歌、讲故事挺好玩的。但我又不喜欢上……课了。"贪玩的小家伙，总有不喜欢的学科，这也是正常的！

为了改变对于齐齐来说略显枯燥的语文课，我针对一年级语文教材儿歌比较多的特点，组织了经典儿歌诵读活动，在诵读的基础上鼓励同学们创编儿歌，孩子编，家长打字，随时在班级群里共享交流，掀起了创编儿歌的热潮，几乎达到了触物成"歌"的境界，短短一个多月的时间孩子们编的比较成型的儿歌有上百首。根据齐齐的表现，我还编了两首儿歌——《我班有个小调皮》《小调皮变了样儿》等。虽然我在儿歌中没有直呼其名，大家觉得这个"小调皮"就在他们身边，感觉学语文这么好玩！

新课程要求语文教学从封闭走向开放，不断引入来自奥妙无穷的大自然、纷繁复杂的大社会的源头活水，让学生在开放的、无比丰富的教学内容中自由徜徉。

语文学习得法于课内，用法于课外。我们应具备一双善于挖掘文本资源的"慧眼"，适时、适度的拓展，让语文课变得更加丰盈。

## 第五篇　语文教学要巧用"留白"

一篇好的课文，其中往往有很多让人想象、深思的空白点，但是在现实的语文课堂中，少有对"空白点"的有效利用。教师在教学设计上，将教学过程设计得十分细密，学生只能跟着老师"亦步亦趋，人云亦云"。

俗话讲："月满则亏，水满则溢。"在课堂中，教师应注重对文本空白的挖掘和利用，在教学时巧用一些留白艺术，这样既可以发挥学生的想象力，也能培养学生学习语文的兴趣。在具体的课堂教学中，教师可以从以下几方面进行实施。

### 一、挖掘课文中的留白处

#### （一）猜想课题中的留白

俗话说："好题半文。"题目是文章的眼睛，是思维想象的窗口。它往往能吸引学生的关注，让学生看了题目后产生遐想，产生心理的阅读空白。教师可以从课题入手，发挥"眼睛"的作用，利用好这一空白点。可以让学生通过课题猜想文章的内容、中心和思路。也可以抓住课题关键词设疑，让学生产生认知冲突。

### （二）填补文章情节的留白

情节是叙事性文艺作品中展示人物性格特征，表现人物之间相互关系演变的一系列生活事件的发展过程。作者往往根据文章结构的需要，省略了一些情节，或让文章在中间戛然而止，给学生留下无限的回味和想象。教学时，教师可以引导学生依据原有的情节发展逻辑，进行合情合理的推断，想象以后的故事。在课堂教学时，教师也可让学生用说话、小练笔的形式填补空白。可以锻炼学生的语言能力和写作能力，更能加深读者对作品的认识、感悟。

### （三）利用好插图的留白

新课程标准中提到：文本不仅仅是课文教材中的文字，也可以是语言文字塑造的形象以及有关图像等，课文中的有关插图也是文本。教材中的插图是静态的，反映的是某个瞬间的形象。要想使画面"活"起来，教师必须指导学生通过观察图画，进行再造想象和创造想象，以补充画面上的形象和情节。

### （四）注重标点留白

标点符号是书面语言的重要组成部分，它与文字相配合，成为文章不可缺少的细胞。由于感情抒发、详略安排等需要，课文中往往会出现一些标点的留白，它们给学生留下了广阔的思维空间和想象余地，让学生的思维驰骋。

### （五）关注人物形象的留白

文章中人物形象的描写方法有很多。正面描写主要有肖像描写、语言描写、行动描写和心理描写，也有通过对其他人物事件的叙述和描写中渲染气氛、烘托人物的侧面描写。运用语言文字描述出的人物形象，本身就是一个很大的空白，需要学生根据自己头脑中已有的经验对人物进行再想象加工，以此使文学作品中的人物丰满生动。教师可以引导学生抓住人物的肖像、语言、动作、心理等的描写，来完善人物的形象。这可以使学生准确地理解和把握作品中的人物，理解作品的思想情感。

## 二、在教学艺术上巧用留白

留白即是一种机智的教学策略。语文课堂上的留白是指教师在课堂教学中根据教学需要，不直接把一些学习内容通过讲述、讨论、交流等方式明确告知学生，而是通过言语激发、提出问题、布置练习等方式留下"空白"，引发学生在课外更广阔的时间和空间里实践与操作、联想与想象、思考与探究，从而将课内外学习联系起来的一种教学策略。"留白"不是避而不谈，不是简省，不是避重就轻，而是引而不发，是铺垫和蓄势。

### （一）学生的思维是一个过程，而不是一下就能产生答案的

教师应给学生充分的思考问题的时间，利用提问后时间上的空白，让学生充分地思考问题，和文本充分地交流。这样做的好处是：可以有更多的学生能够主动而又恰当地回答问题；可增加学生的信心，激发学生学习的积极性；可增多发散性思维的成分；可给学生创设一个新的思维情境，调动自己的生活积累，展开想象的翅膀，诱导学生实现知识的发展创新，在多种可能性中去分析思考判断，增加学生回答问题的多样性等。课堂上除了老师提出的问题，还要时常点拨、启发学生问问题，"你们还有哪些不懂的地方？""还有问题吗？""还有新问题吗？"这一句句亲切的问语，可以调动学生探究的兴趣。

### （二）在学生朗读后，给学生一定的时间思考回味所品读的内容

在教学中教师应留出情感体验的空白，把最甜的甘蔗让学生去品尝。一首诗，一篇散文，一个充满真情催人泪下的故事，朗读完或听录音、观录像结束后，教师不必急于讲解。须知，"此时无声胜有声"，教师的情感体验毕竟不能代替学生的情感体验。教师可适当留出自己情感体验的空白，引导学生去阅读文本，进入情境，凭借自己的生活感受去体验，和作者的感情产生共鸣，从而获得一种情感体验的愉悦。

### （三）留出评价的空白，让学生平等地参与

在大多数老师的课堂中，教师对学生的学习表现具有最高的裁定权，却忽视了学生的自评与互评。而当学生的自觉意识得到高度强化，内在的

进取热情已得到激发，整个身心已沉浸在积极主动的最佳学习状态中，教师就应精巧适当地留出评价的空白，在一定程度上审慎地把学生的自评与互评权还给学生。

### 三、作业设计留白

教师在作业的设计上，不能只是简单地局限在对课堂教学内容的复习和回顾上，应重视学生知识和能力的拓展和运用，挖掘文本之外存在的空白知识系统，结合一些小练笔和综合性学习，来激发学生的学习兴趣，将课堂的知识延伸到生活中，让语文课丰富，灵动起来。

### 第六篇　课外阅读新视角

课外阅读是语文实践活动的重要形式，它的意义深厚而广泛。课外阅读可以巩固课内所学过的读写知识，提高阅读和写作水平；课外阅读能拓宽知识面，陶冶情操，培养自学能力，促进少年儿童健康成长；课外阅读的根本目的是提高孩子的整体语文素质，为孩子的人生打好底色，为终身学习奠定坚实的基础。

那么在基础教育改革向纵深推进的今天，我们怎样来看待课外阅读呢？新课程标准指出：“语文是母语教育课程，学习资源和实践机会无处不在，无时不有。因而，应该让学生更多地直接接触语文材料。”依据新课程的理念，语文不仅仅是一门单纯的教授文字章法的学科，语文世界的内涵是丰富多彩的，有语言文字的训练，有语文学习习惯的培养，有人文情怀的陶冶，有精神世界的奠基等。作为语文学习的一个重要组成部分的课外阅读也当然是一种综合性的活动，要注重孩子整体语言与素质的提高，尤其是要能激发孩子一生的向往。人的学习过程不会只在课堂内、学校里进行，大量有效的信息，大量需要的知识和技能都要通过阅读来获得，而其中最为关键的是对阅读的态度。应该怎样以新课程的理念去理解和指导课外阅读呢?

## 一、寻找课外阅读的源头活水

指导孩子开展课外阅读首先面临的重要问题是读什么。苏霍姆林斯基指出:给孩子选择合适的课外读物是教育者极重要的任务。要完成这个任务,我认为教育者的立足点应该从孩子出发,以孩子的兴趣为中心通盘考虑,综合开发课外阅读的源头活水。

### (一)课外读物要满足孩子心理需求

我们现在对孩子的教育越来越重视"兴趣"二字,顺着这种思路想下去那就是只要孩子感兴趣的都可以读。孩子的心理需求具有年龄特征,小学阶段的孩子一般都具有好奇心强、好表现的心理特点,比较渴望神秘、冒险、刺激,仰慕机智、勇敢、轰轰烈烈等。了解了这一点,我们就不会奇怪《海底两万里》《木偶奇遇记》《吹牛大王历险记》等会成为儿童文学的经典,为几代人所钟爱;也就不会惊讶于《哈利·波特》能誉满全球,《拇指牛》《魔法学校》能畅销全国了。

### (二)引导孩子读经典名著,纯净孩子的精神世界

阅读经典名著是课外阅读的最高境界,也是一个成熟的阅读者必须经历的一段生命历程。余秋雨先生认为,幼小的心灵纯净空阔,由经典名著奠基可以激发他们一生的文化向往。当我们看到,当孩子沉浸在阅读经典名著的喜悦中,目光炯炯,神采飞扬时,我们会感受到:经典名著对于孩子心灵的呵护,精神的滋养已如春雨点点入土。其实,我们并不期待经典名著能教孩子学会语文,但它能温暖他们的心灵,打开他们美好而又纯净的感受世界,激发他们心中善良的、温柔的一面。

对儿童而言,经典名著并不仅仅是中国的唐诗三百首和四大古典名著,也不仅仅是国外的《堂·吉诃德》《约翰·克利斯朵夫》等,成人世界的经典也可以成为儿童的经典,但是他们更有自己的经典:《绿野仙踪》《狐狸列那的故事》《木偶奇遇记》《爱的教育》《神笔马良》以及安徒生、格

林兄弟，甚至迪尼斯的故事等。一般来说，只有符合儿童的心理和认知发展水平的课外读物，能促进他们发展的课外读物，才能纯净孩子的精神世界，才能敞亮孩子的心扉，才能成为孩子的经典。

## 二、追求课外阅读的理想方式

有了孩子们感兴趣的书，接下来我们应该考虑孩子们应该怎样读书。2002 年安徒生奖得主钱伯斯认为：最重要的不是技术，而是我们是否能把自己作为读者的热情传导给孩子，是否能让孩子保持阅读的激情。可以这样说，理想的阅读方式就是能推动持续阅读的方式。

### （一）开放性的阅读方式

课外阅读是一种很个性化的学习和生活方式，它是依据孩子的爱好和兴趣维系的独立读书活动。对待孩子的阅读方式，我们要宽容一些，更宽容一些。如果孩子对课外读物感兴趣，他当然会将自己的笑脸埋进书页里面去，直至废寝忘食。翻动了书本的三页，还不能吸引住孩子的目光，那就不能责怪孩子，那只能是书本身的问题了。如果书本身就具有一定的魅力吸引着孩子，一旦孩子被吸引住了，你会发现那是一种发自内心的喜爱，就算你想阻断也是阻断不了，了解了这一点，我们就不难理解为什么在我们的课堂当中总会有那么几个躲在书桌后面"冒险"的阅读者。比较折中的办法是：教师开列书目与孩子自由选择相结合。开列书目，其目的是通过阅读汲取全面的文化养料，这些书籍的内容应涉及人文和自然学科的诸多领域；而允许孩子选择自己爱读的书籍是为满足他们的自我选择性心理需要，发展他们各自的兴趣爱好和特长。

开放性的阅读方式，除了在看与不看方面可以自由选择外，在阅读的量上也应以宽容的标准来对待，语文课程标准对小学阶段的阅读总量有规定。在实践中，我们可以根据每个孩子的实际情况，允许孩子的阅读量有增有减；根据每个班级的实际情况，每个学段的阅读总量也可作前后的调整。阅读量，还应该包括对于同一本书或同一篇文章阅读的次数。同一本书或同一篇文章，第二次阅读与第一次阅读相比，由于阅读的时间、环境、方法以及读者的心境、阅历、对世界的看法都可能发生变化，因而对文本的解读就会有新的见识、感受和发现。特别好的作品，一定要改变一次性阅读的习惯，多读几遍，钻得深，悟得透，才能产生新的思想，铸出新的语言，运用起来才会左右逢源。

**（二）放松孩子的阅读负担**

结合课外阅读，作相应的摘抄，写读后感，这是老师对孩子课外阅读时常做的基本要求，因为这是教师检测孩子课外阅读成果最简单的外显性行为，当然也是带有一定强制性的干涉行为。同时，我们往往把课外阅读单单视为"课内阅读"的补充，单单视作提高写作水平的途径，其实这是鼠目寸光，是狭隘的功利主义。于是，就有许多关于教孩子读书的书，也有许多老师教孩子们读书的技巧，比如如何读懂一个词、一句话，如何去回答一篇文章通常可能会有的提问等，总之，几乎无一例外的都是有关方法和技巧的东西。但是几乎没有人去思考，如何才能让孩子产生强烈的阅读欲望。

因此，在课外阅读过程中，可以提倡作摘抄，写读后感，但不能强求。引导和保持孩子的阅读热情，是课外阅读指导首要的也是最重要的任务。我们宁愿让孩子在一身轻松的状态下，在主动积极的阅读中，启动思维、激发情感，有所理解，有所体验，有所感悟，有所思想；也不愿在课外阅读时因为读后感成为无形的重压而使课外阅读陷入干涸的沙漠。给孩子创造一个阅读教育的宽阔空间，让孩子展开想象的翅膀，满足孩子的兴趣，让课外阅读成为一种自觉行为。

**（三）放飞培养孩子的阅读习惯**

习惯的形成可以有两种基本的途径：一是强制，结果是习惯形成了，同时强烈的反叛心理或过度的奴性心理也形成了，这是一朵娇艳恶毒的罂粟花；二是暗示，可以养成习惯，还能对暗示源产生亲近感。英国著名的儿童文学作家罗尔德·达尔，他写过《女巫》《玛蒂尔达》等许多好看的书。他小时候的学习成绩非常差,而且还十分厌恶自己的学校。偶然的机会,一位康娜太太走进了达尔的学校。每次来的时候,她都拿来一本书大声读给孩子们听,她对书的热爱深深地感染了达尔。一年之后,达尔就变成了一个"贪得无厌"的小书虫了。看来阅读的习惯是需要放养的,在不经意间成就习惯、成就一生。

阅读的习惯可以有很多,比如阅读的姿势、阅读的方法、阅读的喜恶、阅读的风格……但也可以很简单,阅读的习惯主要就是乐意阅读、有效阅读、享受阅读。

要让孩子形成这样的阅读习惯,可以像康娜太太那样坚持为孩子们大声朗读,最好是朗读虚构的、有故事情节的、有一定厚度和深度的文学作品。也可以组织孩子进行持续默读,简单地讲就是在一段持续的时间内,一般为 10 ~ 15 分钟,让孩子们选择自己喜欢的书或报纸独立默读。

### 三、营造课外阅读的良好氛围,给孩子搭建一个表现自我的平台

关于课外阅读总是要提到指导的问题,怎样指导孩子的课外阅读? 说起指导,就会让人想起喋喋不休的说教、不厌其烦的方法和技巧。其实,课外阅读的指导首先是保持热情、保护兴趣;其次是我们给孩子的书是否有足够的魅力;最后才是方法和技巧。这样说来,关于指导已经说了很多了,如果还要说,那就是还有什么能让孩子的阅读之火越烧越旺的,我想是氛围,俗话说:众人拾柴火焰高!

一个喜欢阅读的家庭更容易培养出一个喜欢阅读的孩子,一个喜欢阅读的老师更容易带出一批喜欢阅读的孩子。从这个意义上说,阅读的启动和保持是一种集体行为中个体的无意识行为。如果让我们的孩子沁润在书香浓郁的阅读情境中,那么课外阅读会变得很光明。"挑战性阅读"正是基于这样的思考的一种课外阅读指导方式。首先要在生活中引导孩子自觉地发现"挑战",这种挑战的任务是需要孩子去补充知识或经验的空白的,那么,阅读就形成了。

另外，利用影视作品营造阅读氛围是一个很投机的办法。现在已经有很多的名著被搬上银幕或荧屏了，比如《三国演义》《水浒传》《汤姆叔叔的小屋》等，还有动画片《爱丽丝漫游奇境》《大闹天宫》《尼尔斯骑鹅旅行记》，孩子们都特别喜爱。看电影电视对阅读兴趣很有帮助，如果能和热映中的影视作品同步阅读或比较阅读，效果会更好。

想方设法给孩子创造良好的阅读氛围，使孩子的阅读愿望欲罢不能，他们将会更积极主动地飞到浩瀚的书海里去遨游，去探索奥妙无穷的大千世界，去欣赏祖国优美的语言文字。

# 第二节　写字教学

写字是一项重要的语文基本功，我们要依据课标的学段要求，严格要求，严格训练，使每个学生都能把字写规范、写美观。

汉字是一种表音表意的符号，了解了它的意义，掌握了它的规律，一般是不会写错的，并且是可以把它写美观的。可是许多学生在写字时，不是少笔画，就是多笔画，写出的字东倒西歪、比例失调，更有甚者，还滥用通假字。出现上述种种情况除了学生注意力不集中、观察不仔细以外，更主要的是学生没有了解汉字，没有掌握其内在规律。在写字教学中不妨试一试"看描写评改"五字教学法。

## 一、看

看字形。低年级儿童的知觉常表现得比较笼统，不容易发现事物的特征及事物间的联系，在认识字形时，往往因观察不仔细而发生增减笔画，颠倒结构等错误。再加之汉字字形复杂，笔画变化较多，这就使儿童掌握字形更加困难。因此必须严格要求学生仔细观察字的笔画和结构，清晰地感知字形；通过分析、比较，准确地认知字形；注意字形特点及形近字的细微区别，牢固地记忆字形。这样，就不会在写字时出现写一笔、看一笔的现象。

看范字。当学生记清字形后，要引导学生仔细观察田字格里的范字。哪些笔画长，哪些笔画短；还要看清字的布局、间架结构。在仔细观察了范字后，引导学生静下心来，并在范字上用手指描写。

## 二、描

在学生记清字形充分观察范字之后，再让学生按照笔顺规则描摹田字格中的范字。描要仔细、认真，力争做到手写心记，通过四遍的描摹，学生基本记熟了字在田字格的位置，对于后面的仿写就会起到铺路搭桥的过渡作用。

## 三、写

在学生完成前两个环节之后，即可引导学生仿写，写时要求学生集中注意力，看准田字格，不随便下笔。一旦下笔，力争一次就把字写正确、写端正、写整洁。在学生仿写时，教师要注意随时矫正学生的写字姿势、握笔方法、运笔情况、字的结构搭配等。对于多数学生存在的问题，在评价时要集体矫正，而个别问题应个别辅导，不能轻易放过。

## 四、评

评字是整个写字教学中至关重要的一步，是写字指导的延续和提高。因此，在教学中，要充分调动学生的主观能动性开展自评、互评、点评，建立良好的评价机制，激发学生的写字兴趣。

自评。这一环节最好是安排在学生仿写的过程中。当写好一个字后，随时和范字对照，找出不足之处，以便在写下一个字前加以改进。当然自评也可以是在小组互评时，看着小伙伴们写的字，跟他们的作品对照，面对面地展开自评。这样可以增强孩子敢于发现自己缺点和不足的勇气，培养其诚实的品格，陶冶其情操。

互评。在仿写后，积极组织学生互相评议，或选取几份作为例子，集体评议。评议时，教师要给学生提供评价的标准及评价原则。如书写是否正确，结构是否合理，主要的笔画是否突出，运笔是否到位，字面是否整洁，要善于发现别人的长处等。当学生有了评价的准绳之后，评价就能有的放矢。同时，在互评时，教师要鼓励学生对照自己的书写善于发现别人的长处，学习借鉴，以便改进。

点评。在点评过程中，教师的点评往往起到关键作用。有时，教师的一句点评可以增强学生写好字的信念。这就要求教师的点评要恰当准确，要善于捕捉孩子的闪光点。对孩子写得不足的地方，可以委婉指出，帮其改进。

通过评字，能使学生对字从整体结构到部件、笔画，有初步的感知，强化识记，提高识字的准确性；通过评字，强化学生的参与意识，能提高写好字的自觉性；通过评字，能提高观察分析能力，开发智力；通过评字，能使学生感知美、欣赏美。

## 五、改

写字教学最后一点应归结到改上去，而且应是及时地让学生在评字之后，一个字一个字，一笔一画地再发现、再改进。改的过程是再完善、再提高的过程。

# 第三节 习作教学

## 第一篇 习作教学的有效途径

作文教学应立足于促进学生的发展，重视学生主体参与意识和能力的培养。作为语文教师，应该树立为学生服务的观念，遵循学生的心理发展和认知发展规律，精心设计作文教学的每一个环节，采取各种方法，创设各种情境，充分调动学生主体参与积极性，使他们能够在习作中尽情发挥才能，充分地表达思想，勇敢阐述自己的观点，真诚表露情感。

### 一、以说促写 激发兴趣

叶圣陶先生说过："作文与说话本是同一目的，只是所用的工具不同而已。所以在说话的经验里可以得到作文的启示。"写作文就是写出自己想说的话。因此，在作文教学中要遵循先说后写的规律。

现代小学生的生活是五彩缤纷的，他们从不同的生活角度获得的不同感受需要再现、需要交流，经常产生"想说"的欲望。这时，教师要想方设法给学生创设"说"的环境，给学生"说"的机会，满足他们"想说"的欲望，经常和学生聊聊天、谈谈心，或开展"谈天说地""说你说我说他""新闻发布会"等活动。让学生在无拘无束的状态中，自然大方地把自己真实的生活感受讲出来。学生在说的过程中互相碰撞灵感的火花，在语言上互相取长补短，对习作过程无疑是一个很大的促进。

### 二、观察阅读 积累素材

巧妇难为无米之炊。学生作文时常常感到无话可说，其实这就是无"米"的结果，怎样才能帮学生取"米"呢？

方法一：观察生活

教育家普遍认为，影响儿童作文的因素主要有两点，即写作兴趣和写作能力，二者相互促进，相互发展。这两者的提高都离不开学生观察能力的提高。

生活本身是丰富多彩的、富有情趣的，但是如果学生的作文脱离了生活、远离了情趣，其作文必然是呆板乏味的。因此，激活学生探究世界的兴趣，关注生活的斑斓缤纷，耳聪目明地捕捉信息，从而使学生能够从自己的身边找到描绘的景物和叙述的对象，由景及物，触景生情，抒发自己的真情实感。叶圣陶先生在《文章例话》的序中说："生活犹如源泉，文章犹如溪水，泉源丰盈而不枯竭，溪水自然活活泼泼地流个不停。"教师要引导学生关注社会热点，热爱生活，有计划、有组织地开展学生喜闻乐见的实践活动，尽可能地拓展学生的生活空间，使其广泛地接触自然、深入社会。让沸腾的社会生活、奇异的自然景物映入学生的脑海，丰富学生的感性经验，让他们在社会、学校、家庭生活的实践中观察、认识、体验。

方法二：课外阅读

"读书破万卷，下笔如有神。"读书是积累写作素材强有力的手段。在阅读中不但可以陶冶学生的情操，提高学生的审美能力，还可以潜移默化地学习作者遣词造句、布局谋篇以及构思的技巧。因此，必须加大课外阅读的指导力度。

比如，利用早读时间让学生推荐精彩文章，让推荐者读给大家听，并让其谈出精彩之处。定时开展读书交流会、争当读书小博士、手抄报展评等活动，同时要求学生随时把读到的精彩段落抄背下来，写读书随想，积累语言。

### 三、创设情境　有感而发

提倡作文课走出课堂，通过参观、访问等形式丰富学生的生活经验。可是，语文课本上有许多作文题目，受经济条件及环境等方面因素的影响无法走出课堂。那该怎么办呢？创设情境，营造一种适合作文主题的气氛，让学生动情、动心、动口，然后再动手去写。

例如，在教"我爱……"这一习作时，我是这样设置情境的：同学们，"爱"是什么？（转身板书：爱）爱就是对人或事物具有很深的情感。大家猜猜看，老师爱什么？（大家纷纷举手说，说得五花八门，老师都微笑视之。）大家是不是很想知道老师的最爱是什么呢？（齐声答：想）我呀，最爱的人是我的学生，因为他们是那么天真无邪、活泼可爱。最爱的物是赵建林同学送我的一幅蜡笔画，画上是一位戴眼镜的女教师在浇花，我从小就酷爱花，最大的愿望就是当一名教师，当不成教师就做一名花匠。我最喜欢的景是家乡的景。那里不但山美、水美、人更美……（作文内容是：写人、写事、写景）一番饱蕴情感的话感染了大家，于是我趁热打铁："大家也都有自己的挚爱，那么大家能不能像老师一样说一说？"这样一个情景展示，使师生之间拉近了情感距离。学生很快打开了思路，既吐出了真言，又写出了真情。

另外，在写活动的习作课上，给学生创设"玩一玩"的情境，然后再去写。获市级作文竞赛一等奖的《画嘴巴》《趣味游园》等习作就是"玩"后写的结果。学生玩得开心，全身心地进行了情感体验，写起作文来得心应手。

### 四、打破常规　开拓创新

习作本身就是一种创新性的精神劳动，这种创新性在作文中就是"见人所未见，想人所未想"。然而，由于教师受传统的教学模式的影响，指导学生写出来的作文往往千篇一律、千人一面。要想改变这种现象，首先得培养学生良好的思维品质。在平时的阅读教学中，注意渗透思维方法的训练。由《司马光砸缸》《曹冲称象》《画鸡》等文章的教学，让学生学会用求异的思维方法解决问题，养成辩证思维的好习惯，形成多方面、多层次、多角度思考问题的能力。经常让学生思考"有米就能炊吗？""开卷就有益吗？""假如……"等问题让学生展开辩论。

我在长期的习作教学中，要求学生建立"随机作文本"个别指导学生作文。由于学生的生活环境及经历不同，他们的所见、所闻、所感、所想也是众彩纷呈。善于把握学生的心理，了解学生的生活信息。走到学生中间去，做学生中间的一员，聆听他们的心声，做他们的知心朋友。启发学生及时捕捉灵感，随时把生活见闻和感想写下来，养成随时随地作文的习惯，确确实实让学生感到"作文是我们生活中的一件不可缺少的事情"，不为作文而难。在"随机作文"中常常出现精品:《信与信任》《老师，我对您说》《两本带泪的书》《我和妈妈逛夜市》《我的世纪之行》《泉韵》《多事的夏天》《和平之梦》等分别在省级以上的报纸杂志上发表。

为鼓励学生创新，培养学生的创新精神，我还经常让学生读童话、写想象文:《〈皇帝的新衣〉续编》《我是一只小小鸟》……《它不再猖狂》是根据天气现象沙尘暴写的，而《小汤姆历险记》则是根据我班里养的两只螃蟹，忽然有一天发现其中的一只不见了，我趁机让学生发挥想象写出的童话。还让高年级的学生为低年级的同学写童话、编剧本，并让小作者亲自讲给低年级的小朋友听。给学生一种"天高任鸟飞，海阔凭鱼跃"的想象空间，任其"异想天开""众说纷纭"。

作文评价时，我做到在尊重、关心和理解小学生心理活动的基础上，去引导启发、表扬鼓励，既重视拔尖学生的培养，也顾及后进学生的发展；不但肯定一些文章的整体美，更善于发现文章的局部美，又能使学生获得信心，提高勇气。因为成功的欢乐，是一种巨大的情绪力量，可以激发学生的习作愿望，从"要我写"的状态转变为"我要写"的境界。

## 第二篇 语文教材无非是个例子

"教材无非是例子"，这是叶圣陶先生半个多世纪教学生涯得出的结论，充分体现了他的语文教育思想，揭示了语文教材的性质，阐明了语文教材在语文教学中的作用。

"教材无非是例子"，这句话包含着深刻的含义。语文教材是教师教学的依据，学生学习的材料。语文教材不是目的而是"举一反三"的例子，它的主旨在强调发挥教材的举一反三作用。教师在使用时，可以根据具体情况增删补移，同时参阅其他同类教材。

在语文教学中，应明确课文教学目的，把作品的特色作为教学的重要方面，从感性认识出发，激发学生的学习兴趣。语文课教学应把课文当作例子，从情节、主题、作家、问题等角度延伸，拓展其空间和视野，以开发学生思维能力，培养学生的语文素养。并且着眼于教材，通过阅读、理解课文使学生获取相应的知识和观点，教会学生举一反三，达到"不需要教"的目的。此外善于启发引导学生，把阅读得来的知识、技能迁移到写作中去。

语文教材不同于其他学科教材，学生学习语文主要是通过学习范文、评价范文来提高语文综合素养的。

从写作上来讲，课文也真是一个例子。老师们总是感觉作文教学是一件难事，其实，我们学习的每篇课文都在教给孩子们怎么去写作。所有的课文里面都包含着很多的写作方法，教师一定要认真挖掘，把方法教给孩子们，让其在学文的过程中，学会写作。现在课文的编写都是以主题为单元的，每个单元的主题都十分鲜明。教师在教文本的时候，一定要关注本单元的文章写作，以课文为例子，来帮助学生写作，只要学生能够认真研读课文，教师带领学生认真分析，带领学生学习写作方法，学生就一定能够找到写作元素，从而更好地完成习作。但是，我们也要看到，现在教师在语文课上，过多地进行分析，把一篇完整的课文分析得支离破碎，过多的问题束缚了学生思维的发展，学生在一问一答的过程中，只明白了课文讲了什么事情，对于课文中一些写作方法，根本没有掌握。这不但影响了学生学习语文的兴趣，更重要的是学生没有在学习课文中掌握一些必要的写作方法，从而导致学生不会写作文，写作能力不能快速地得到提高。

课文无非就是一个例子，教师一定要把这个例子用好，让学生在学文明理的同时，学会写作，从而快速提高学生的习作水平。

## 第三篇 习作教学生活化

在习作教学中有一种现象：教师指导得有板有眼，从选题一直到开头结尾，语言车载船装，但学生作文依然是假话连篇，更是干巴巴的，让人沮丧。看到这些习作，仿佛面对着一潭死水，怎么也倒映不出学生那朝气蓬勃的影子。这是传统习作教学远离学生生活，禁锢学生个性，忽视习作教学中的人文性使然。只有在实践中借助"人文性"思想武器，让习作教学成为师生积极的生命互动，让学生"写自己想说的话""乐于书面表达，增强习作自信"，才能唤起学生对习作的兴趣。

### 一、习作指导生活化，让学生愿写、能写

#### （一）突破时空，走进学生的生活

长期以来，大家习惯于一篇作文教学往往是分两课时完成。要求学生在 80 分钟内于教室完成，指导拟稿，修改、誊写。似乎学生习作所需的信息全部储存于大脑之中，习作时只要提取后稍作加工即可，这显然是不现实的。况且"倚马可待"的奇才自古以来有几个？更何况刚刚学写作的小学生。这样看来，学生在习作指导的课堂"无话可说，无话可写"应是情理之中。从这个角度看责任不在学生，而在于教师，是我们教师使学生远离了丰富多彩的习作源泉——生活。因此我们习作教学首先打破"一篇习作教学就是两课时"这沿袭了几十年的做法，而让我们的习作时空飞出课堂，走进学生的生活，"为学生的自主写作提供有利条件和广阔空间"。比如我们可以在作文课前一天，前一周，甚至几周让学生明确习作的要求，放手让其到生活中去收集信息，精心构思，充分拟稿。因此，一篇习作的练习的周期不是两课时，而应根据具体习作要求，可以是一周，也可以是两周，甚至一个月。学生所写之作当然不是"空话"与"套话"，而是他

们眼中的世界与生活。

**(二) 关注学生情感体验，活化生活积累，使学生产生强烈的倾吐欲望**

在一次"六一"前夕，在与学生交谈后我发现：学生对学校"六一"庆祝活动的安排颇有微词，我灵机一动，便举行一次"'六一'应这样庆祝"的习作练习，果然不出所料：即便是那些平平常常、默默无闻的学生所写的文章，也由"兔尾"变成"豹尾"，洋洋洒洒三页多，且言辞中肯，感情强烈。看来"一个教师不能无视学生的情感生活，因为那是学习中主动性和创造性的源泉"。正如苏霍姆林斯基所说：学生在其感兴趣的方面有较深的情感体验，在一定情境中遇到这方面的话题则情动而词发，激活了脑中丰富的、沉睡着的生活积累，因而"有话可说，有东西可写"。学生进入了激活状态，情感的大海才能有壮丽的浪涛，才能使学生的内部语言高度活跃起来。因此，除了选题时要贴近学生外，更主要的是关注学生的情感体验，抓住契机，活化学生的丰富积累，真正达到"我要写"的境界。这样习作练习才有可能使学生的内部语言得以生成，表达能力得以提高，学生习作学习生活才有生命的律动。由此看来，激活学生情感、激活学生的积累，这些看似文外的功夫与"习作方法"的指导这种文内功夫同样重要。

**(三) 习作方法指导坚持以学定教，让学生能写**

在与学生的座谈中，我了解到好多学生都是凭着感觉走笔，一个环节该写与否，该详与否，全然不知，这无疑给教师敲响警钟——习作指导不得法，或者说教师的习作指导学生消化不了，更谈不上领悟运用。回忆一下我们的习作指导流程，审题指导→选材指导→表达方式与技巧的指导→学生练习，不难发现，这种流程突出了教师的主导性，而削弱学生的主体性，从"审题"到"表达技巧"都是教师在灌，我们不禁要问：这样高度概括的、抽象的指导能让以形象思维为主的小学生接受吗？这样的习作指导的针对性何在？从审题到选材，甚至如何表达，都被我们"辛苦"的教师所替代，习作思路被教师所框定，学生接触到题目后，还没有来得及有自己充分的思考,教师就"及时"作指导,这样使学生在习作时都努力体现教师的思路,表达出教师的理解,导致学生习作"千篇一律",而学生的创造力在这"千篇一律"中被扼杀,这样的习作练习学生能不怕吗?

那么,我们应如何进行习作指导呢?在实践中,我初步探索出一种"从学生中来,到学生中去"的以学定教的习作指导策略,建立以评改为中心环节的作文教学模式,学生初写→师生评点习作→互评→自改或互改→誊写→再改……这样把习作前的观察与构思,拟稿与初步的修改完全放给学生,让学生在课外,甚至在校外宽松、自由的环境中完成。让学生在独立自主地进行观察、构思、拟稿、自改、互改的过程中,最大限度地张扬了个性,发挥了学生的创造性,将教师的指导环节融于对具体习作的点评之中,并置于学生拟稿之后,这样让教师在指导前可以通过学生初稿,了解到最真实具体的学情,这样"从学生中来"的有针对性的习作指导,学生很容易接受,学生的习作,绝不会千篇一律。

## 二、实施动态指导性评阅,让学生乐写

语文课程的人文性要求我们评价时要尊重学生的独立体验与感受,习作评价应注意以下四点。

### (一)尊重主体的独立感受

评阅学生的习作时,我们不能以成人眼光或教师的生活经验来看待评价孩子的表述,这方面李吉林老师曾经介绍一个例子:她任教的班上有个学生写了句"原来阿姨是女的",这句话不是一句大废话吗。但李老师在批改时并没要求该学生删去。她说,因为这个孩子以前并不知道阿姨是女的,现在她发现了,并要将这个发现与同学、老师一同分享,这难道错了吗?多么细心的呵护啊,孩子当然愿意对李老师"写自己心里的话,写出自己对周围事物的认识和感想",更"珍视个人的独特感受"。

### (二)分层而评,增强习作的自信心

在实践中采取分层而评的策略,增强各层次学生的习作自信心,让每

位学生都体验到成功的喜悦，主要从两个方面着手。

一是面对全体学生分层，不同层次的学生，评定等级标准不同；二是对一个学生的要求有循序渐进的递进层级，如对一个习作后进生最初得"优"的标准是：顶格不写逗号、句号、问号等标点符号，下一步得"优"的标准升级为：要分出段落，表达较有层次……

### （三）指导性批阅，促进学生再发展

批阅习作应是根据习作的具体情况，采取恰当的形式予以指导，然后，让学生根据指导、再改、再练、再提高的过程，而不是对习作简单评价了事，更不能为了保持作文本的"清洁"而使学生的习作失去质量再提高，习作体会内化升华的最佳时机。

那么这种"恰当的形式"一般有哪些呢？最普遍的方式是通过批注，指导学生再修改、再提高，这就要求我们的批注面对学生，具有指导性与可操作性。而那些"中心突出，语句通顺"之类的套话，学生看了不知所措，也得不到任何收益，更不能激发学生去思考与行动的评语早就该销声匿迹了。再一种形式就是面批，当面指导。其次就是针对具有典型性的习作进行集体点评。

### （四）动态评定，让学生对习作充满希望

习作等级的评定不能一锤定音，应实施动态性的等级评定，促进优生更"优"，后进生变优，具体做法是：得"良"或"优"的习作，经学生修改后，可以把这篇习作重新评定为"良+"或"优+"，学生若再作修改，习作还可以再作评定，直到学生自我满意为止。这样动态性的评定，对于习作后进生来说，给了他们得"优"的机会，从而对自己的习作充满希望与信心。

## 第四篇 写好作文重在积累

写作是运用语言文字进行表达和交流的重要方式，是认识世界、认识

自我、进行创造性表达的过程。就像作家的文学作品一样，作文是学生的创造性成果，是学生语文综合能力的集中体现，同时也是学生智慧的集中反映。

语文课程标准指出："习作教学应贴近学生实际，让学生易于动笔，乐于表达，应引导学生关注现实，热爱生活，表达真情实感。"由此，我们看出，学生写作能力的提高，并不是仅仅通过在作文课上指导学生写几篇作文就能够实现的，它是一个长期而复杂的过程。作文教学应立足于学生的生活实际，让学生在实践中学习，在积累中提高。

## 一、学会关注生活，积累素材

生活是写作的源泉。没有生活，即没有写作的素材。教师首先要鼓励学生热爱生活，善于引导学生关注生活。要让学生亲近自然，走进社会，用自己的眼睛去发现，用心灵去感受，感受生活中的真善美，分辨现实中的假恶丑。

另外，教师还要引导学生善于观察生活，学会观察生活。一谈起生活素材，我们自然就会想到观察。苏联教育家苏霍姆林斯基说："观察对于儿童之必不可少，正如阳光、空气、水分对于植物之必不可少一样。在这里，观察是智慧最重要的能源。"可见观察的重要性。观察同样是学生写好作文的基础，教师要指导学生学会观察，掌握观察的方法，养成勤于观察的习惯。引导学生时时注意留心身边的各种人、景、事、物，发现他们的种种变化。

积累素材的一个很重要的方法就是写日记。很多名家伟人都有记日记的良好习惯，通过写日记把自己的所见、所闻、所感记录下来，既积累了创作的素材，又提高了文字表达能力，同时梳理了自己的思想，确实很有意义。

## 二、倡导大量阅读，积累语言

一篇作文，如果只拥有了写作的素材，而缺乏生动、流畅的语言，就不能称得上好的作文。就像建筑师建造房子，既要有优质的建筑材料，又要有良好的设计与造型一样，一篇好的文章只有具备准确优美的语言，才能带给人美的享受。往往有许多这样的学生，他们虽然能够从自己所经历的生活中选取出很鲜活的写作素材，但是却不能文从字顺地表达出来，不是词语运用不恰当，就是语句不通顺。出现这种现象的原因是其语言积累不够，没有形成良好的语感。

语言的积累是一个长期的过程，其实质是学生良好语感形成的过程。语感的培养靠阅读，阅读的内容不仅仅是语文教材上的课文，也要开展大量的课外阅读。课外阅读对学生的影响是巨大的，它直接决定着学生能否形成正确的语感，同时对综合素质的提高产生重要作用。叶至善先生在回忆父亲叶圣陶先生指导其写作时谈到，叶老很少给他们讲授所谓的写作技巧与方法，只是要求孩子们每天坚持读书，坚持写点东西。确实，如果没有丰富的生活素材，又缺乏准确、生动的语言，再高明的写法指导也是徒劳的。对于小学生来说，每天尽可能少布置一些机械、重复的作业，多留出自由读书的时间，让他们进行广泛的课外阅读，并坚持写读书笔记，把优美的语句摘录下来，这样天长日久，语言贫乏的状况就能改变，这应该是积累语言的好方法。

## 三、结合阅读教学，积累表达方法

观察生活、积累语言对学生习作非常重要，在此基础上，教师指导学生掌握一定的表达技巧、表达方法也是很有必要的。教师应正确处理好内容与形式的关系，指导学生写文章既要做到"言之有物"，又要做到"言之有序"。对于表达方法的指导，不仅仅局限于在作文课上进行，更主要的应通过阅读教学进行渗透。

阅读教学是语文教学的基本环节。长期以来，由于认识上的偏差，人们往往认为阅读教学就是指导学生理解语言文字，体会思想感情，而对课文的表达方法揣摩重视不够。叶圣陶先生说："教材无非是个例子。"课文只是教师对学生进行语言文字训练的凭借。在语文教学中，阅读教学花费的时间最多，而大部分仅仅停留在理解内容上，学生却没有通过理解语言形成表达语言的能力。因此，我们应当把阅读教学与作文教学有机地结合起来。每一篇课文都有明显突出的表达特点，教师要有意识地指导学生领悟表达方法，以便在写作时能够灵活运用。例如，按一定的顺序写；倒叙、插叙的叙述方法；前后连贯、首尾照应；静态和动态描写以及比喻、拟人、反问等修辞方法的运用等，都要结合具体的课文内容，在具体的语言材料中引导学生去把握，并在写作时尝试运用。

学习语文，重在积累；写好作文，关键也在积累。积累的功夫不但在课内，而且在课外。教师要指导学生学会积累，养成积累的良好习惯。一个作家之所以成功，在于他丰富的生活经历，在于他长期的文化积淀。同样，一名学生要写好作文，则取决于平时的积累，在实践中积累，在积累中实践。只有如此，学生的写作能力才能真正得到提高。

## 第五篇　鼓励学生放开胆子写作文

北宋大文学家欧阳修曾说："作文之体，初欲奔驰。"就是说，开始学习写作时，要撒得开，就像在大草原上骑马一样，毫无拘束。到了南宋，有个很有造诣的文人谢枋得又说："凡学文，初要胆大。"要使初学者"但见文之易，不见文之难"，这样初学者"必能放言高论，笔端不窘束矣"。现代作家、教育家叶圣陶先生也说过："文章的活力和生气全仗信笔挥洒，没有拘忌，才能表现出来。你下笔，多所拘忌，就把这些东西扫得一干二净了。"

也许有人会觉得这是奇谈怪论吧，因为"不立规矩不能成方圆"之类的话，我们听得太多了。

现在的好多孩子怕作文。他们拿起笔不敢写，一个根本性的原因，就是他们的脑子里被塞进的"规矩"太多了！许多老师和家长以为要教会孩子作文，就要多给些"规矩""方法"，有的简直就是让孩子在这些"规矩""方法"形成的框框里"填文章"，稍越雷池半步，便遭责罚。孩子们的胆子已被吓破了，作文时怎能不"多所拘忌"，怎么会"奔驰"？在这种种框框束缚下写出来的文章又怎能有童真童趣？儿童的面孔成人的腔调，方方正正，毫无特色，缺少独特的观察，没有自己的思想，也就势所必然了。

我们必须知道，对一个小学生来说，敢于写、乐于写，才是我们首先要培养的习作心理。写作知识记住了多少，对学生作文能力的高低，并不起多大作用。鲁迅先生就不相信什么"文章入门""小说做法"之类的话。高尔基也只是如痴如醉地大量读小说，再加上他的丰富阅历而已。强调少讲些"法"，看上去似乎有所失，但舍弃一些次要的东西，是为了让学生自由的思想，从愉快的表达中悟"法"，得到更重要、更有长远意义的东西。

放胆写文，就是要充分发扬孩子的独创精神，让孩子能用自己的眼睛看，用自己的脑子想，用自己的话去写自己的真实见闻、确凿感受。不要使学生只敢人云亦云，只会套着"模范"作文的步子走，不要让过多的条条框框成为束缚孩子创造精神的桎梏！

# 第四节 语感培养形式多元化

语文课程含有丰富的人文思想和人文精神，这种思想和精神需要一定的感受力才能体味出来。这种感受力就是语感。语感是直觉的感受、领悟、把握语言文字的一种能力，也是由语言文字引起的复杂心理活动和认识活动的过程。敏锐的语感是学好语文的重要条件，它能提高学生对语言文字的理解和运用能力，它能通过形象思维和逻辑思维的结合，发展学生的认识能力，它还能激发学生的思想情感。郭沫若曾经说过："大凡一个作家和诗人，总要有对语言的敏感。这东西如水到口，冷暖自知……这种敏感的培养，在儿童时代的教育很重要。"由此可见，语感的培养是语文教学的重要任务。在语文教学中我们要让学生充分地读，在读中整体感知，在读中有所感悟，在读中培养语感，在读中受到情感的熏陶。

## 一、推敲吟味

语文是兼工具性、思想性、人文性为一体的学科，它含有丰富的思想感情，需要有一定的感受能力才能体味出来。我们语文教师的责任就是通过自己的教学，引导学生理解文章的思想内容，体会文章蕴含的思想感情，达到培养学生语感的目的。

叶圣陶与教育家夏丏尊合著的《文心》中在讲"语汇与语感"时说："辞的情味可以从好几方面辨认，有的应从字面上去推敲，有的要从声音上去吟味。"因此，推敲和吟味是语感培养的重要途径。"推敲"是想，"吟味"是通过读来对比感觉。贾岛"推敲"的故事就是把读、想、对比、感觉结合起来斟酌用词，增强语感的例证。另外，王安石的"春风又绿江南岸"（《泊船瓜洲》）中的"绿"字，作者曾经用过"到""来""入"等字来代替，通过反复吟咏体味最终酌定为"绿"。这句诗成了王安石的名句。当然，形容春天用"绿"，并不是王安石的独创。但这个字当作动词用在这里，用得很好，它能使人想象到，是春风给江南岸披上了绿装。而且，"绿"字也给人一种更鲜明的形象感，使读者也仿佛看到了茸茸细草的江堤。如果用"到"字、"满"字，怎能唤起人们的感觉呢？春风是无影无踪的，没有形状，也没有体积，怎么知道它"到"了"满"了呢？"绿"就是"到"的体现。说了"到"和"满"，并不能看见"绿"；说了"绿"，而"到"或"满"就包括在其中了。"绿"字更富鲜明的形象性，生动贴切地表现出春天的特征。这一思考过程的艰难是可想而知的，因此，语感的形成也不是一蹴而就的，需要反复朗读、吟咏、体味才能实现。"教学语文课本和文学课本，几个重要项目里的头一项，就是好好地读。读得好，就可以深切地传出课文的思想感情，同时就是领会它的思想感情。"叶老先生的这一精彩论述正是说明了这一点。

## 二、音韵赏析

老舍先生在讲文学创作时说："除了注重文字的意义而外，还注意文字的声音与音节。这就发挥了语言的音韵美。我们不要叫文字老趴在纸上，也须叫文字的声响传到空中。"同理，我们阅读作品时也要进行音韵美赏析。在对学生进行朗读训练时，要抓住语句的停顿、重音、语调变化等技巧的培养。如儿化韵在韵尾附加一点儿卷舌音，以增加表示轻微、蔑视、喜爱、温婉的语感，叠音形容词，借音节的重叠以表示加强喜爱、宁静、深沉、悠长、绵延等语感。这就要求我们语文教师要有丰富的语言知识，并能熟练地运用于教学中，才能达到音韵赏析、培养语感的目的。

如在教学《鸟的天堂》一文时，对于"这美丽的南国的树"一句的朗读处理运用了语音的停顿、重音、语调变化的技巧。在前面文字的朗读时，采用相对兴奋、快、高音的形式读，到了这一句，突然换了慢低重读的形式，通过对比感知，加重了这句话的抒情语感，朗读效果较具感染力。

## 三、形象再现

有人说：艺术是由作者和读者共同创造的。读者在阅读作品时，只有凭借想象才能走进作品所描绘的世界，进入一个看得见，摸得着，能闻到气味，能听到音响，能辨出色彩的活生生的具体的形象世界。进而运用形象思维，去感受语言文字所暗示和启发的蕴意和情感，也就是说想象力是阅读理解的基础。

对小学生来讲，根据其年龄特点，语感主要应具备形象性和趣味性。二者又以前者为基础，语言是有概括力的，只有让学生把语言所表达的事物的形态，在脑海里形成如见其人如闻其声的生动的立体画面，才能触景生情，对语言有具体的感受。如教学古诗《咏柳》时，一边让学生观看彩图、录像或结合生活所见想象生动活泼的画面：才展开带黄色的嫩叶的柳丝，像瀑布一样从高高的树上垂下来，微风吹来就像舞女手中挥动着的丝带，河边的柳树又别具一番风采，就像浣纱女正照着河水梳理她那柔美的长发。嫩绿整齐的柳叶就像技艺高超的裁剪师用剪刀着意剪裁成的似的。这样通过语言描述再现形象，把学生带入诗句所描绘的审美境界，朗读时的情感自然浓厚得很。

另外，在学生朗读时，还可以借助音乐再现形象，如教学《鸟的天堂》《草原》《燕子》《林海》《十里长街送总理》《圆明园的毁灭》等散文时，配上意境相符的抒情音乐，随着音乐的起伏，所描绘的形象在学生脑海中浮现，会达到"如水到口，冷暖自知"的效果，随着感染程度的加深，学生的内心就会不断掀起情感的波澜，爱作者之所爱，恨作者之所恨，入境又入情，达到"语语悟其神"的境界。

### 四、分析鉴赏

语感的培养，不仅要建立在理解语言文字的基础上，还要建立在分析把握文章的形式上，如文章的句式、结构、风格、气势、音韵、节奏等，在教学中，应重视传授字、词、句、段、篇的知识和运用规律，使学生在有了一定的语法基础上，把握语感。小学语文课本中，有许多精美的诗文，它们形式灵活多样，语句优美，思想内涵深刻，教学这些作品时可采用"欣赏法"，即以审美为主的讲读法。在这种学习过程中，首先打动学生的是美，美的形象，美的语言，美的表达形式与结构。既让学生领悟美，还要让学生体味为什么要这样写？引导学生把自己的想法与原文进行比较，明确作者遣词造句和布局谋篇的匠心，读懂课文以外的东西。语感能力除了来自阅读实践，还来自写作实践，我们不妨拓展语文课堂教学的路子，采用"读写结合"的教学方法，如《燕子》一课的教学，完全可以把"欣赏法"和"读写结合法"综合起来运用。

又如古诗教学，小学阶段所学的古诗，主要有五言诗和七言诗之分。诗人的风格和气势、语言的音韵和节奏等，可以给学生范读，让学生自主感悟理解，比如朗读七言诗："少小离家老大回，乡音无改鬓毛衰。儿童相见不相识，笑问客从何处来？"再朗读五言诗："春种一粒粟，秋收万颗子。四海无闲田，农夫犹饿死。"通过老师的范读，孩子们就能对比感悟出朗读的重音和节奏来。由此可见，在学生语感形成的过程中，教师的指导作用也是非常重要的。学生的朗读需要个性，但更需要适当的基本知识和基本技能的指导。

## 五、活动拓展

语文活动课也是培养学生语感能力的重要渠道。记得我是在上中学时喜欢上语文的，一次偶然的机会，语文老师兴致来临，动情地给我们朗诵了陆游写给唐婉的《钗头凤》和岳飞的《满江红》，他分别运用了悲伤低沉和激情高昂的语调，老师动情的朗读拨动了我们的心弦，使我们为之而震颤，第一次感觉到祖国的语言文字竟然有这样强大的感染力，从此对语文，对朗读产生了浓厚的兴趣。语文活动课不仅仅限于朗诵欣赏，还可以发挥学生的聪明才智，让同学们想出他们喜闻乐见的活动形式，如故事演讲、谈天说地、说你说我、读书笔记、剪报展览、学生同题作文欣赏、改写优秀诗文等各种语文活动。

总之，语感是人们通往更高语言文字境界的桥梁，一旦形成，将终身受用不尽。朱作仁先生指出："敏锐的语感既是学好语文的重要条件，也是一个人语文水平的重要标志。"因此，培养学生的语感能力是我们每一位语文教师义不容辞的责任。语感培养的方式是多元的，我们应当结合学生的实际在教学实践中积极探索、研究总结，以便取得最佳效果。

# 第五节  多媒体辅助语文教学

运用多媒体辅助教学，可以创设优良情境，开阔学生的视野，使抽象的难以理解的知识具体化、实物化，变成直观、生动活泼的视觉信息，并配上文字与声音，图、文、声、画并茂，全方位调动学生的视觉、听觉、触觉，使学生的认知渠道多元化，使课堂教学生动、形象、直观、感染力强，对于小学语文教学的改革具有积极的推动作用。

新课程要求我们努力建设开放而有活力的语文课程，拓宽语文学习和运用的领域，注重跨学科的学习和现代科技手段的运用，使学生在不同内容和方法的相互交叉，渗透和整合中开阔视野，提高学习效率，初步获得现代社会所需要的语文实践能力。现代信息技术信息量大，集声音、文字、图像于一体，如果能把视、听结合起来运用到语文课堂教学中，会促进课堂教学效率的提高。现代信息技术不仅有助于教学效率的提高，还具有实施美育的功能，它能直观形象地展现课文的艺术形象美、意境美和语言美，唤起学生的审美情趣，拨动美的心弦，潜移默化地培养学生的审美能力。

## 一、深挖教材，多媒体教学辅助于教学目标的实现

多种媒体的综合使用，能将课文的内容以声、形、色、动感直接作用于学生的感官，使其在学生的大脑里留下鲜明的形象。如《鸟的天堂》这篇课文，是文坛巨匠巴金先生的杰作。本文的教学重点是引导学生全面欣赏大榕树的美以及群鸟纷飞的壮观景象，使学生受到热爱自然、热爱生命的教育。但因学生与《鸟的天堂》中所描绘的境界相隔甚远，单纯透过语言文字很难理解大榕树"枝上又生根"的神奇和众鸟纷飞的壮观景象。根据本课的教学要求，为了达到激发兴趣、深化认识、全面提高听说读写能力的教学目标，在学生基本理解课文内容的基础上，借助图文并茂、音像结合的多媒体课件，引导学生体会静中有动、动中有静的美感，伴着舒缓

的音乐和一幅幅精美的画面，把学生引入课文所描写的第一次去鸟的天堂所感受到的静谧的世界中；待到理解第二次去鸟的天堂看到众鸟纷飞的奇妙景象时则换成欢快的音乐。这样循序渐进，带着学生走进文本，辅之以扎实的听、说、读、写训练，达到了令人满意的教学效果。

## 二、创设意境，激发学生探索知识的内在动力

实践表明：能牵动情感的事往往能引发兴趣。而人的情感是在一定的情境中产生的。在课堂教学中，恰当地使用电教手段是创设情境的最佳途径。充分利用电教媒体形象直观的特点，创设一定的情境，能把学生的视线聚焦于特定的学习对象上，引领学生主动参与到学习活动中。例如《丑小鸭》一课。上课开始，首先出示几幅美丽的童话图片，让学生猜猜是哪部童话中的人物。众人描述一人猜，最后落脚到丑小鸭上，把学生引入丑小鸭的境遇中，与丑小鸭同喜同忧。在学习的过程中加之哀伤的音乐、生动的画面，加之教师声情并茂的朗读，让学生入情入境，自然会收到冷暖自知的效果。

## 三、启迪深思，培养学生的创新思维

多媒体技术的运用能激发学生的好奇心与求知欲，给学生以思维上的启迪，触发学生思维的灵感，为学生积极、主动的学习创造条件。

阅读教学中，教师不仅要教给学生知识，还要想方设法引导学生进行学习方法的迁移，通过发散学生思维，培养他们的创新能力。利用多媒体技术可以使学生大大增加听和看的机会；用文字、图像、声音的巧妙结合，可以大大增加课堂信息量，实现课内外的沟通，全面提高课堂教学效率，提高学生的整体素质。

《蝙蝠和雷达》是一篇科学小品文。从教材的内容看，教学的难点是让学生弄清科学家是怎样从蝙蝠身上得到启示，使飞机在夜间安全飞行的；重点是理解科学家做实验的初衷及经过。为了突出重点、突破难点，运用

现代化的电教媒体，使多样化的信息作用于学生的多种感官，可以创设一个生动具体、新颖活泼的语言环境，充分调动学生的主观能动性，让学生有形可见，有话可说。

语文学科既不同于数理化、史地生等一般认知学科，也不同于艺术学科，语文的媒介是语言。再精美的语言也要经过学生的思考才能汲取到营养，因此，课堂上要留给学生充分的思维空间和时间。从文字形象到画面形象应有一个品味、体验的过程，体验的过程又应是个性化的，多元化的，结果也往往是丰富多彩的，不能以单一的形象扼杀丰富的感知。

### 四、形声构图，在视听中感受美

多媒体以形、色、光、画的独特效果为特色，有鲜明的表现力和直观形象性，能调动学生的积极性，唤起他们浓厚的学习兴趣，使学生不知不觉地进入教学内容之中，从而开启形象思维之门。例如，《望庐山瀑布》，这是一首脍炙人口的山水诗。教师创设音频、视频，伴随着优美的旋律展现的是一幅天然山水画：香炉峰冉冉升起团团白烟，白烟弥漫在青山蓝天之间。在红日照耀下，远远望去好像万缕紫色的云雾，气势磅礴的瀑布，飞一样从山上直泻而下……这样便把古诗中"生紫烟""挂前川""飞流直下""三千尺""落"的含义具体化、形象化，极大地激活了学生的兴奋点。多媒体教学将无声的语言和有声的口头语言及形象的直观画面结合在一起，为语文教学提供了带有极强感情色彩的形、音、义统一的信息集合体，学生的各种感官最大限度地调动起来，从而拨动学生"兴趣"的心弦，"审美"的情感，使学生在"视"中感受形象美，在"听"中感受音韵美，在"想"中感受意境美。

又如《秋天的怀念》，这一课的朗读配有音乐、文字、图片，文字、图片根据课文朗读的进度而自动切换，朗读声情并茂，音乐渲染，使人仿佛身临其境。艺术都是相通的，音乐、画面、声音的辅助手段，无形中丰富了课文的审美空间，增加了课文的表现力。

"形美以感目""音美以感耳""意美以感心"的电教媒体，通过美的艺术形式，创设情境，激发审美情感，使学生真正进入"最可贵的一种境界"。

# 第六节 部编教材怎么教

2017年10月25日上午，我校语文教研组针对教学实践中遇到的"部编教材怎么教"的困惑，进行了专题研讨。活动特聘历城区教育教学研究中心孙秀芹科长和济南市名师王红霞老师莅临现场指导。

活动中，我校语文骨干教师、语文教研组组长傅婷婷老师和王红霞老师分别执教了二年级上册《玲玲的画》和《日月潭》。

课后，我们在学校二楼会议室进行了说课评课活动。两位执教老师简单地说了说自己的教学设计思路，然后分别由王红霞老师、孙秀芹科长进行点评指导。

两位专家分别从目前课堂教学现状、部编和人教版教材的教学异同等方面发表了自己的观点。细心聆听专家点评，反思我们的语文教学现状，感觉以下问题不可小觑。

问题一：教学模式陈旧，教学方法单一。用人教版教材的老教法教授部编新教材，缺乏灵活多样的方式组合，课堂容量过大，眉毛胡子一把抓，导致教师一节课下来累得气喘吁吁、身心疲惫。

具体表现在：教师讲述多，启发少，多元交流少；讲知识多，讲规律少，讲学习方法少；全班统一学习的机会多，个人独立学习的机会少，学生表达的机会少。教师一味地讲，缺乏对学生积极性的调动。

问题二：教学思想落后，课堂气氛沉闷。教学设计为学生的"学会"考虑得多，为学生的"会学"考虑得少，授课缺乏开放性，缺乏知识的联系与编织，难以形成知识网络；学科知识封闭运行，照本宣科的成分多，缺乏发散思维和灵活的应用。教师授课缺乏热情和激情，语调平淡，表情呆板，课堂气氛沉闷，学生状态松懈，思维难以有效运行，导致教学效率低。

问题三：准备不充分，教学过程脱离主题。教师对教材和学情缺乏细致科学的统计和分析，教师只顾按自己的意图讲解内容，不能顾及学生的实际，教学的盲目性导致了大量的无效劳动。有时教师滔滔不绝讲解的其实是学生自学完全能够掌握的知识。教师备课不充分，课堂上面对突发问题不知所措，呈现出"两个黄鹂鸣翠柳——不知所云"或者是"一行白鹭上青天——离题万里"的境界。

由此可见，部编教材的教学需要我们转变观念，正视当前语文课堂教学中存在的问题，做出以下努力。

## 一、教师角色定位

在课堂教学中，教师应是学生学习的组织者、引导者，应充分把握好收与放的度。当学生在自主学习的过程中走入误区时，教师应当适时点拨，给予一定的提示，恰当地发挥自己的组织功能。对于教学的重难点部分，教师一定要抓住契机，组织全体学生参与讨论，深入体会，小组合作学习不要蜻蜓点水，一带而过。

## 二、掌控教学目标

教学中既要充分体现高效课堂的活跃性，又要注意不脱离主题；既要解放学生的"嘴巴"，给学生充分展示的机会，让学生充分地、自主地、独立地学习，激发学生的阅读情趣，又要突出教学目标和教学重点。

教学目标设计宜简忌繁。教学目标设置一定要在充分掌握学生基本学情的基础上，力求简单明了，不要面面俱到，目标设计过多，训练不到位，重点不突出，容易捡了芝麻丢了西瓜。

教学目标设计要切实可行，具有可操作性。著名语文教师冯起德说："如何确定教学目标是检验教师素质成熟与否的重要标志。"教学目标一经确定，就必须成为一堂课的"定海神针"，而不是出于应付和虚设，整个教学活动必须围绕教学目标展开，教学内容的增删，教学方法的设计、运用，教学环节的衔接，都应始终如一地为实现教学目标服务。当然，教学过程是一个动态的流程，课堂上可能发生的一切，不是教师在课前备课中可以完全预见的，教学目标存在着生成性和不可预知性，但也正因为如此才体现着教师的主导作用，体现着教师的教学艺术。尤其是在对话教学中，教师要学会倾听，捕捉有价值的生成性话题，及时、灵活地生成新的教学目标，将教学活动调控在目标所界定的范围内。教学语言要精练，直指教学目标，让学生听清楚弄明白，组织学生展开思维的碰撞，引发学生展开深入的思考，帮助学生完成知识的构建。

## 三、把握部编教材特点

部编教材强调"立德树人、语文素养、阅读体系、多方共建"的理念。部编教材双线组元，既发挥育人功能，又照顾到语文能力的培养；保持选文经典性的同时开发新选文；作业系统设计层次丰富，题型灵活；写作教材强调一课一得，并增强活动性和指导性；部编教材教学设计更加关注学生的思维训练，训练学生的表达能力。

孙秀芹科长强调：部编教材知识点，语言要素设计清晰，文后都有具体内容，更容易把握。部编教材的教学应把握好以下几个关键词。

### （一）语言的建构与运用

借助教材让学生认识语言现象，在此基础上反复训练加深印象，让学生掌握，并学会运用。训练点不要设计太多，讲究一课一练，抓住一个点做实做透。用教材中的语境建构语言现象，在其他语境运用起来。一定要注意学生会的不会的要分清楚，会的不讲，不会的作为训练重点。比如，傅婷婷老师在《玲玲的画》一课中抓住学生容易读错的两个字："叭"和"趴"，巧妙设计教学环节。先让学生尝试去读，反复纠错，再把这两个字放在句子中让学生在语言环境中反复读，加深印象，接着设计练习题训练，最后用读儿歌的形式记住这两个字的读音。另外她抓住"端详""伤心""满意"等关键词以点带面，举一反三取得了较好的效果，做到了用教材教、用课文练。

### （二）思维的发展与提升

在语文教学中要求体现思维的过程，让学生经历认知全过程，知其然、知其所以然，知识点才能够熟练掌握，才会做到灵活运用。在探究过程中努力让孩子自主去发现、自主去探索，不是一味地告诉。比如，王红霞老师在教授《日月潭》中的"点点灯光"和"蒙蒙细雨"两个词时，提取要素，抓要素，抓信息，让学生读明白，然后进行对比运用，拓展训练，体现了读写结合，拓展阅读的教学风格。

### （三）审美的鉴赏与创造

部编教材精选美文，引导学生体会文本的语言美、意境美，学会欣赏美。从"人文性"的文字中受到美的熏陶，从而能够发现生活中的美，激发学生热爱生活、改变生活。

另外，语文教学的创新点设计要立足立德树人和学科素养。把立德树人和学科素养渗透在教学环节之中，如果单独隔离出来单独搞，反觉得僵硬、不自然。

最后，孙秀芹科长强调部编教材的处理要做到：整体处理，长文短教，难文浅教，短文细教，浅文趣教，美文美教，一课多篇，选点精读，穿插引进，比较阅读，课文联读，专题研讨，一课多案……

同时推荐阅读温儒敏和余映潮等语文教育专家的文章，正确把握部编教材的理念和特点，掌握部编教材的教学方法，和学生一起享受更为优质的学科教育过程。

通过此次教研，使大家深刻地领悟到："学"是教学的出发点，也是教学的归宿。只有深入细致地研究学生，才能让学生的"学习"在语文课堂上真正发生！教学的最高境界是真实、朴实、扎实。要真真切切地做到"三实"，需要教师捧出一颗对教育虔诚的心，潜心研究，才能回归"简简单单教语文，本本分分为学生，扎扎实实求发展"的语文教学常态。

（2017 年 10 月 29 日）

# 第七节 怎样评价语文课

## 一、看课堂是否充满生机与活力

传统的语文课堂教学枯燥乏味，但是，如果把音乐、美术和表演带到语文课堂教学当中去，其效果却是迥然不同的，那将会是充满活力和情趣的。

小学语文册教材编写了许多文质兼美、文情并茂、充满童趣的童话、古诗、儿歌等作品，而且每一篇课文都配备了精美生动的插图。教学时如果能充分利用这种特色，将语文、音乐、美术、表演有机结合，将会取得良好的效果。

### （一）设置音乐，渲染课堂气氛

音乐能发展人的思维，能给人以最大限度的联想，并且给人无限的美感，让人尽情想象、思索，潜移默化地发展学生的思维能力。在语文课堂教学中适当地添加一些音乐，或配乐朗诵，或让学生唱一些与课文有关的歌曲，不仅能调节课堂气氛，给人轻松愉快的感觉，还能调动学生的情感，从优美的乐曲中体会课文的内涵。例如，在教学《春雨沙沙》等表现春天景色的课文时，让学生自己演唱一些有关春天的歌曲，如《小燕子》《小雨沙沙》《滴哩滴哩》等儿歌，让学生在轻松活泼的音乐声中的体验和感受会更加深入。

### （二）适当绘画，增添课堂情趣

语言文字是一种抽象的符号形式，美术是直观的艺术形式，它是用直观的艺术形象打动人的，而且美术在启发人的形象思维能力和抽象概括能力等方面有其独到的效果。在语文课堂教学中合理地安排学生进行绘画，不仅能很好地调动学生的学习热情和积极性，而且能更深刻地理解课文的内容。例如，在教学《松鼠和松果》时，可让学生想象松鼠埋松果的地方以后会是什么，把它的样子画出来。这样，学生在充满情趣的氛围中，尽情地发挥想象，把课文中抽象的文字转化为直观的绘画作品，并从直观的绘画作品中理解课文所体现的主题——保护环境，美化环境。

### （三）引入表演，激发学生的参与意识

教学是师生双方的交流，但学生是教学的主体，教学效果的好坏，关键看学生掌握了多少知识，对小学生来讲，如果能采用一种调动其积极性的教学方法，将会起到事半功倍的效果。孩子天性爱动，先天有表演欲望。针对适合的文段，给学生创造表演的机会，会收到意想不到的效果。例如，在《柳树醒了》一课的教学中，有意识地把"醒了""软了""飞了""长高了"等词语让学生用动作表现出来。孩子们用自己的身体生动地表现春天来了，柳树苏醒的过程，课堂的内容会通过这种生动可见的形式深入孩子的心灵。

打破传统的语文课堂教学模式，加强语文学科与音乐、美术学科的联系，把语文学习中的读与唱、画、演等有机结合，让语文课堂"动"起来，让学生动起来，不仅能培养学生广泛的兴趣爱好，更能全面提升学生的综合素养。

## 二、一堂好课要达到的基本要求

一堂好课没有绝对的标准，但有一些基本的要求。

### （一）有意义

在这节课中，学生的学习是有意义的。初步的意义是他学到了新的知识；再进一步是锻炼了他的能力；再往前发展是在这个过程中有良好的、

积极的情感体验，使他产生更进一步学习的强烈要求；再发展一步，在这个过程中他越来越会主动地投入学习中去。观察学生上课，"进来以前和出去的时候是不是有了变化"，没有变化就没有意义。所以第一点是有意义的课，也就是说，它是一节扎实的课。

### （二）有效率

表现在两个方面：一是对面上而言，这堂课下来，对全班学生中的多数学生是有效的，包括好的、中间的、困难的，他们能都有收获；二是效率的高低，有的高一些，有的低一些，但如果没有效率或者只是对少数学生有效率，那么这节课都不能算是比较好的课。

### （三）有生成性

这节课不完全是预设的，而是在课堂中有教师和学生的真实的、情感的、智慧的、思维的、能力的投入，有互动的过程，学生思维活跃。在这个过程中既有资源的生成，又有过程状态生成，这样的课可称为丰实的课。

### （四）常态性

我们受公开课的影响太深，当有人听课的时候，容易出的毛病是准备过度。教师课前很辛苦，学生很兴奋，到了课堂上只是准备好的东西来表演。大量的准备，课堂上没有新的东西生成出来。当然，课前的准备有利于学生的学习，但课堂有它独特的价值，这个价值就在于它是公共的空间，这个空间需要有思维的碰撞、相应的讨论，最后在这个过程中师生相互地生成许多新的东西。新基础教育反对借班上课，为了让大家淡化公开课的概念，至少不去说"公开课"，只有"研讨课"。无论谁坐在你的教室里，哪怕是部长，你都要旁若无人，你是为孩子、为学生上课，不是给听课的人听的，要"无他人"，所以把这样的课称为平实的课（平平常常，实实在在的课）。这种课是平时都能上的课，而不是很多人帮你准备，然后才能上的课。

### （五）有待完善的课

课不可能十全十美，十全十美的课作假的可能性很大。只要是真实的就是有缺憾的，有缺憾是真实的一个指标。公开课要当成没有一点问题的课，那么这个预设的目标本身就是错误的，这样的预设给教师增加了很多的心理压力，然后做大量的准备，最后的效果是出不了"彩"。生活中的课本来就是有缺憾的、有待完善的，这样的课称为真实的课。扎实、充实、丰实、平实、真实，说起来好像很容易，真正做到却很难，但正是在这样一个追求的过程中，我们教师的专业水平才能得以提高。

## 三、怎样评估一节语文课

听课、评课是教育管理者检查教学质量以及教师相互交流经验的重要途径，也是评估教学的重要手段。由于在语文教学评估中有很多项目是较难精确量化的，也很难严格地控制全部的无关变量，所以，不能用测试得到的数据来说明所有的问题。因此，常常通过听课，对教师的课堂活动进行系统的观察；通过评估，对教师的教学情况做出客观的判断。

一节语文课的性质、目的、任务不同，评估的标准是不同的。如一节听话说话课的评估标准，与一节作文课的评估标准就不一样。同时听话说话课，由于要完成的教学内容、任务不同，评估的标准也有所不同。但总的来说，可从以下方面着手。

### （一）教学目标是否明确

语文教学过程是一个训练的过程，包括字、词、句、段、篇和听、说、读、写的基本功训练。教学目标是否明确，主要指语文基本功训练的目标是否明确，需要传授哪些知识。进行哪些语文基本功训练，每一项知识训练达到什么程度，都应十分明确、具体。

例如，对一节阅读课的评估，主要看读、写训练是否落实；是否既能紧扣语言文字来理解内容，又能根据内容来体会语言文字的作用；在扎扎实实地进行语言文字的训练的同时，又能时时感受到思想教育的力量。下面是一位教师教学《一夜工作》的片段，这段教学紧扣课文的语言引导学生理解思想内容，很好地把语言文字的训练和思想教育统一起来。

师：课文中说"花生米并不多，可以数得清颗数，好像并没有？因为今夜多了一个人而增加了分量"，你们想一想，花生米到底增加了没有，从课文里找出依据。

生：没有增加。因为课文里说"可以数得清颗数"。

生：增加了。因为课文里说"好像并没有……增加"，好像没有增加，实际上是说增加了。

师：你说的是有一些道理，但还不够准确。想一想，这句话如果去掉"好像"，是什么意思？

生：肯定没有增加的意思。

师：那么加上"好像"呢？

生：加上"好像"以后，这句话的意思是：本来应当增加，可看起来像没有增加似的。

师：对。可见单从这句话不好判断到底增加了还是没有增加，再读读这句话前面的几句。

生：前面说"送来两杯热腾腾的绿茶"，既然茶增加了一倍，花生米当然也应增加一倍。

师：说得对。既然花生米增加了，作者为什么说"好像并没有增加"呢？

生：作者的意思是：增加了一个人的花生米才那么一点，可见平时总理一个人的时候就更少了。说明总理的生活是多么简朴。

对一堂阅读课的评估，往往只侧重在学生的回答漂亮不漂亮上，对学生读得如何，课文读得熟不熟，读得好不好往往重视不够，至于课堂上是否动动笔，练一练，就不大注意了。有的老师在这方面就做得比较好。如一位老师在讲读完《可爱的草塘》后，启发学生："你们就要和小丽分手了，你不想对她说几句话吗？把要说的话写下来吧。可以写赞美草塘的话，可以写感谢小丽的话，也可写赞美家乡并邀请小丽来做客的话。"对于这种加强笔头练习的做法，评课时一要给予肯定，二是加强学习。

### （二）对教材的理解是否正确

理解教材是教好一节语文课的基础。教师对教材内容的正确理解，主要包括对教学要求、教材重点、难点的把握，对词、句的正确理解，对课文主要内容和中心思想的正确理解，对课文层次结构和写作特点的正确理解。对教材的理解是否正确，反映了教师的知识水平和语文能力。

明确教学要求，把握重点、难点，这是正确理解教材的前提和基础。教学要求要定准，重点、难点要找准，这是教师钻研教材的基本功。对词、句的理解，是指要抓住重点词和句，在语言环境中理解。对课文主要内容和中心思想的理解，是指能在抓住课文主要内容的基础上，了解作者的写作意图、主要观点。如《小马过河》这篇课文，它渗透了事物是相对的观点（老牛认为很浅的水，松鼠却认为很深），讲礼貌的观点（小马对长辈很有礼貌），关心他人的观点（松鼠见小马要过河，生怕它被淹死，便赶忙阻止）等。假若全课的教学，把着眼点主要放在引导学生理解上述几个观点或其中某个观点上，就容易偏离了课文的中心。因为本课的中心集中表现在老马对小马所说的话里："光听别人说，自己不动脑筋，不去试试，是不行的。"教师教一篇课文，要根据课文的中心引导学生读懂课文内容。低、中年级语文教学不要求学生概括中心思想，但教师要能明确课文的中心，这样才能引导学生理解体现中心的重点词和句。对课文层次结构和写作特点的理解，是指分清段落层次，明确写作特点。段落层次分得清，有利于指导学生分段和厘清思路；写作特点明确，有利于结合学生实际，引导学生从读学写。

### （三）对教材的处理是否恰当

恰当地处理好教材是教好一节语文课的关键。对教材的处理是否恰当，反映了教师的教学能力和教学水平。对教材的处理，主要是对教学内容、重点、难点的处理，以及据此设计的基本教学思路。对教材的处理是否恰当，包含以下方面。

### 1. 看对教学内容的取舍是否合理

例如，小学语文课程标准不要求学生掌握语法、修辞之类的知识（只要求学生部分地在实际中运用），如果教学中向学生讲授主语、谓语、拟人、比喻等语法、修辞知识，显然违背了课标的要求，即"超标"。课标要求六年制三年级"学习分析自然段，归纳主要内容"，如果教学时要求学生给课文分段、概括段落大意，这也不符合课标的规定，即"越位"。

**2. 看教学的重点、难点是否突出**

就语文课来说，所谓重点、难点，一是课文本身的重点、难点，指对突出课文中心起关键作用的内容和一些学生不易理解的内容；二是基本功训练的重点，旨在引导学生读懂课文，进行字、词、句、段、篇和听、说、读、写的基本功训练过程中，选择一两项着重进行训练。例如，《鸟的天堂》这篇课文，主要讲的是作者和他的朋友两次经过"鸟的天堂"时所见到的不同景象，说明大榕树的美丽奇特以及被称作"鸟的天堂"名不虚传。课文按作者游览的顺序分四段描写：第一段（1～4自然段）作者和朋友划船出去游玩；第二段（5～9自然段）作者和朋友第一次经过"鸟的天堂"时看到的景色；第三段(10～13自然段)作者和朋友第二次经过"鸟的天堂"时看到的情景；第四段（最后一个自然段）作者对"鸟的天堂"的留恋和赞美。从课文的内容看，第二段具体描写大榕树的静态和第三段描写鸟的动态应作为课文的重点；在语文基本功训练方面，可根据本组的"事物的静态和动态"这一重点训练项目，把引导学生学习描写景物的静态和动态的方法作为重点，再通过有感情的朗读来体会，做到理解的重点与基本功训练的重点的统一。

**3. 看是否善于从教材的实际和学生的实际出发，设计出既符合教材特点又能激发学生学习兴趣的教学思路。教学既要根据教材的特点，又考虑学生的实际**

首先，教学思路不是凭空而来的，是根据教材和学生的实际设计的。其次，教学设计不是一成不变的，要根据变化的情况（主要指"学"的一方出现了新情况，如学生提出新的有价值的问题，应纳入教学中解决；原作为教学的重点，教学中却比较容易得以解决，就不必多费工夫），调整教学设计，使之更加适合教学的需要。

**（四）教学过程是否体现了正确的教学思想**

分析一节语文课，当然要分析教学过程、教学方法。教学过程的设计是否合理，教学方法的运用是否得当，主要看教师在教学过程中，是否体现了正确的思想，表现在以下方面。

**1. 看教师如何处理教与学的关系**

看一节语文课是否处理好教与学的关系，主要看在语文教学过程中教师的主导作用与学生的主动性结合得怎样。具体来说，包括四个方面：一看教师是否发扬教学民主，尊重学生；二看是否真正调动学生学习的主动性、积极性，体现学生学习自主性；三看是否体现教师引导学生在不断探索中得出结论的过程；四看是否重视学习方法的渗透，朝着"自能读书""自能作文"的方向努力。

**2. 看课堂上学生是否有足够的语文实践活动**

主要指教师面向全体学生，把大量的、有层次的语言文字训练贯穿于教学的全过程。

**3. 看教师如何处理传授知识与培养能力、发展智力的关系**

主要看教师是单纯地传授语文知识，还是在传授知识的同时重视学生能力的培养、智力的发展。特别要看教师是否重视培养学生的创新意识和创新能力。

**4. 看教师是否讲求实效**

讲求实效，就是要反对形式主义，反对毫无实效地走过场，也反对看似热热闹闹、生动活泼，实际上学生在语言文字训练上收效不大的现象。

**（五）教师的基本功、教学艺术如何**

语文教师的教学基本功，主要包括四个方面。

**1. 语言基本功**

要求能够流畅地运用普通话进行教学，语言规范，用词准确，语句通顺，讲课通俗易懂，并能及时发现、纠正学生说话中的语病。

### 2. 朗读基本功

要求正确、流利、有感情地朗读课文。在朗读方面可为学生示范。

### 3. 板书基本功

要求写字正确、工整、熟练。

### 4. 教态

要求教态自然、亲切，感情饱满，举止端庄。

语文教师的教学艺术，主要包括以下三个方面。

### 1. 语言艺术

例如，说话是否得体，语言是否生动、形象，富有感染力等。

### 2. 启发诱导的艺术

例如，是否善于提出富有启发性的问题，是否善于点拨、相机诱导等。

### 3. 驾驭课堂教学过程的艺术

例如，是否善于使用引人入胜的导语激发学生学习的兴趣。教学环节是否紧密，过渡是否自然，是否善于巧妙地处理课堂的偶发事件等。

第五章　语文教师素养

# 第一节  语文教师的基本素养

素养是人们在环境和教育（包括自我教育）影响下形成的修养，由各种基本品质和能力构成。语文教师是语文教育任务的承担者，他们的素养制约着语文教育的效果。

## 一、职业道德素养

### （一）思想修养

优良的思想修养在教学活动中有定向支配作用，是教师修养的指导，是教师的"灵魂"，是语文教师做人的根本。

#### 1. 立场坚定，遵纪守法

现代语文教师必须有坚定的政治方向，能掌握马克思主义的立场观点，能认识社会主义的本质特征，懂得教育发展与社会的政治、经济、文化发展的相互关系，理解有关的理论、路线、方针、政策。现代语文教师应是具有民族自尊、自信、自强精神的教师，能把爱国主义精神作为对学生进行思想政治教育的主旋律；同时又能认真地学习和吸收世界各国人民创造的优秀文明成果。现代语文教师是遵纪守法的教师，他们一身正气，情操高尚，能按照美的规律教育学生，使学生形成正确的价值观、高尚的道德观和积极的人生观。

#### 2. 举止文明，为人师表

教师的言谈举止、服饰仪表是教师个人内在道德情操、审美观念和生活习惯的外部反映，是教师文化行为的主要组成部分。教师的一言一行、一举一动，对于天真幼稚、好奇心强、喜欢模仿的学生来说，起着潜移默化的作用。对教师来说,生活细节也是大事,应时时处处在各方面检点自己,为人师表。为此教师讲话要文明,举止要端庄,礼貌待人,衣着整洁大方,做到心灵美、语言美、行为美、仪表美。

语文教师的思想修养体现在教师工作的方方面面,蕴含在教师的一言一行中。

### (二) 敬业精神

语文教师的敬业精神主要表现在以下几个方面。

#### 1. 热爱教育,尽职尽责

教师要有强烈的职业自豪感和责任感,敬业、乐业,忠于教职,全身心地投入培养下一代的教育事业中,用自己智慧的钥匙为学生打开科学文化宝库的大门,用自己崇高的品德去塑造学生美好的心灵。

#### 2. 教书育人,诲人不倦

教师既要做好"经师",更要做好"人师",对学生全面发展负责。为了学生的成长成才,教师必须任劳任怨,自觉地用自己的知识、能力和品德行为对学生言传身教,并持之以恒,诲人不倦。

#### 3. 热爱学生,视生若子

热爱学生是师德的核心,是建立良好的师生关系的要求。教师的这种情感是一种巨大的教育力量,也是取得成功的奥妙所在。陶行知先生倡导"爱满天下",夸美纽斯主张让学生在"和蔼可亲和愉快的气氛中喝下科学的饮料"。苏霍姆林斯基则主张"把整个心灵献给孩子们"。教师要热爱每一位学生,要满腔热情地关怀学生,保护学生健康成长,使其身心不受各种不良影响的危害。热爱学生、尊重和信任学生,同时也要严格要求学生,做到严慈相济。

#### 4. 严谨治学,锐意进取

为了适应教书育人的需要,教师要自觉、积极、坚持不懈地更新知识和提高自己的素养,具有严谨的学风和教风及锐意进取的精神。严谨的学风主要是指老师认真谦虚的学习态度,自觉遵守教育规律,用科学的方法培养训练学生，还要有错必纠的求是精神。这种精神是教师提高自身素养和劳动质量的必要条件，是对学生、对工作负责的表现。锐意进取是指教师要根据时代发展要求和科技发展的趋势，始终不满足于现状，不断拓宽自己的知识领域，做到高屋建瓴，使自己的教育教学常教常新。

**5. 敢于负责，乐于协作**

教师劳动是个体性与整体性相统一的劳动，这种劳动要求教师要勇于负责，敢于承担教育教学责任，充分发挥个性潜能，创造性地完成自己所承担的教育教学任务；要乐于协作，自觉主动地与其他教师、管理人员及学生家长密切配合，形成一种教育合力，促进学生健康成长。

## 二、专业素养

一名语文教师，在汉语言文学专业领域必须具有深厚的学养。

作为一名语文教师，必须不断地加深和提高学养，跟上本专业的学术进展，占据时代的学术前沿。语文教师尤其要树立继续教育、终身教育的观念，要努力使自己术业专精、闻道在先。许多教师的落伍，就是因为其在任教以后树立了教参就是一切的观念，放弃了专业上的进取精神。作为"平等对话"中的教师的权威，不是外部赋予的，而是靠教师自身的深厚学养自然而然形成的。将来，不学无术的教师是无法在讲台前立足的。

一个人的语文能力是多方面的，一般认为包含听、说、读、写四种。善读、能说、会写，应是语文教师汉语言文学专业素养中的最基本的素养，也是语文教师教学能力的重要体现。

在语文教师的能力结构中，会写是基础，是前提。会写，势必会读；不会写，也就不会读。这一点已得到语文界较为普遍的认同。老一辈教育家叶圣陶就非常强调教师自身写作经验的作用，他说："经常写些东西，语文教师更有必要。……自己动手写，最能体会到写文章的甘苦。自己的真切体会跟语文教学结合起来，讲解就会更透彻，指导就会更恰当。"他认为"凡是有关作文的事，老师实践越多，经验越丰富，给学生的帮助就越大。"虽然叶圣陶对教师个人的写作经验的作用似乎过于看重，不免有经验主义之嫌，但是，他主张语文教师应经常动笔，应联系自己的写作实践进行教学，则是合理的要求。

语文教师应是一个热爱阅读和写作的人。"读者"和"作者"的素质，是语文老师所应具备的一切素质中最具普遍性、基础性和延展性的素质。一名语文教师，如果能经常地与学生交换阅读和写作的心得，向学生推荐自己喜欢的作品，坦诚地和学生交流感受，给学生读自己写的作品，谈自己写作的生命体验，倾听学生的意见，长此以往，学生会不喜欢阅读和写作吗？

## 三、教学素养

教学不仅是技术，更是艺术。一名优秀的教师，须是一个对教育和课程有着较为透彻的理解和领悟，懂得教学规律，深知学生学习心理，巧于驾驭教学过程，善于创造性地组织教学活动的人。

语文教师仅止于能读会写还不足以教好语文。任何个人的直接经验都是有局限性的。教师善读、能说、会写，从教学的角度看，他所能给予学生的，除了情意因素的正面影响外，就是个体的、经验层面上的对读、说、写的体验和认识。而真正能对学生的阅读、口语交际、写作具有普遍指导作用的，应是从众多的个体读、说、写的实践经验中概括抽象出来的理论。而无论是言语表现的经验还是理论，都得通过教师适当的课堂教学行为、创造性的教学设计和组织，通过师生间的交往与对话、合作与互动，在学生积极主动参与的过程中，有效地传递给学生，而这些都有赖于教师教学素养的提高。

教师教学能力有一些基本的要求，这些要求都是与时俱进的。日本教育学者臼井嘉一指出："信息化社会的发展，使教师直面从未有过的教学形态。诸如电脑教育、开放教育、社区教育等。对教师来说，这是一个需要重新学习的课题。关于教师'教学能力'的研究，特别是'顺应种种教学形态的能力''适应学生个性的指导能力''从实践中学会教学的能力'，受到关注。"钟启泉也认为这些教学能力的培养是当今世界教师教育的共同课题。他对日本学者把教师"教学能力"界定为"教学能力＝教材把握力 × 儿童把握力 × 指导技术力 × 精神能量"的观点表示认同。钟启泉认为这其中有两个要点："其一，各个要素是相辅相成的，彼此是互补的关系。如果一个要素的值小了，作为总体的值也会变小。其二，把'精神能量'作为一个重大要素。所谓'精神能量'包含了两个侧面的要素：（1）朝气、热情、动力，（2）接纳、肯定。'精神能量'低的教师，往往不善于接纳并肯定儿童的反应，教学效果不佳。"针对上述教师教学能力结构的四要素，臼井嘉一认为："连接公式之中四个要素的关键是教师的CR能力。所谓CR能力指的是，教师准确地捕捉和应对学生的反应的能力，亦即 Catch&Response 能力。'教材把握力'是指抓住教材的目的，设想学生的反应。'儿童把握力'和'指导技术力'的提高是同教学过程中作用于儿童、准确地应对学生的反应以便实现教学目标相关的。'精神能量'则是接纳与肯定的咨询作用，当然是重要的要素。他们全都同CR能力相关。这样看来，CR能力正是教学能力的核心要素。"这里所谓的"精神能量"，主要体现的就是教师在教学过程中对学生的人文关怀。这里揭示的教学能力结构的四要素，可视为教师教学素养的基础。教师在自己的教学活动中，要有意识地对此加以培养和提高。

语文教学能力又有其特殊性。学生语文素养的提高，主要靠的不是简单的行为纠正，而是靠认知上的感染熏陶、潜移默化和揣摩体悟。教师所做的最重要的工作是"导悟"，即引导、诱导（因势利导、因材施教），学生自己领悟到言语的规律和要求，从而形成良好的语感、文体感和言语行为调控能力。由此看来，语文教师应是一名熟谙教学规律的、循循善诱的"导师"。

## 四、科研素养

语文教师的读、写，不同于作家或学者之处，还在于语文教师必须是语文学者，一个语文教育研究者。因此，他的读、写活动的一项重要内容就是围绕着语文教学展开研究。长期以来，我国语文界经验主义与实用主义之风盛行，对语文与语文教育理论的学习和研究不够重视，中小学语文教师普遍缺乏理论学习和探索的兴趣与自觉，多数教师靠的就是一本教参和有限的教学经验进行教学，自给自足、闭目塞听，不但对新的专业理论和教育理论所知甚少，而且有的甚至发展到排斥理论、排斥教改的地步。素养教育，对教师素养也提出了从实践型向理论型、从经验型向研究型转变的任务。

作为语文教育者，其基本素养除了具有汉语言文学研究能力外，还应具有语文教育专业理论知识修养和较强的教育科研能力，以及教育理论学习和研究的兴趣与意识。

语文教师，既要立足于语文学科本体，又要打破学科本位。除了精通本专业的理论知识外，还要求博、求杂，具备最佳的知识结构。当然，最重要的是要始终关注教育科学研究的最新进展。

语文教师，应成为一名批判性、反思性的语文教育学者，要善于对自身的教学经验和普遍的教学现象进行批判性反思。教师不应是教育的传声筒，而应是时代教育精神的建设者。

语文教师的教育科研工作可以从写教育手记或教学日记开始，一名教师，随手记下自己对教育论著研读的心得，每天写下对自己或他人教学得失的反思，经常地揣摩其中的规律或道理，要有自己的教育研究课题并从事一定的教学实验，从感觉和经验逐步上升到理论，日积月累，假以时日，就一定会成为一位优秀的语文教育家。

# 第二节 语文教师素养的长宽高

实施素质教育，提高学生的核心素养，教师素养的提升是关键。有一个公式可以简洁形象地表达教师素养的内涵：教师的素养 = 长 × 宽 × 高。"长"即专长，"宽"即知识面宽，"高"即思想境界高。在孩子们的眼里老师是超人，加减乘除、诗词歌赋、吹拉弹唱必然是老师的拿手好戏儿。因此，语文老师应该不断地学习，提高自己的综合素养。一个语文教师首先要有丰厚的文化底蕴，精美的语言，燃烧的激情，丰富的专业知识以及敏捷的思维，广博的见闻，这样才能准确地授业、解惑，才能赢得学生的尊重和信赖。也就是说"工具素养"是一个合格的语文教师必须具备的最基本的专业素养。"人文素养"是一个优秀的语文教师必须具备的精神基础和文化底蕴。它的宽厚与否，直接关系到教师的专业化成长。教师知识面宽，才能促进学生素质的全面发展，自己在教学中也才能左右逢源、得心应手。有了这种基础和底蕴，教师才可能从教书匠成长为能师、经师、名师甚至大师。因此，语文教师的核心素养就是"工具性与人文性统一"，这就是说要成为一位合格的语文教师必须通过大量的实践活动——读书、写作、研究，才能促使自己在专业化道路上迅速成长。

## 一、读书——腹有诗书气自华

### （一）读教材，以奠基教学

读教材包括研究课程标准、教科书和阅读有关教学参考资料。钻研课程标准，就是要了解教材体系和内容安排，明确本学科教学目标要求、内容范围和教学方法上的要求。钻研教科书是指教师要反复钻研、透彻地掌握教科书的全部内容，包括教科书的编辑意图、组织结构以及各章节的重点、难点和关键。特别是要对教材进行深入发掘，融会贯通，达到娴熟运用。

**（二）读与教材密切相关的书籍，以丰富教学**

语文教师在钻研教材时，要敏锐地发现教材涉及的一些文章和书籍，并将这些列为学生和自己的必读内容。如著名作家的评传、节选课文的原著、著名作品的赏析、名家名作的手稿、与背景有关的史书等。尽量地丰富教材、读厚教材。这种由薄到厚的过程，既是教师丰富文化底蕴的过程，也是对教材不断理解加工的过程。

**（三）阅读经典，以厚实积淀**

语文课程承担着培育文学素养、传递传统文化的重任。要把这一重任完成好，语文教师更应该首先读好经典，成为一名通晓古今、学贯中西的文化学者。朱自清在《经典常谈》中说："一个受教育的中国人，至少必须经过古典的训练，才成其为受教育的中国人。"作为"受教育"者的语文教师，我们更要读大量的经典。

《说文解字》、《文心雕龙》、《古文观止》、四书五经、唐诗宋词、明清四大名著、鲁迅杂文、曹禺的戏剧、郭沫若的诗歌、获得诺贝尔文学奖的作品等都应该列为必读书目，而且要细水长流，反复涵咏。

读与语文教育有关的书，以提高教育技能。有关语文教育学、语文心理学、语文教材教法和著名教育家的书都要有计划的阅读。如《叶圣陶语文教育论集》《张志公文集》《中国著名特级教师教学思想录》，还有苏联教育思想的集大成者苏霍姆林斯基《给教师的建议》《怎样培养真正的人》，苏联心理学家、教育科学院院士赞科夫的论著《和教师的谈话》等。除此之外，还要读一些当代语文教育界"诸子百家"的著作。

读与提高语文教师综合素养有关的书，以陶冶情操。读史使人睿智，读美学使人高尚，读哲学使人深刻，读自然科学让生活更美好。因此，语文教师要读哲学、美学、文学、思维科学、文艺理论、艺术等一些高品位的书。

**（四）浏览时文，以开阔眼界**

语文是中小学与时代结合最紧密的学科之一，民族文化、时代精神都通过语文传递给学生，语文教师要经常浏览报刊，阅读时文，以了解时代特点，贴近涌动的时代脉搏，树立先进的现代观念。语文课上我们所教的学生，又是接受时尚最快的新一代青少年，如果我们不广泛阅读，更新自己的知识，拉近与时代的距离，我们就无法与学生沟通。举个例子说，20世纪80年代不读金庸、琼瑶、三毛，便难与学生交流；现在我们不知曹文轩、沈石溪、莫言，便难与学生对话。

## 二、游学——读万卷书，行万里路

"读万卷书，行万里路"是人之所以成长的古训，这一古训对当今语文教师的专业成长照样有效。"游学"作为一种陶冶情操、增加阅历、开阔视野、丰富体验的方法，对于一个语文教师教好书有百利而无一害。

### （一）遍游各地名胜，以开阔自己视野

中国是地大物博、名胜古迹众多的国度，地理资源极其丰富，这为旅游学习创造了良好的条件。古代的中国人，尤其是文人雅士又特别钟情于名山胜水、古迹遗存，尽情地享受着大自然雄伟壮丽的风光和精美绝伦的人文景观，留下了一篇篇美文佳作，为后世积累了丰富的旅游文化，为语文教师做出了榜样、表率，值得我们推崇、学习。另外，名胜古迹让我们走出课堂，走向自然，让我们用眼睛、耳朵和心灵去感受山川景物的种种美妙和人文景观的巧夺天工，在很大程度上满足了我们心理上的审美需求，培养了我们健康的审美情趣，提高了我们对自然的审美能力。

### （二）寻访课文游踪，以体验作者情感

纵观语文教材，无论什么版本，每册必定有写景散文、山水游记，或寻幽探胜，或凭吊古迹，或拜谒宝刹古寺，或莅临三山五岳。《颐和园》《趵突泉》《桂林山水》《鸟的天堂》《富饶的西沙群岛》《美丽的小兴安岭》等，湖光山色、风景名胜，无不囊括其中。如果我们能像广告语所写的那样"带着课本游绍兴"，我们必能感受鲁迅童年的快乐。

### 三、研究——蓦然回首，那人却在灯火阑珊处

苏霍姆林斯基说过："如果你想让教师的劳动能够给教师一些乐趣，使天天上课不致变成一种单调乏味的义务，那你就应当引导每一位教师走上从事一些研究的这条幸福的道路上来。"研究不仅能让教师体验"昨夜西风凋碧树，独上高楼，望尽天涯路"的困惑，感受"衣带渐宽终不悔，为伊消得人憔悴"的艰难，更能让教师品尝"众里寻他千百度，蓦然回首，那人却在灯火阑珊处"的喜悦。

#### （一）体验生活，研究社会，感悟人生，完善人格

语文即生活。语文与社会、生活的关系，决定了语文教师要时刻关注现实、研究社会、体悟生活。语文教师要通过参观、访问、实际参与、探究等活动了解社会现象，了解自己在社会中的角色与定位。体会自己与社会、与他人的关系，养成关注社会、服务社会的意识，培养社会责任感。语文教师还要走出学校，参与社区和社会实践活动，以获取直接经验，感悟生活，不断提升自己的精神境界、道德品质和能力，使自己的人格日臻完善。一个了解社会、关注现实、懂得生活、人格完善的人，才能当好语文教师。

#### （二）研究学术，以增长学识，发展智能，提高品质

一个语文教师要实现专业成长，要成为一个"学者型""研究型""创造型"的教师必须边学习，边教学，边研究，实现"教学研"三结合。语文教师的"学术研究"范围很广，研究形式也很多。文本研习、教学反思、评课说课、调查实验、行动研究、文献评述、编写教材、撰写论著等不胜枚举。实践证明，一个学术研究能力强的教师，其教学能力也比较强。究其原因是教师的研究往往是以"行动研究"为主的研究。一个基层的教师为解决教学中的实际问题，查阅文献，请教专家，调查实验，一边教学，一边研究，很快会使自己的专业得到发展，成为一名学者型的教师。

### （三）研究课堂，以提高效率，享受工作

课堂，是教师专业化成长的起点；上"好课"的愿望，是一个成功教师的动力源；具备上"好课"的本领，是教师专业化发展的基础。教师的主要时间和活动空间在课堂，教师的职业价值主要体现在课堂上，课堂教学的质量决定着教师的生命质量。因此，教师要有这样的信念：我研究我的课，我负责我的课，我改善我的课，我享受我的课。"聚焦课堂、研究教学"，是我们永恒的主题。

## 四、为文——下笔如有神

叶圣陶先生说："我希望教师练习写文章，并不是专指练习写文艺作品而言，尤重要的是写一般文章。一般文章是文艺作品的基础。一般文章又是实际工作中随时需用的，谁都能写好，所以尤为重要。教师要指导写作，不能空讲写作法，一定要有写作的切实经验，才能随机应变，给学生真正有益的帮助。"

### （一）下水作文，以引导学生

叶圣陶先生又说："语文教师教学生作文要求老师自己经常动笔，或者跟学生作相同的题目，或者是写些什么，就能更有效地帮助学生，加快学生的进步。"写作"下水作文"是语文教师的基本功，也是指导学生写作的有效方法。一般而言，大多数学生怕作文，一方面是因为自己缺乏生活阅历、语言水平不高；另一方面则是认为"作文"高深，不能为之。如果这时语文教师能从实际出发，与学生一同"作文"，就会减少学生心里的"恐惧感"，增加作文的自信心。而且教师下水作文，还会在学生中树立威信，起到"言教"不能达到的"身教"效果。

### （二）创作文学，以颐养情趣

一名语文教师不但要学会解读文学作品、鉴赏文学作品，而且还要学会创作文学作品。语文教师要用自己的兴趣去引发学生的爱好，用自己的创作激情去点燃学生的创作欲望。语文教师最具影响力的形象，须由他的

生命创造物——文学作品来展示。

### （三）写反思、写论文，以指导教学

著名作家王蒙在《一个值得探讨的问题》中，谈到中国作家队伍中"非学者化"倾向，认为光靠经验和机智，而轻视学问基础，是产生不了"巨人式"的作家的，阐明了"作家学者化"的观点。这一见解对我们教师专业化启发很大。只凭"教参"或自己有限的教学经验从教，是不能成为"巨人式"教师的。要想实现"学者化""专业化"，教师应多研究教育理论，多研究自己的经验，写反思性教育叙事，写有分量的教学论文，写反映自己研究成果的学术论著。

## 五、师德——身教重于言教

为师之道，重在学养，贵在师德。孔子说："其身正，不令而行；其身不正，虽令不从。"王夫之也说："身教重于言教。"陶行知还说："学高为师，身正为范。"振兴民族的希望在教育，振兴教育的希望在教师，爱和责任是师德之魂。"位不在高，爱岗则名；资不在深，敬业就行；斯是教师，惟勤耕耘。"爱岗敬业是职业道德的基础，具有责任心的教师不需要强制，不需要责难，甚至不需要监督。我们要将教书育人，内化为自身的需要，把职业责任升华为博大的爱心。于细微中发现丰富，于琐碎中寻找欢乐，于平凡中创造奇迹。

总之，语文无论怎么定位，语文教学始终是母语教学，语文始终离不开文化。作为一名语文教师，要树立终身学习的理念，不断地丰富自己的文化知识，不断地从阅读中汲取营养，不断地进行写作，才能真正成为一名有专业素养的优秀语文教师，也才能适应现代教学的要求。

# 把爱传递

　　孙老师博学而睿智，她的语文课生动有趣，深受学生的欢迎和爱戴；她在课堂上情感充沛，神采飞扬，极具感染力，每每给学生带来愉悦和思考。

　　孙老师经常给我们拓展课外内容。"醉迷'红楼'""经典剧场""亲近毛主席诗词"等语文综合性学习活动，我至今记忆犹新。孙老师在课堂上经常为我们朗诵《蜀道难》《满江红》《钗头凤》《水调歌头·明月几时有》等风格迥异的诗词，抑扬顿挫、声情并茂的朗诵，影响很多同学喜欢上了诵读、仿写；孙老师开展的丰富多彩的语文综合性学习活动，让我们这些不爱读书的顽皮生爱上了语文。即便是毕业班课时十分紧张的情况下，孙老师仍然会挤出时间，扩大我们的阅读面，让我们获得丰富的文学熏陶，感受优秀文学作品的魅力和内涵，提升我们的文化素养。

　　转眼间二十多年过去了，现在的我已经成为一名小学语文骨干教师，实现了我儿时的梦想——长大后我就成为您。甘为人师得益于孙老师的启蒙，她一直是我崇拜的偶像，我从小立志当一名像孙老师那样的语文老师，而今如愿以偿。回忆当年孙老师的语文课，发现孙老师的很多理念都是超前的，与今天所倡导的新课程理念十分吻合。

　　孙老师勤勉好学。她几十年如一日，工作在语文教学第一线，同时兼职学校的各种管理工作，在工作繁忙的情况下，依然坚持读书学习，她建立许多读书群，带动师生和家长们读书，生命不息，学习不止，终身学习的理念在她身上体现得淋漓尽致。

孙老师擅长写作，笔耕不辍。她的下水文对我们有深刻的影响，《古柏树下的老人》《我爱我的家乡》《春登云梯山》《春天的"无事忙"》《悠悠豆腐情》《怀念母亲》等作品在报纸杂志上发表，给我们种下了人文情怀的种子。现今我在语文教学中也以孙老师为榜样，努力做到以文化人。

孙老师在语文教学中重视语文综合性学习，重视课外阅读兴趣的激发，重视资源整合，拓展独具特色的群文阅读课程，所以她的学生厚积薄发，语言表达能力特别强，在演讲、辩论以及作文竞赛等活动中出类拔萃，成绩斐然。

她积累了丰富的作文教学经验。对学生作文，她注重因材施教，指导精准到位。从精心设计作文命题、耐心指导作文构思、用心批改，直至推荐佳作发表，贯穿习作教学全程的各个环节，她都认真操作，一丝不苟。经常通过个例的剖析，探索作文成功的奥秘，以促进作文教学的大面积丰收。面对水平参差不齐的学生作文，她摈弃冷漠，施以关注，维护自尊，鼓励进取。发现好苗头，反反复复面批面改，常常一篇作文在师生间往返多次，在双向努力中，诞生佳作。她倡导新概念作文，鼓励学生写个性作文，所以她的学生作文风格清新，超凡脱俗。

孙老师推崇赏识教育，经常推荐优秀作文在报刊上发表，让学生化成就感为新的进取动力，这让很多学生受益。她对作文的评析颇有特色，要言不烦，切中肯綮。在自如畅达的评说中，饱含挚情，洋溢着青春的朝气和审美的睿智。或点赞美的情思，或剖析巧的构思，或张扬哲理的智慧，或品赏语言的韵味。把勉励传递给作者，将思考留给读者，深受欢迎。

孙老师热衷于教科研。她的教科研论文经常获奖、发表。孙老师的教学论点，大多是适应学生发展的需求，站在学科前沿提出的，适时而前卫，她所取得的教改教研成果让我们叹为观止。孙老师年过五十仍活跃在各种教科研活动中，以身示范，成为我们年轻教师学习的楷模。她在自己不断进取的同时不忘扶持青年教师发展，为给青年教师磨课参加各级各类评优活动，经常废寝忘食。

孙老师的文集《基于核心素养的语文教学实践》，是她语文教学经验的总结，也是她在教育教学领域，孜孜以求，探索和思考的结晶。文集不仅收录了孙老师各个时期的教科研成果论文、教学案例，还收录了她指导学生写的日常的、发表的优秀作品，有童诗童谣，有诗词散文，也有学生仿写的小古文等，体裁丰富，风格各异。这是孙老师几十年来含辛茹苦培植和保存的学生佳作。这些稚嫩而又个性之作反映了一届届学生的成长历程。

师者诲人，孜孜不倦；学子求学，勤勤恳恳。孙老师从教几十年，教过的学生不计其数，她的学生已在各行各业发挥着各自的作用，桃李满天下。她的大多数学生都和我一样，感念她当年的悉心指导与教诲，并与她结下深厚的师生情谊。

我一直觉得，名师产生于学生、家长和同行的口碑中。但愿我老的那一天，也能像孙老师一样，我曾经的学生也能记起，当年在我的课堂上曾经有过的、值得点赞的难忘细节。

《基于核心素养的语文教学实践》是孙老师教学生涯的丰碑，它的出版不仅为小学语文教学提供了丰富的可借鉴学习的经验和范式，也为年轻教师的职业成长树立了榜样。前辈师者尚如此不懈奋进，后辈师者更当勤勉努力，把爱传递！

衷心祝愿孙老师：事业不朽，生命之树常青！

学生　王璐

2021 年 7 月 31 日

作者：王璐，济南市历下区历山学校小学语文教研组组长、青年骨干教师、优秀班主任。曾经是孙立华老师在济南市历城区洪家楼第二小学的学生。

# 跋

　　《基于核心素养的语文教学实践》终于出版了。感谢历城区教育教学研究中心孙秀芹科长，多年来的支持与帮助。感谢章丘教科所郭道胜主任在文集命名及撰写排版过程中的中肯建议。

　　特别感谢历城区教育教学研究中心的孙秀芹科长。她一直是我语文教学工作中的引路人，在工作繁忙之余，欣然命笔为《基于核心素养的语文教学实践》作序。

　　感恩我所工作过的西营中心小学、洪楼二小、洪楼三小以及当下的工作单位济南市历城区文苑小学。四所学校的滋养，让我在语文教学领域深耕细作，根深叶茂。感谢领导和同事们一直以来对我的关心和支持，感念几所学校浓郁的教科研氛围。我深知：让学生学有兴趣、学有动力、学有思维、学有习惯、学有所得，突出语文课程的多重功能，为学生终身、全面发展奠基是我作为一位语文教师的责任。求知若渴的我，虚心向前辈学习，向年轻教师学习。他们的渊博学识，丰富经验，创新思维，让我的业务水平在博采众长中得以快速提高，在教育教学领域有了较好的发展。是他们的鼓励和指导，让我迈开步子大胆拓宽语文教学之路，用爱心和智慧锻造了我教育生活的精彩。

　　感恩我的学生。他们是我教学生涯中灿烂的星空，没有星光的照耀，我走不上事业的坦途；是他们美丽的光圈，让我在心中闪烁着智慧和创造的灵光。如银河系里的星云，一片片来来去去。星转斗移，四季轮回，学生一批批毕业了，天各一方，彼此虽没有太多的联络，但他们留下的优秀作品，大多我都珍藏着。它们是我星空中的皎皎明星，也是我教学成果中骄傲的亮点。数十年几度搬迁，不知毁弃多少物品，唯独这些"宝贝"留存至今。这些青春之作，是师生汗水的结晶，是一个时代教学相长的印记，是师生共同的精神财富。

　　在教育的星空中，我是一颗凡星，虽不夺目，但却璀璨；在教改的浪潮中，我是一朵浪花，虽不壮观，但却是浪尖上较有活力的一朵。

　　我仰望星空，怀念我的星辰。心存感恩，向他们致以敬和爱！

　　"没有人天生就有一双能飞的翅膀，因为有爱才能展翅飞翔。看见你的笑容，心会更加温暖坚强。因为有你在身旁，我才相信那泪光有时候也会为幸福流淌……"

　　因为有爱，我心飞翔！

孙立华

2021 年 10 月 6 日